PROCÈS-VERBAL

DES SÉANCES

DE LA CHAMBRE

DE L'ORDRE DE LA NOBLESSE,

AUX ÉTATS-GÉNÉRAUX,

Tenues à Versailles en mil sept cent quatre-vingt-neuf.

A PARIS,

DE L'IMPRIMERIE NATIONALE.

1792.

PROCÈS-VERBAL

DES SÉANCES
DE LA CHAMBRE
DE L'ORDRE DE LA NOBLESSE,
AUX ÉTATS-GÉNÉRAUX,

Tenues à Versailles en mil sept cent quatre-vingt-neuf.

PREMIÈRE SÉANCE.

Mercredi 6 Mai 1789.

LE Mercredi six Mai mil sept cent quatre-vingt-neuf, lendemain de l'Ouverture des États-Généraux, à Versailles, Messieurs les Députés de l'Ordre de la Noblesse se sont assemblés à neuf heures du matin, dans la salle destinée pour leurs séances; l'Assemblée étant formée, il a été proposé & convenu unanimement que le plus âgé de ses Membres rempliroit provisoirement les fonctions de Président. Monsieur le Comte de Montboissier, député de la Sénéchaussée de Clermont en Auvergne, ayant à ce titre accepté, a dit :

« MESSIEURS,

» Mon âge me procure l'honneur instantané de paroître à la
» tête de la plus auguste assemblée ; je me félicite sur-tout de

Introduction. Tome II. A

» ce glorieux avantage, dans un moment où la Noblesse de
» France vient de faire éclater avec tant d'unanimité, dans
» presque tout le royaume, ses sentimens patriotiques & géné-
» reux ; le même esprit de concorde & de justice dirigera,
» Messieurs, toutes les importantes décisions qui vont exercer
» votre zèle : il s'animera sans doute encore sous les yeux du
» Monarque citoyen qui nous rassemble : nous lui devons une
» profonde & respectueuse reconnoissance, une haute confiance,
» & l'inaltérable franchise que nous dictera cette honorable
» loyauté, caractère précieux & distinctif de la Noblesse fran-
» çoise.

» Elle revit ici toute entière dans les rejettons de ces antiques
» races, aussi anciennement connues que la couronne même,
» dont elles sont le plus ferme appui.

» Jamais son pouvoir légitime ne fut plus nécessaire, ni plus
» cher à l'État : tous les maux le frappent ou le menacent ; mais
» il reste l'énergie de ses sujets, les vertus du souverain.

» Plus d'une fois ses conseillers ont assez peu respecté la Na-
» tion pour la calomnier auprès du Roi, & pour avoir osé
» chercher à le tromper ; mais du moins ils ont trop respecté le
» Roi pour oser jamais attaquer ou rompre ses principes.

» Ils sont invariablement fondés sur la justice, seule vertu des
» Princes, qui puisse atteindre à-la-fois toutes les parties d'un
» vaste Empire, la seule qui puisse réunir, aux acclamations des
» contemporains, le suffrage plus imposant & plus sûr de la pos-
» térité. Nous ne cesserons de rendre au Monarque cet hommage
» solemnel : pénétrés des sentimens qui le dirigent, nous mar-
» cherons avec circonspection, entre l'esprit de routine qui
» glace les cœurs, & l'esprit de système qui éblouit les imagina-
» tions : l'accord du Souverain & des Sujets donnera tous les
» avantages qu'il promet.

» Oui, nous les verrons bientôt renaître ces jours brillans de

» la gloire nationale, l'abondance & l'industrie au dedans, la
» puissance & la considération au dehors.

» Tels sont vos vœux, Messieurs ; tel est l'imposant spectacle
» offert jadis à mes jeunes années ; vous m'en pardonnerez le
» tableau, car on pardonne les conseils & les souvenirs à la vieil-
» lesse ; puisse la mienne applaudir encore à la splendeur de
» la Monarchie françoise ; & puissent mes derniers regards se
» fixer avec attendrissement sur le bonheur mutuel de ma Patrie,
» de mes Concitoyens & de mon Roi ! »

M. le Président a proposé ensuite à l'assemblée de choisir un de ses membres pour remplir provisoirement les fonctions de Secrétaire, & il en a désigné un, comme réunissant les qualités propres à cet emploi ; mais celui-ci a cru devoir déclarer qu'il ne pouvoit accepter, & qu'il pensoit que la chambre devoit, avant tout, considérer s'il lui convenoit de nommer ses officiers dans ce moment, attendu l'absence des députés de la ville & vicomté de Paris & de plusieurs autres provinces qui, d'après la date de leur convocation, s'étoient trouvées dans l'impossibi- lité réelle de s'assembler, de rédiger leurs cahiers, d'élire & envoyer leurs députés, pour l'époque de l'ouverture des États- Généraux.

La Chambre ayant délibéré sur cette observation, il a été con- venu qu'on prendroit provisoirement pour Secrétaire le plus âgé de ceux des Membres de la Noblesse qui avoient déja rempli cette fonction dans les assemblées de leurs Bailliages, & à ce titre, M. de Chailloué, l'un des députés du Bailliage d'Alençon, a accepté.

Il a été proposé ensuite de nommer des Commissaires pour la vérification des pouvoirs des Députés ; sur quoi un des Membres de l'assemblée a insisté sur l'observation qu'il avoit déja faite, qu'il ne lui paroissoit pas convenable que la Chambre s'occupât d'au- cune affaire jusqu'à l'arrivée des Députés qui s'étoient trouvés dans l'impossibilité réelle de se rendre à l'ouverture de l'Assemblée.

Malgré cette opinion, la Chambre n'a pas cru devoir suspendre le travail indispensable des vérifications, qui pouvoit seul préparer son activité, & il a été mis en délibération de charger M. le Président & les douze plus âgés de l'Assemblée, après avoir vérifié leurs pouvoirs respectifs, de vérifier successivement ceux des autres Députés, ou de prendre le plus âgé de chaque gouvernement, ce qui formeroit le nombre de trente-deux personnes, dont les douze plus âgées seroient chargées de cette vérification.

On a été aux voix sur ces deux propositions; & la première ayant passé à la pluralité, les douze plus âgés de l'Assemblée se sont trouvés être :

MESSIEURS,

Le Berthon, l'un des Députés de la Sénéchaussée de Bordeaux;
Le Vicomte de Panat, Député de la Sénéchaussée de Rhodez;
Le Moine de Bellisle, Député de Chaumont en Vexin;
Le Comte de Gommer, Député de Sarguemines;
Le Marquis d'Argenteuil, Député du Bailliage d'Auxois;
Le Marquis de Ternay, Député de Loudun;
Le Comte de Barbotan, Député de Lannes;
Le Marquis d'Ambly, Député de Rheims;
De la Poype-Vertrieux, Député de Toulon;
De Moncorps, Député d'Auxerre;
Le Prince de Robecq, Député de Bailleul;
Le Comte de la Linière, Député de Nîmes.

Alors s'est présentée l'importante question de savoir, si la Chambre de la Noblesse procéderoit séparément à la vérification des pouvoirs des Députés de son Ordre, ou si cette vérification seroit faite conjointement avec les deux autres Ordres.

Il a été arrêté, à la pluralité, que les Commissaires de la Noblesse procéderoient seuls à la vérification des pouvoirs des Députés de leur Ordre. M. le Président ayant observé qu'il convenoit de laisser aux Commissaires un tems suffisant pour la vérification dont ils étoient chargés, a ajourné la Chambre à lundi prochain, & levé la séance. *Signé* MONTBOISSIER, *Président*; & LE CARPENTIER DE CHAILLOUÉ, *Secrétaire*.

DEUXIÈME SÉANCE.

Lundi 11 Mai 1789.

LE lundi onze Mai mil sept cent quatre-vingt-neuf, Messieurs de la Noblesse rassemblés à l'heure indiquée, M. le Président informé de la résolution prise par l'Ordre du Clergé, de célébrer une messe pour un Député du Tiers-Etat de la Sénéchaussée du Mans, mort la semaine dernière, a proposé à Messieurs de la Noblesse d'y assister; tous se sont rendus à cette invitation. Après quoi la Chambre s'étant de nouveau formée, Messieurs les Commissaires chargés de la vérification des pouvoirs, ont dit:
« Qu'à l'exception des Villes, Prévôtés, Bailliages, Pays & Sé-
» néchaussées de Paris, Bretagne, Coussérans, Ustaritz, Nérac,
» Tartas, Bigorre, Navarre, Soules, Perpignan & Corse, qui
» n'avoient point encore de Représentans, ils avoient examiné
» les élections faites dans tous les autres Bailliages, Provinces &
» Sénéchaussées; que le Bailliage de Crépy, ceux de Metz &
» Vesoul, la Gouvernance d'Arras & la Province du Dauphiné
» étoient les seuls dont les élections dussent éprouver des diffi-
» cultés : ils ont aussi observé que le Bailliage d'Auxerre, auquel

» le réglement n'accordoit qu'une députation, avoit pris sur lui
» d'en envoyer deux. »

Aussitôt on a fait l'appel de ceux de Messieurs les Députés dont les pouvoirs ont été jugés incontestables; il s'en est trouvé deux cent trente-sept, conformément à la liste suivante.

LISTE

DE MESSIEURS LES DÉPUTÉS

Dont les Pouvoirs se sont trouvés vérifiés.

Bailliage de Dijon.

MESSIRES,

Mulier de Bressey.
Marc-Antoine, Comte de Lévis, Chevalier, Baron de Lugny en Charollois, Maréchal des Camps & Armées du Roi.

Bailliage d'Autun.

Ferdinand-Alphonse-Honoré, Marquis de Digoine du Palais, Chevalier de l'Ordre de Saint-Lazare & Notre-Dame du Mont-Carmel.

Bailliage de Châlons-sur-Saône.

Marquis de Sassenay.
De Varenne.

Bailliage d'Auxois.

Marquis d'Argenteuil.

DE LA NOBLESSE.

Bailliage de la Montagne.

MESSIRES,

Comte de Châteney-Lanty.

Bailliage de Charollois.

Benjamin-Éléonore-Louis Frotier, Marquis de la Coste-Messelière, Colonel de cavalerie, Ministre-Plénipotentiaire de Sa Majesté auprès du Prince Palatin, Duc régnant des Deux-Ponts.

Bailliage de Mâcon.

Florent-Alexandre-Melchior de la Baume, Comte de Mont-Revel, Maréchal-de-Camp.

Bailliage d'Auxerre.

Comte de Moncorps Duchesnoi.

Bailliage de Bar-sur-Seine.

Emmanuel-Henri Charles, Baron de Crussol, Maréchal des Camps & Armées du Roi, Chevalier des Ordres Royaux, Militaires & Hospitaliers de Notre-Dame du Mont-Carmel & de Saint-Lazare de Jérusalem.

Bailliage de Rouen.

Marquis de Mortemart.
Comte de Trie, ancien Lieutenant-Colonel de cavalerie.
Le Président Lambert de Frondeville.
De Belbeuf.

Bailliage de Caen.

Duc de Coigny.

A 4

MESSIRES,

Louis Marie, Comte de Vassy, Colonel de cavalerie.
Le Baron de Wimpffen.

Bailliage de Caux.

Alexandre-Anne-Augustin-Gabriel de Cairon, Marquis d'Esmal-
 leville.
Louis-Jacques Groffin de Bouville.
Jean-Baptiste Léon, Marquis de Thiboutot.

Bailliage de Coutances.

Luc-René-Charles Achard de Perthus de Bonvouloir, Chevalier,
 Seigneur de Bonvouloir, Loyauté, du Perthus-Achard, an-
 cien Capitaine de Cavalerie, Chevalier de Saint-Louis.
Pierre-François de Beaudrap, Chevalier, Seigneur & Patron de
 Sotteville, le Buisson & autres lieux.
Jacques-René-Jean-Baptiste Artur, Chevalier, Seigneur de la
 Villarmois, Launay-Champagne, le Bardais & autres lieux.
Léon-Marguerite Leclerc, Baron de Juigné, Comte de Cour-
 tomer, Seigneur de Sainte-Mère-Eglise, Maréchal des Camps
 & Armées du Roi.

Bailliage d'Evreux.

Nicolas, Comte de Eonneville, ancien Mestre-de-Camp de
 cavalerie.
Louis-François, Marquis de Chambray, Maréchal des Camps &
 Armées du Roi, Chevalier de Saint-Louis, & Chevalier honoraire de l'Ordre de Malte.

Bailliage d'Alençon.

Pierre-Louis le Carpentier de Chailloué, Conseilller au Parlement
 de Rouen.

MESSIRES,

René de Vauquelin, Chevalier, Marquis de Vrigny, Grand-Bailli-d'Epée d'Alençon.

Sénéchauffée de Bordeaux.

André-François-Benoît-Hyacinthe le Berthon, premier Président du Parlement de Bordeaux.

Paul-Marie Arnaud de Lavie, Président à Mortier du Parlement de Bordeaux.

Joseph-Marie, Vicomte de Ségur, Maréchal des Camps & Armées du Roi.

François-Chevalier de Verthamon, Chef d'Escadron au régiment Royal-Piémont.

Sénéchauffée de Bazas.

Charles-Antoine de Piis, grand Sénéchal du Bazadois.

Sénéchauffée de Périgueux.

Jean-François, Comte de la Roque.

Louis, Marquis de Foucauld Lardimalie, Capitaine de remplacement au régiment des Chasseurs du Hainaut, Chevalier d'honneur de l'Ordre de Malte, Baron d'Aubcroche, Chevalier, Seigneur de Lardimalie, Saint-Pierre de Chignac, Saint-Crepin, d'Auberoche, Saint-Laurent Dumanoir, Sainte-Marie de Chignac, Eyliac, Elis de Borres.

Sénéchauffée de Villefranche de Rouergue.

Comte de Bournazel.
Marquis de Montcalm-Gozon.

Sénéchauffée de Rhodez & Milhaud.

D'Adhémar, Vicomte de Panat.

Sénéchaussée de Saintes.

MESSIRES,

De Richier.

Jean-Frédéric de la Tour-du-Pin de Gouvernet, Comte de Paulin, Marquis de la Rochelais & de Sennevières, Baron de Cufagues, Seigneur de la Châtellenie d'Ambleville & de Teffon, Lieutenant-Général des Armées du Roi, Commandant en chef des Provinces du Poitou, Aunis, Saintonge, îles adjacentes & bas Angoumois.

Sénéchaussée d'Agen.

Armand-Désiré Duplessis-Richelieu, Duc d'Aiguillon, Pair de France, Comte d'Agénois & de Condomois, Noble Génois, Lieutenant-Général de la Province de Bretagne, au département du Comté Nantais.

Joseph, Marquis de Bourran.

Philibert de Fumel, Marquis de Fumel-Monségur, premier Baron de l'Agénois, Maréchal des Camps & Armées du Roi, Lieutenant-Général de la province du Lyonnois, Commandeur des Ordres Royaux & Militaires de Saint-Lazare & du Mont-Carmel, Gentilhomme d'honneur de Monsieur, frère du Roi.

Comté de Comminges & Nébouzan.

Pierre-Elisabeth Denis de Barrau, Baron de Montagut.

Stanislas-Bernard-Pierre, Vicomte d'Uftou-Saint-Michel, Chevalier, Baron de Mont-Berault, Capitaine de Cavalerie, Chevalier de l'Ordre Royal & Militaire de Saint-Louis.

Pays-Jugerie de Rivière-Verdun, Gaure; Baronnie de Léanac & Mareftaing.

De Cazalès.

Sénéchaussée de Lannes.

MESSIRES,

Comte de Barbotan.

Sénéchaussée d'Armagnac.

Jean-Paul, Marquis d'Angosse, grand Sénéchal, Gouverneur d'Armagnac, Maréchal des Camps & Armées du Roi.

Ville & Cité de Condom, & Sénéchaussée de Gascogne.

Armand-Jean-Jacques de Lau, Chevalier, Seigneur, Comte dudit lieu, Tarsac, Cantiran, Marquis de Lusignan & de Xaintrailles, Morignac, Estuysan, Seigneur, Baron de Ponpio Saint-Grilde, Lanne, Soubiran & autres lieux, Brigadier des Armées du Roi.

Sénéchaussée de Limoges, haut Limousin.

Comte d'Escars, Chevalier des Ordres du Roi.
Vicomte de Mirabeau.

Sénéchaussée de Tulle, bas Limousin.

Etienne-François-Charles de Jaucen, Baron de Poissac, Conseiller au Parlement de Bordeaux.
Gilbert-Scholastique-Hyacinthe, Vicomte de la Queuille, Major du régiment Royal-Picardie.

Sénéchaussée de Quercy.

Marquis de la Valette Parizot.
Duc de Biron.
Antoine de Plas-de-Tane, Chevalier, Comte de Plas, ancien Capitaine de Dragons, Chevalier de l'Ordre de Saint-Louis.

PROCÈS-VERBAL

Sénéchaussée de Libourne.

MESSIRES,

Alexandre-Jean de Puch de Montbreton, Chevalier, Seigneur de Puch, de Genfac & de Montbreton, Capitaine attaché au Corps des Dragons, & Chevalier de l'Ordre Royal & Militaire de Saint-Louis.

Sénéchaussée d'Auch.

Baron de Luppé.

Sénéchaussée de Mont-de-Marsan.

Joseph de la Salle, Marquis de Roquefort.

Bailliage de Troies.

Louis-Marie, Marquis de Mesgrigny, Chevalier honoraire de l'Ordre de Malte, Colonel d'infanterie, premier Aide-Major au régiment des Gardes-Françoises.

Louis-Pierre-Nolaque-Félix Berton des Balbes, Marquis de Crillon, Chevalier de la Toison-d'Or, Maréchal des Camps & Armées du Roi.

Bailliage de Chaumont en Bassigny.

Michel Félix, Comte de Choiseul-d'Aillecourt, Colonel du régiment Dauphin, Dragons.

Louis-Charles-Joseph Defelaibes, Comte de Clairmont-d'Arranville.

Bailliage de Vitry-le-François.

Jean-Baptiste-David de Ballidart, Chevalier, Seigneur de la Cour, du fief des grandes Côtes & des petites Côtes.

MESSIRES,

Pierre Louis, Comte de Failly, Chevalier, Vicomte de Vinay, Moussi-les-Conardins & autres lieux, Chevalier de l'Ordre Royal & Militaire de Saint-Louis.

Bailliage de Meaux.

D'Aguesseau.

Bailliage de Provins.

Guy le Gentil, Marquis de Paroy, grand Bailli, Lieutenant pour le Roi au gouvernement de Champagne & de Brie.

Bailliage de Sezanne.

Claude Charles, Marquis de Pleurre, Maréchal des Camps & Armées du Roi, grand Bailli de Sezanne.

Bailliage de Sens.

Victurnien-Jean-Baptiste-Marie de Rochechouart, Duc de Mortemart, Pair de France, Prince de Tonnay-Charente, Maréchal des Camps & Armées du Roi.

Bailliage de Château-Thierry.

De Grimberg.

Bailliage de Rheims.

Marquis d'Ambly.
Marquis de Sillery.

Bailliage de Langres.

Jacques-Marie de Froment, Chevalier de Saint-Louis, ancien Lieutenant-Colonel du régiment de Rohan.

Bailliage de Châlons-sur-Marne.

MESSIRES;

Jean-Baptiste de Pinteville, Baron de Cernon.

Bailliage de Lille.

Comte de Lannoy.
Louis-Séraphin de Chambge, Chevalier, Baron de Noyelles.

Gouvernance de Douai.

Marquis d'Aoust.

Bailliage de Bailleul.

Anne-Louis-Alexandre de Montmorency, Prince de Robecq, Lieutenant-Général des Armées du Roi, Chevalier de ses Ordres, Commandant en chef dans les provinces de Flandres, Hainaut & Cambrésis, Grand d'Espagne de la première classe.
Marquis d'Harchies.

Sénéchaussée de Toulouse.

Dominique-Joseph de Brunet, Marquis de Panat.
Jean des Innocens, Baron de Maurens, Président à Mortier du Parlement de Toulouse.
Marquis d'Avessens de Saint-Rome.
Marquis d'Escouloubre.

Sénéchaussée de Nîmes & Beaucaire.

Jules-Marie-Henri de Faret, Comte de Faret, Marquis de Fournès, Colonel du régiment de Royal-Champagne, cavalerie, grand Sénéchal-d'Epée de Beaucaire & de Nîmes.

MESSIRES,

Antoine-François de Guichard-la-Linière, Chevalier, Seigneur de Saint-André de Magencoules, &c. au diocèse d'Alais, Chevalier de l'Ordre Royal & Militaire de Saint-Louis, Maréchal des Camps & Armées du Roi.

Baron de Marguerite.

Gabriel-François de Brueys, Baron d'Aigalliers, ancien Major du régiment d'Angoumois.

Sénéchaussée de Carcassonne.

Louis-Pierre-Marie Gilbert de Montcalm-Gozon, Comte de Montcalm, Chevalier de l'Ordre Royal & Militaire de Saint-Louis, Maréchal des Camps & Armées du Roi.

Gabriel du Pac, Marquis de Badens, ancien Officier au régiment d'infanterie du Roi.

Sénéchaussée de Castelnaudary.

Louis-Philippe de Rigaud, Marquis de Vaudreuil, Lieutenant-Général des Armées Navales, Grand-Croix de l'Ordre Royal & Militaire de Saint-Louis, Inspecteur-général des Classes maritimes du royaume.

Sénéchaussée de Beziers.

Henri-Antoine, Marquis de Gayon, Seigneur de Boujan, Poussan, Baissan & autres lieux, Maréchal des Camps & Armées du Roi, Chevalier de l'Ordre Royal & Militaire de Saint-Louis.

Jean-Gabriel de Gleises de la Blanque, Chevalier, Seigneur de Badones, Cairac, Corneilhan & autres lieux, Conseiller

MESSIRES,

du Roi en ses Conseils, premier Conseiller du Conseil de Monsieur, frère de Sa Majesté, Juge-Mage, Lieutenant-Général-né en la Sénéchaussée Présidiale de Beziers.

Gouvernement de Montpellier.

Charles-Marie de Barbeyrac, Marquis de Saint-Maurice.

Sénéchaussée de Puy en Vélay.

Marquis de la Tour-Maubourg.

Pays & Comté de Foix.

Louis-Mathieu Armand, Marquis d'Usson, Maréchal des Camps & Armées du Roi, Commandant dans le Comté de Foix.

Sénéchaussée d'Annonay.

François-Charles-Antoine du Faure Saint-Silvestre, Marquis de Satillieu, Baron de Mahun & Seray, & Capitaine du Corps-Royal du Génie.

Sénéchaussée de Limoux.

De l'Huillier, Baron de Rouvenac.

Sénéchaussée de Mende.

Marquis d'Apchier.

Sénéchaussée de Villeneuve de Berg, en Vivarais.

Lerice-François-Melchior, Comte de Vogué, Maréchal des Camps & Armées du Roi.

MESSIRES,

Comte d'Entraigues.

Sénéchaussée de Castres.

Pierre-Joseph, Comte de Toulouse-Lautrec, Maréchal des Camps & Armées du Roi, Commandeur de l'Ordre de Saint-Lazare.

Bailliage de Vermandois.

Charles-Jean-Louis, Vicomte Desfossez, Chevalier, Seigneur du Faux-Aumancourt, &c. Lieutenant de MM. les Maréchaux de France aux Bailliages de Soissons & Coucy-le-Château.

Charles-François-Louis Maquerel, Chevalier, Seigneur de Quémy, Chevalier de l'Ordre Royal & Militaire de Saint-Louis.

Jean-François-Charles-Alphonse, Comte de Miremont, Capitaine au régiment des Chasseurs du Languedoc.

Sénéchaussée de Poitiers.

Anne-Charles-Sigismond Montmorency-Luxembourg, Duc de Luxembourg, de Pinay & de Châtillon-sur-Loing, Pair & premier Baron Chrétien de France, Maréchal des Camps & Armées du Roi, Lieutenant-Général pour Sa Majesté, de la province d'Alsace.

Anne-Emmanuel-François-Georges de Crussol-d'Uzès, d'Amboise, Marquis de Fors, Lieutenant-Général des Armées du Roi.

Claude, Vicomte de la Chastre, Chevalier de Saint-Louis, Gouverneur de Châtillon-sur-Indre, Seigneur de Mont-de-la-Roche-Bellusson, de la Maison-neuve de la Roustière & de la Goufandière, & Village-Dubois.

Introduction. Tome II, B

MESSIRES,

François-Célestin de Loynes, Chevalier de la Coudraye.
Philippe, Comte de Jouffard, Seigneur d'Iverfay.
Marie-Memin du Bouex, Marquis de Villemort.
Joseph-Emmanuel-Augufte-François, Comte de Lambertye, Maréchal des Camps & Armées du Roi.

Sénéchauffée d'Angers.

Auguftin-Félix-Elifabeth de Barrin, Comte de la Galiffonniere.
Jean-Guillaume de la Planche, Comte de Ruillé.
Dieufie-Louis, Comte de Dieufie.
Renaud-Céfar-Louis de Choifeul, Duc de Praflin.

Sénéchauffée de Saumur.

Charles-Elie de Ferrière, Marquis de Murcé.

Sénéchauffée du Mans.

Jean-Louis de Monteffon.
Jean-François de Hercé, Chevalier, Seigneur du Pleffis, & Chevalier de l'Ordre Royal & Militaire de Saint-Louis, ancien Lieutenant des vaiffeaux du Roi, & Lieutenant des Maréchaux de France.
Alexis-Bruno-Etienne, Marquis de Vaffé, Vidame du Mans, Colonel du régiment Dauphin, cavalerie.
René Mans de Froullay, Comte de Teffé, Grand d'Efpagne de la première claffe, Chevalier des Ordres du Roi, Lieutenant-Général de fes Armées & des provinces du Maine, Perche & Comté de Laval, premier Ecuyer de la Reine.

DE LA NOBLESSE. 19

MESSIRES,

Jean-Baptiste-Joseph de Bailly, Marquis de Frenay, ancien Capitaine au régiment du Roi, infanterie, Chevalier de l'Ordre Royal & Militaire de Saint-Louis.

Bailliage de Tours.

Louis-François-Alexandre, Baron d'Harambure, Chevalier, Seigneur de la haute-justice de Champeron en Tourraine, Maréchal des Camps & Armées du Roi.
Louis-Joseph-Charles-Amable d'Albert, Duc de Luynes.
Louis-Alphonse de Savary, Marquis de Lancosme.
Baron de Menou.

Bailliage de Berry.

Claude-Louis, Comte de la Chastre, Maréchal des Camps & Armées du Roi, premier Gentilhomme de la Chambre de Monsieur, frère du Roi, Grand-Bailli-d'Epée du Berri.
Charles-Léon, Marquis de Bouthillier, Colonel du régiment d'infanterie de Picardie.
Jean-Marie Heurtault, Vicomte de la Merville.
Philippe-Jacques de Bengy-de-Puyvallée.

Bailliage de Saint-Pierre-le-Moutier.

Pierre le Roi, Baron d'Allarde, Capitaine au régiment des Chasseurs de Franche-Comté.

Sénéchaussée du Bourbonnois.

Comte de Douzon.
Comte de Tracy.

B 2

MESSIRES,

Baron de Cœffier.

Bailliage de Forez.

Charles-Henri de Gayardon, Chevalier, Seigneur, Comte de Gresolles, Chevalier de l'Ordre Royal & Militaire de Saint-Louis, ancien Lieutenant-Colonel de cavalerie.

Jean-Baptiste Nompère de Champagny, Chevalier, Major de vaisseau, & Chevalier de l'Ordre Royal & Militaire de Saint-Louis.

Sénéchaussée de Beaujolois.

Louis-Alexandre Eline, Marquis de Monspey, Maréchal des Camps & Armées du Roi, Lieutenant des Gardes-du-Corps du Roi, dans la Compagnie Écossoise.

Sénéchaussée de Riom.

Gilbert-Alyve, Comte de Langeac, Sénéchal d'Auvergne.

Marie-Paul-Joseph-Roch-Yves-Gilbert, Marquis de la Fayette.

Jean-Claude, Marquis de la Queuille, Maréchal des Camps & Armées du Roi.

François-Louis-Anne Bégon, Marquis de la Rouzière, Chevalier, Seigneur de Saint-Pont.

Jean-Baptiste, Comte de Mascon.

Sénéchaussée de Clermont-Ferrand.

Comte de Montboissier.

Bailliage de Saint-Flour.

Joseph-Louis-Robert de Lignerac, Duc de Caylus, Colonel attaché au régiment Royal-Vaisseaux.

MESSIRES,

Pierre-François de Saint-Martial, Marquis de Conros & Desternai, Baron d'Aurillac, Capitaine au régiment des Cuirassiers du Roi.
Amable de Brugier, Baron de Rochebrune.

Sénéchaussée de Lyon.

Charles-Louis, Marquis de Mont-d'Or, Chevalier de l'Ordre Royal & Militaire de Saint-Louis.
Barthelemy Boisse.
Louis-Catherine, Marquis de Loras.
Pierre-Suzanne Deschamps.

Bailliage de Chartres.

Charles-Philippe-Simon, Baron de Montboissier, Maréchal des Camps & Armées du Roi.

Bailliage d'Orléans.

Claude-Antoine de Beziade, Marquis d'Avarey.
Jacques-Isaac Seurrat de la Boullaye.
François-Louis de Barville.

Bailliage de Blois.

Alexandre-François-Marie de Beauharnois, Vicomte de Beauharnois, Seigneur de la Ferté-Beauharnois, Major en second du régiment de la Sarre.
Louis-Jacques de Phelines, Seigneur des Bois-Bénard, Capitaine au Corps-Royal du Génie.

Bailliage de Mantes & Meulan.

MESSIRES,

Antoine de Vion, Marquis de Gaillon.

Bailliage de Gien.

De Rancour de Villiers.

Bailliage de Montargis.

Comte de la Touche.

Bailliage du Perche.

Comte de Puisaye.

Bailliage de Château-Neuf, en Thimerais.

Comte de Castelanne.

Bailliage d'Amiens.

Joseph-Anne-Auguste-Maximilien de Croy, Duc d'Havré & de Croy, Prince de l'Empire, Grand d'Espagne de la première classe, Maréchal-de-Camp.
Prince de Poix.

Sénéchaussée de Ponthieu.

Ferdinand-Denis, Comte de Crécy, Chevalier, Baron & Seigneur de Rye, Chaumergy, Chavannes, la Chaux, Comte & Seigneur de Bours, Guefchart, Villeroy, Bel-Hôtel, Chevalier de l'Ordre de Saint-Louis, & de l'Ordre Provincial de Saint-George, du Comté de Bourgogne, ancien Lieutenant-Colonel du régiment de Cavalerie, aujourd'hui Royal-Guyenne.

Ville de Calais & Pays reconquis.

Vicomte des Androuins.

Gouvernement de Péronne, Montdidier & Roye.

Alexandre-Théodore-Victor, Chevalier de Lameth.
Louis-Marie de Mailly, Duc de Mailly, Maréchal-de-Camp.

Bailliage de Saint-Quentin.

Guy-Félix, Comte de Pardieu, Seigneur de Vadancourt, Bray, Saint-Christophe Bracheux, &c.

Bailliage de Montreuil-sur-Mer.

Jacques-Alexandre-Antoine-François de Courteville, Comte d'Hodicq, Vicomte des deux Airons, Seigneur d'Arry, Maréchal des Camps & Armées du Roi, Chevalier de l'Ordre Royal & Militaire de Saint-Louis.

Sénéchaussée du Boulonnois.

Duc de Villequier, Chevalier des Ordres du Roi, premier Gentilhomme de la Chambre de Sa Majesté.

Bailliage de Senlis.

Duc de Lévis.

Bailliage de Clermont en Beauvoisis.

François-Alexandre-Frédéric de la Rochefoucauld, Duc de Liancourt, Grand-Maître de la Garde-robe du Roi.

Bailliage de Chaumont en Vexin.

Jean-Baptiste le Moyne de Bellisle, Chevalier, Seigneur de

PROCÈS-VERBAL

MESSIRES,

Verronnet, Bellisle & autres lieux, Chancelier-Garde-des-Sceaux de feu Monseigneur le Duc d'Orléans.

Bailliage de Melun & Moret.

Emmanuel-Marie-Michel-Philippe Fréteau, Seigneur de Vaux à Pény, Saint-Liesne, Germenoy, Conseiller du Roi en sa Cour de Parlement & grande Chambre d'icelle.

Bailliage de Nemours.

Louis-Marie, Vicomte de Noailles.

Bailliage de Nivernois & Donziois.

Armand-Sigismond-Félicité-Marie, Comte de Serent, Colonel-Commandant du régiment du Duc d'Angoulême, infanterie.
Jean Pierre Damas, Comte d'Aulezy, Maréchal des Camps & Armées du Roi.

Gouvernement de la Rochelle.

Ambroise-Eulalie, Vicomte de Malartic, Lieutenant-Colonel-Commandant du Bataillon de garnison de Poitou, Chevalier de l'Ordre-Royal & Militaire de Saint-Louis.

Sénéchaussée d'Angoulême.

Claude-Anne, Marquis de Saint-Simon, Grand d'Espagne de la première classe, Maréchal des Camps & Armées du Roi.
Alexandre-Louis, Comte de Culant, Brigadier de cavalerie,

Bailliage de Montfort-l'Amaury.

MESSIRES,

Comte de Montmorency.
François Petau de Maulette.

Bailliage d'Etampes.

De Saint-Mars.

Baillage de Dourdan.

Baron de Gauville.

Sénéchauffée d'Aix.

Antoine-Balthafard-Joseph d'André, Conseiller au Parlement d'Aix.
Louis-Joseph-Felix, Chevalier de Clapiers-Collongue.

Sénéchauffée de Draguignan.

Jean-François, Vicomte de Raphelis-Broves.
Comte Louis-Jean-Baptiste Leclerc de Laffigny de Juigné.

Sénéchauffée de Forcalquier.

Ange-Marie d'Eymar.
Charles-François de Burle.

Sénéchauffée de Toulon.

Michel-Joseph de Vialis, Maréchal des Camps & Armées du Roi.
Louis-Armand, Marquis de la Poype-Vertrieux, Chef-d'Escadre.

PROCÈS-VERBAL

Sénéchaussée & ville de Marseille.

MESSIRES,

Louis-Antoine, Maquis de Cypieres, ancien Commandant des Gardes du Pavillon-Amiral.

André-Louis-Esprit, Comte de Sinety, ancien Major du régiment Royal-Navarre, cavalerie.

Sénéchaussée d'Arles.

Marquis Conrad de Provençal de Fonchâteau.

Principauté d'Oranges.

Jacques de Vincens de Mauléon, Marquis de Caufans, Colonel du régiment de Conti, infanterie.

Sénéchaussée de la Haute-Marche.

Charles, Marquis de Biencourt, Maréchal-de-Camp.
Marquis de Saint-Maixant, Maréchal-de-Camp.

Sénéchaussée de la Basse-Marche.

Paul de Maulette, Comte de Laipaud, grand Sénéchal-d'Epée, Capitaine de Cavalerie, Chevalier de l'Ordre Royal & Militaire de Saint-Louis.

Bailliage de Vendôme.

Gilbert, Comte de Sarrazin.

Bailliage de Loudun.

Marquis de Ternay,

Bailliage de Beauvais.

MESSIRES,

Comte de Crillon, Maréchal des Camps & Armées du Roi.

Bailliage de Soissons.

Casimir d'Egmont-Pignatelli, Comte d'Egmont, de Braine, de Beraymont, de Cingnole, Duc de Bisache au royaume de Naples, Prince de Gavre & du Saint-Empire Romain, Pair du pays d'Alost & du Comté de Hainaut, l'un des quatre Seigneurs Haut-Justiciers de l'Etat des Châtellenies de Lille, Douay & Orchies, Grand d'Espagne de la première classe & de la première création, Chevalier de l'Ordre de la Toison-d'Or, Lieutenant-Général des Armées du Roi, Gouverneur & Lieutenant-Général de la province & ville de Saumur & pays Saumurois, & haut Anjou.

Sénéchaussée de Chatellerault.

François-Nicolas-René de Perusse-d'Escars, Comte François d'Escars, Colonel du régiment d'Artois, Dragons.

Bailliage de Bresse.

Claude-Jean-Baptiste de Garron de la Bévière, Chevalier de l'Ordre Royal & Militaire de Saint-Louis.
Joseph de Cardon, Baron de Sandrans.

Bailliage de Bugey.

Jacques, Marquis de Clermont-Mont-Saint-Jean, Colonel attaché au régiment des Chasseurs de Champagne, Chevalier de

MESSIRES,

l'Ordre Royal & militaire de Saint-Louis, Marquis de la Bastie-d'Albannois en Savoye, Baron de Flaxieux en Bugey.

Bailliage de Gex.

Etienne de Prez de Caffier, Lieutenant-Cononel, Grand-Bailli-d'Epée du Charollois.

Sénéchauffée de Trévoux.

Jean-François de Vincent de Pannette, Chevalier, Seigneur de Pannette, Ville-neuve, Chalins la Sydoine & autres lieux.

Les Marches Communes.

Marquis de Juigné.

Sénéchauffée de Saint-Jean-d'Angely.

Charles-Grégoire, Marquis de Beauchamps, Chevalier, Seigneur de Grand-Fief, Champ-Fleuri, la Néponthiere en Saintonge, de Baimont, Varze, & la Mellé dans la Principauté de Liége, Mestre-de-Camp de Cavalerie, Chevalier de l'Ordre Royal & Militaire de Saint-Louis.

Bailliage de Toul.

Joseph-Baltazard, Comte de Renel.

Bailliage de Verdun.

Albert-Louis, Baron de Pouilly, Maréchal des Camps & Armées du Roi.

DE LA NOBLESSE.

MESSIRES,

Bailliage de Sedan.

Nicolas-Louis, Comte d'Eſtagniol, Seigneur de Saint-Pierre-ſur-Vence, Champignoles & autres lieux, Capitaine de cavalerie, Chevalier de l'Ordre Royal & Militaire de Saint-Louis, Lieutenant des Maréchaux de France, des villes de Saint-Pont, Lodêve, Adge & Peſénas, Bailli, Grand-Sénéchal des Principauté & Bailliage de Sedan, Rancour.

Bailliage d'Haguenaw & Wiſſembourg.

Baron d'Andlau, premier Chevalier héréditaire du Saint-Empire, Maréchal des Camps & Armées du Roi, Grand-Bailli-d'Epée.

Chriſtophe-Philippe, Baron de Rathſamhauſen, d'Ehenweger, Meſtre-de-Camp d'infanterie, Chevalier de l'Ordre du Mérite Militaire.

Bailliage de Colmar & Schleſtat.

Charles-Louis-Victor, Prince de Broglie, Colonel du régiment de Bourbonnois, Seigneur de Rollivilliers, de Maſavaux de Dettivilliers.

Baron de Flachſlanden.

Bailliage de Béfort & Hunningue.

Ferdinand-François-Hamann-Fidele, Comte de Mont-Joye & la Roche, Baron de l'Hipolithe-Maiche, & la Franche-Montagne du Comté de Bourgogne.

Marie-Euſebe Hermann, Baron de Landenberg-Wagenbourg, Chevalier d'Honneur & d'Epée au Conſeil-Souverain d'Alſace, Chevalier honoraire de l'Ordre de Malte.

Bailliage de Quenoy.

MESSIRES,

Anne-Emmanuel-Ferdinand-François, Duc de Croy.
Auguste-Marie-Raimond, Prince d'Arenberg, Comte de la Marck.

Bailliage d'Avesne.

Pierre-François-Balthasard, Comte de Sainte-Aldegonde, Colonel attaché au régiment Royal-Champagne, cavalerie.

Bailliage de Cambray.

Marquis d'Estourmel.

Bailliage d'Aval.

Marquis de Lezay-Marnesia.
Vicomte de Toulongeon.

Bailliage de Dole.

Charles-François-Marie Joseph, Comte de Dortan.

Bailliage de Besançon.

Claude-Irenée-Marie-Nicolas de Perreney de Grosbois, Chevalier, Conseiller du Roi en ses Conseils, premier Président du Parlement, Conseiller-Honoraire au Parlement de Paris, Seigneur de Charette, Quintin, Lombois, &c.

Bailliage de Nancy.

Charles-Louis, Comte de Ludres, Maréchal-de-Camp.
Stanislas-Jean, Chevalier de Bouffiers, Maréchal-de-Camp.

Bailliage de Mirecourt.

MESSIRES,

Joseph-Maurice, Comte de Touſtain-Viray.
François-Louis Thibault de Ménonville.

Bailliage de Sarguemines.

Bleickard - Maximilien - Auguſtin, Comte de Helmſtatt, libre Baron de l'Empire, Membre de la Nobleſſe immédiate du cercle de Suabe, ancien Meſtre-de-Camp de Cavalerie, Chevalier de l'Ordre Royal & Militaire de Saint-Louis.
Louis - Gabriel, Comte de Gomer, Commandeur de l'Ordre Royal & Militaire de Saint-Louis, Maréchal-de-Camp, Inſpecteur-général de l'Artillerie au département de l'Alſace & de la Franche-Comté.

Bailliage de Bar-le-Duc.

Louis-Marie-Florent, Duc du Châtelet.
Roch-Hyacinthe, Vicomte de Haütoy, Maréchal des Camps & Armées du Roi.
Jean-Baptiſte de Boufmard.

Enſuite MM. les Commiſſaires ont dit : « que le jeudi ſept
» Mai, une députation du Tiers-Etat s'étoit préſentée à la
» Chambre de la Nobleſſe, & que ne l'ayant pas trouvée aſſem-
» blée, ils s'étoient adreſſés à MM. les Commiſſaires ; que
» M. Mounier, un des Députés, portant la parole, ils avoient
» dit que l'Ordre du Tiers-Etat étoit dans l'inaction, attendant
» que l'Ordre du Clergé & celui de la Nobleſſe ſe rendiſſent
» dans la ſalle de l'Aſſemblée générale, pour procéder en com-

» mun à la vérification des pouvoirs des différens Ordres ; à
» quoi MM. les Commissaires avoient répondu, qu'à la pre-
» mière Assemblée de l'Ordre de la Noblesse, ils rendroient
» compte de cette députation & de son objet. »

MM. les Commissaires ont aussi fait le rapport, qu'ayant appris la mort d'un Député de la Sénéchaussée du Mans, dans l'Ordre du Tiers-État, ils avoient cru devoir à l'esprit de fraternité, qui doit régner entre les différens Ordres, de nommer quatre d'entr'eux pour assister aux obsèques de ce Député. L'Assemblée a applaudi à cette attention.

Plusieurs personnes, tant de l'Ordre du Clergé que de celui de la Noblesse de Dauphiné, ont fait demander la permission d'entrer à titre de réclamans, tant en leur nom qu'en celui de plusieurs autres habitans de leur province, contre l'élection des Députés de ladite province aux États-Généraux ; la Chambre de la Noblesse ayant acquiescé à leur demande, ils ont été introduits, ont lu quelques-uns des motifs de leur réclamation insérés dans un mémoire, dont ils ont remis un exemplaire sur le bureau ; & après avoir reçu l'assurance que le tout seroit pris en considération, lorsque la Chambre s'occuperoit de la vérification des pouvoirs de la province de Dauphiné, ils se sont retirés.

Sur l'annonce d'une députation du Clergé, M. le Président a nommé huit Membres de la Chambre pour aller la recevoir ; elle étoit composée de

MESSIEURS,

L'Évêque de Saintes.
L'Évêque de Châlons-sur-Marne.
Le Curé de Saint-Louis de Gien.
Dom d'Agoust, Prieur de Saint-Ouen.

Le

Le Curé de Lions-la-Forêt.
Le Curé d'Angerville-l'Orcher.
Le Brun, Curé de Saint-Chelys.
Le Curé de Saint-Laurent de Nevers.

Cette députation, introduite par ceux de MM. qui avoient été chargés d'aller la recevoir, a été placée à la droite de M. le Président; & M. l'Evêque de Saintes portant la parole, ils ont fait part à l'Assemblée d'un arrêté pris par l'Ordre du Clergé, le 7 de ce mois, en conséquence du vœu qui leur avoit été porté ledit jour, ainsi qu'aux Commissaires de l'Ordre de la Noblesse, par des députations de l'Ordre du Tiers-Etat.

M. l'Evêque de Saintes, invité par M. le Président à remettre à la Chambre une copie de l'arrêté dont il venoit de faire part, a répondu, « que l'Assemblée de l'Ordre du Clergé n'étoit point
» encore formée; qu'elle n'avoit ni président, ni secrétaire, ni
» registre; qu'au surplus, il alloit se retirer vers son Ordre, &
» lui faire part de la demande de l'Ordre de la Noblesse. »

MM. les Députés de l'Ordre du Clergé se sont retirés, & ont été reconduits jusqu'au bas de l'escalier par ceux de MM. de la Noblesse qui avoient été les recevoir.

Plusieurs de MM. les Députés, dont la vérification des pouvoirs avoit été suspendue, ont réclamé pour qu'il plût à la Chambre de s'occuper, avant tout, de l'examen des difficultés qui ont occasionné cette suspension; d'autres Membres de l'Assemblée ont insisté pour délibérer par préférence sur ce qu'il convenoit de faire, d'après l'arrêté du Clergé & les desirs du Tiers-Etat.

Les débats qui ont résulté de ces diverses propositions n'étoient pas encore finis, lorsque l'on a annoncé une seconde députation du Clergé; elle a été reçue à l'instant, & introduite avec le cérémonial observé la première fois : elle étoit composée des

Introduction. Tome II.

mêmes Députés ; & M. l'Evêque de Saintes portant la parole, ils ont dit « qu'ils venoient apporter à l'Ordre de la Noblesse une » copie de l'arrêté pris par le Clergé, le 7 de ce mois, dont » ils étoient venus précédemment donner une communication » verbale »; & après l'avoir déposée sur le bureau, MM. les Députés se sont retirés dans le même ordre, & avec le même cérémonial dont il a été ci-devant rendu compte.

Arrêté pris par l'Ordre du Clergé, le jeudi 7 Mai 1789.

« Sur la proposition qui a été faite par MM. les Députés du » Tiers-Etat, de se réunir en commun pour faire la vérification » des pouvoirs, les Membres du Clergé assemblés ont chargé » leurs Députés de témoigner à MM. du Tiers-Etat le zèle & » l'attachement dont ils sont pénétrés pour eux, & leur desir » de concourir à la plus parfaite harmonie entre les Ordres ; » qu'en conséquence ils sont convenus de nommer des Commis- » saires, & d'inviter les deux autres Ordres à en nommer pa- » reillement à l'effet de conférer ensemble, & de se concerter » sur la proposition faite par MM. les Députés du Tiers-Etat. »

On a repris la suite des débats interrompus par l'arrivée de la seconde députation du Clergé; on a agité la question de savoir, si MM. les Députés de l'Ordre de la Noblesse, dont les pouvoirs n'avoient pas été vérifiés, devoient rester dans l'Assemblée, & participer à ses délibérations. On n'a pris à cet égard aucune ré- solution définitive ; mais il a été proposé de décider si la Chambre de la Noblesse est légalement constituée par les Députés de son Ordre, dont les pouvoirs ont été vérifiés sans contestation. La question mise en délibération, & après que chacun a eu motivé son opinion, il a été arrêté à la pluralité, que la Chambre de la Noblesse est suffisamment & légalement constituée par les deux cent trente-sept Députés dont les pouvoirs ont été déclarés incontestables.

Enfuite on a repris en confidération ce qu'il convenoit de faire à l'égard des Ordres du Clergé & du Tiers-Etat, dont on avoit reçu des députations; fur quoi il a été arrêté d'envoyer huit Députés à l'Ordre du Clergé, & le même nombre à celui du Tiers-Etat, pour les complimenter l'un & l'autre. M. le Président a nommé, pour la première députation, Meſſieurs,

Le Duc de Luxembourg.
Le Comte de Cruſſol.
Le Comte d'Eſcars.
Le Comte de Lévis.
Le Comte de la Chaſtre.
De Breſſé.
Le Vicomte de Mirabeau.

Et pour la députation à l'Ordre du Tiers-Etat, Meſſieurs,

Le Duc de Praſlin.
Deſchamps.
Le Duc de Liancourt.
Le Marquis de Crillon.
Saint-Maixant.
Sarazin.
Le Marquis d'Avarey.
Le Prince de Poix.

Et attendu qu'il étoit trop tard pour réunir le vœu de la Chambre fur la propofition énoncée dans l'arrêté pris par le Clergé le 7 de ce mois, la délibération fur cet objet a été renvoyée à demain; & M. le Préſident a levé la féance.

Signé, MONTBOISSIER, *Préſident*, & LE CARPENTIER DE CHAILLOUÉ, *Secrétaire*.

TROISIÈME SÉANCE.

Mardi 12 Mai 1789.

LE mardi douze Mai mil sept cent quatre-vingt-neuf, à l'ouverture de la séance, M. le Président a dit « qu'il venoit
» d'être informé, par un billet de M. le Cardinal de la Roche-
» foucauld, qu'il alloit être célébré, en l'Eglise de Saint-Louis,
» un service pour le feu Roi; & que le Clergé avoit arrêté
» d'y envoyer douze de ses Membres ». M. le Président a proposé à la Chambre d'en faire autant, ce qui a été unanimement
agréé; & aussitôt M. le Président a nommé, pour s'acquitter de
ce devoir.

MESSIEURS,

De Fumel.	De Ségur.
Duc de Coigny.	Duc du Châtelet.
Comte de Tessé.	Comte d'Egmont.
D'Ambly.	François d'Escars.
La Tour-du-Pin.	Duc de Villequier.
Comte d'Escars.	De la Chastre.

L'un des Députés nommés dans la séance pécédente, pour
aller complimenter le Clergé, a dit :

« Que d'après les Ordres de la Chambre, la députation
» s'étoit rendue hier à celle du Clergé; qu'elle y avoit été reçue
» avec le cérémonial accoutumé, par huit Ecclésiastiques, parmi
» lesquels étoient un Archevêque & un Evêque; qu'étant en-
» trés, placés à la droite du Président & assis, ils avoient té-

» moigné à la Chambre du Clergé toute la confiance de celle de
» la Nobleſſe, ainſi que le deſir ſincère qu'elle avoit de con-
» courir de tout ſon pouvoir au maintien de l'union & de la con-
» corde entre les trois Ordres, & le regret qu'avoit la Chambre
» de la Nobleſſe, que l'Ordre de ſon travail ne lui eût pas en-
» core permis de communiquer au Clergé ſes différens arrêtés. »

La députation, s'étant retirée, avoit été reconduite juſqu'au bas de l'eſcalier par les mêmes Membres qui avoient été la recevoir. Enſuite un des Députés nommés également dans la ſéance d'hier, pour aller complimenter le Tiers-Etat, a dit, « que s'étant rendus à la Chambre de cet Ordre, ils avoient » trouvé la ſéance levée. »

Toute délibération a été ſuſpendue pendant l'abſence des Députés envoyés pour aſſiſter au ſervice du feu Roi.

A leur retour il a été propoſé d'envoyer aux deux autres Ordres les arrêtés pris par celui de la Nobleſſe, les 6 & 11 de ce mois, relativement à la vérification des pouvoirs de ſes Députés, & à la déclaration que la Chambre avoit faite, qu'elle ſe regardoit comme ſuffiſamment & légalement conſtituée.

Cette motion ayant été miſe en délibération, il a été arrêté, à la majorité de cent-quatre-vingt-douze voix, que les Députés déja nommés la veille, pour aller complimenter les deux autres Ordres, leur porteroient les arrêtés de la Chambre de la Nobleſſe.

La Chambre ayant pris en conſidération la propoſition qui lui avoit été faite par le Clergé, dans la ſéance précédente, de nommer des Commiſſaires à l'effet de ſe concerter, & de conférer avec ceux des deux autres Ordres, a arrêté, à la majorité de cent ſoixante-treize voix, qu'en acquieſçant à cette demande du Clergé, il ſeroit nommé des Commiſſaires amovibles, pour ſe concerter avec ceux des autres Ordres.

Pendant le cours des deux dernières délibérations, les Députés des pouvoirs desquels la vérification étoit encore suspendue, ont réclamé que leurs voix fussent recueillies, comme celles des autres Membres de l'Assemblée, prétendant ne pouvoir être privés de leur droit de suffrage que dans le cas où un jugement définitif les excluroit entièrement de la Chambre. Plusieurs de MM. les Députés, déja vérifiés, ont adhéré à leur demande, qui leur a paru juste; mais l'Assemblée n'ayant pas cru devoir s'arrêter à cette réclamation, quelques-uns ont refusé, en conséquence, de prendre part auxdites délibérations, & ont déposé des réclamations & protestations motivées à cet égard, pour être annexées au procès-verbal; ce qui leur a été accordé. (*Voyez le n°. 1 & 2 des pièces annexées à la suite de la séance*).

Un de MM. a également déposé une protestation motivée contre toute délibération prise en l'absence des Députés que l'époque de leur convocation avoit mis dans l'impossibilité de se rendre à l'ouverture de l'Assemblée. (*Voyez n°. 3*).

M. le Président a levé la séance, & a ajourné la Chambre à demain, neuf heures du matin. *Signé*, MONTBOISSIER, *Président*, & LE CARPENTIER DE CHAILLOUÉ, *Secrétaire*.

PIÈCES *annexées à la troisième Séance.*

N°. 1. LES Députés soussignés, déclarent qu'ils n'adhèrent point à la délibération présente, ni à toute autre qui pourroit être prise, tant que l'on n'appellera point les différentes Provinces & Bailliages, qu'aucune délibération n'a, ou n'aura exclus, tels que la Province d'Artois, les Bailliages de Vesoul, de Crépy, dont les Députés ont été privés du droit de donner leurs suffrages, sans pouvoir obtenir qu'on allât aux voix pour juger leur exclusion. A Versailles, dans la Chambre de la Noblesse, ce 12 Mai 1789.

Signé, le Comte DE LA TOUCHE, le Comte DE MONTMORENCY, le Chevalier DE MAULETTE, le Duc DE LÉVIS, le Comte DE PUISAYE, le Marquis DE BIENCOURT, le Baron D'HARAMBURE, le Duc DE LUYNES, le Marquis DE LANCOSME, le Baron DE MENOU, le Comte DE CASTELLANE, & PHÉLINES.

N°. 2. Les Députés du Bailliage protestent contre les délibérations prises dans la Chambre, tant qu'il y subsistera l'irrégularité d'un grand nombre de Députés, dont on n'a pris ni les opinions, ni les voix : irrégularité d'autant plus forte, qu'on n'a pas même pris en considération s'il leur seroit accordé, ou refusé une voix provisoire, jusqu'à ce que leurs pouvoirs aient été vérifiés. Fait à la Chambre de l'Ordre de la Noblesse, le 12 Mai 1789.

Signé, le Vicomte DE BEAUHARNOIS, & PHÉLINES.

N°. 3. *Du mardi 12 Mai 1789.* En la Chambre où étoient réunis en grand nombre les Membres de la Noblesse du royaume, Députés par les Bailliages & Sénéchaussées à l'Assemblée des États-Généraux.

Un de MM. ayant proposé de faire connoître aux Membres du Clergé & du Tiers-État, (non encore constitués en Chambre) les arrêtés de la Chambre de la Noblesse du 6 & du 11 de ce mois, par le premier desquels la Chambre nomme douze Commissaires pour examiner seuls les pouvoirs des Députés Nobles, & par le second desquels elle se déclare suffisamment constituée pour les vérifier, & pour résoudre les difficultés naissantes des protestations ou oppositions des Membres de la Noblesse de plusieurs Provinces.

C 4

PROCÈS-VERBAL

La matière mise en délibération.

Dans le cours des opinions, le Député des Bailliages de Melun & Moret réunis, au lieu de donner sa voix, a dit :

« Je déclare que je crois ne devoir, ni ne pouvoir donner
» mon avis sur la motion présente.

» Je proteste même contre la décision du jour d'hier, par
» laquelle la Chambre a déclaré qu'elle se constituoit en Chambre
» de la Noblesse, & se jugeoit compétente & assez complète
» pour vérifier tous les pouvoirs des Députés Nobles, & pour
» résoudre les causes naissantes du mandat de ceux dont la dé-
» putation est contestée.

» Je proteste contre la formation, l'émission & la communi-
» cation aux Membres des autres Ordres non encore constitués,
» d'un vœu si important, comme faites en l'absence des Députés
» de Paris & de ceux de plusieurs Provinces qui ont voulu venir
» aux États-Généraux, & qui ne l'ont pu jusqu'ici, faute d'avoir
» été convoqués à tems par les Ministres du Roi.

» Mon zèle pour la liberté des États, & ma fidélité au fer-
» ment que j'ai prêté, comme Député des Bailliages de Melun
» & Moret réunis, me forcent à réclamer contre cet acte qui
» me semble porter atteinte au principe de l'intégrité des États-
» Généraux, & à la parité de droit qui assure à tous & chacun
» des Membres de l'Assemblée Nationale, la faculté de voter
» sur toutes les questions importantes, & notamment sur la
» validité des pouvoirs de leurs co-Députés, tant que la Chambre
» de la Noblesse, ou les États-Généraux eux-mêmes ne les
» ont point ajournés, & ne sont point en état de donner défaut
» contr'eux.

» J'ose insister fortement sur la protestation que je fais à cet
» égard, & qui a pour objet, non-seulement la conser-
» vation des droits des absens, mais encore la nécessité

» de me mettre à couvert vis-à-vis de mes commettans, dont
» les intentions sont manifestées avec évidence, dans le procès-
» verbal de leur séance du 21 Mars dernier.

» D'un côté, le cahier de la Noblesse, (déposé ce jour
» même au greffe du Bailliage) m'a imposé la loi de demander
» la périodicité des Etats libres & généraux du royaume, &
» d'obtenir, *avant tout*, que l'Assemblée Nationale pose elle-
» même cette première base de la liberté & de la tranquillité
» publique.

» D'une autre part, le Bailliage entier, par la délibération
» unanime des trois Ordres, à chargé ses Députés d'avertir les
» présidens des Ordres du moment où les Etats-Généraux, seroient
» ouverts & en fonction.

» Or je ne puis regarder l'Assemblée actuelle des Etats,
» comme étant de fait en fonction; & les Etats ne peuvent me
» paroître ni généraux ni libres, tant qu'il manquera un nombre
» considérable de Députés, auxquels pourtant il ne peut être
» imputé aucun retard. Les cinquante-six Députés notamment
» de la Ville & Prévôté de Paris, sont dans ce cas; le Roi
» n'ayant autorisé les Citoyens de la Capitale & de la Vicomté,
» montant à plus d'un million, à se réunir pour rédiger leurs
» cahiers, que le 23 Avril pour la première fois, tandis que
« les Assemblées des plus petits Bailliages devoient être formées,
» suivant le règlement, dès le 16 Mars.

» Les conséquences d'un tel exemple me paroissent trop im-
» portantes pour la liberté publique, & l'intérêt du Roi & du
» royaume, pour que je ne dépose pas dans le sein de la Noblesse
» ici présente, les protestations que ma conscience me dicte &
» qui m'interdisent de voter. »

A Versailles, ce 12 Mai 1789.

Signé, FRÉTEAU, Député de la Noblesse des Bailliages de Melun & Moret réunis.

QUATRIÈME SÉANCE.

Mercredi 13 Mai 1789.

LE mercredi treize mai mil sept cent quatre-vingt-neuf, l'ouverture de la séance s'est faite par la lecture du procès-verbal des séances des six, onze & douze de ce mois. Il a été résolu qu'on porteroit sur-le-champ aux deux autres Ordres les arrêtés pris par celui de la Noblesse, tant pour la vérification séparée des pouvoirs & la déclaration que la Chambre avoit faite, qu'elle se regardoit comme constituée, que pour la nomination des Commissaires destinés à conférer avec ceux des deux autres Ordres ; & il a été convenu que les Députés nommés à cet effet dans la séance du onze, diroient à chacune des deux Chambres du Clergé & du Tiers :

MESSIEURS,

« Nous avons l'honneur de vous apporter les arrêtés pris par
» l'Ordre de la Noblesse ; vous y verrez le desir qu'il a d'entre-
» tenir l'union fraternelle, source précieuse du bonheur de la
» Nation. »

Les deux députations étant parties à l'instant, on s'est occupé, pendant leur absence, de la vérification des pouvoirs de quelques Députés nouvellement arrivés.

Les Députés envoyés vers l'Ordre du Clergé étant rentrés, l'un d'eux a dit : « qu'ils s'étoient acquittés de la mission dont ils
» avoient été chargés ; & qu'à leur entrée comme à leur sortie
» de la Chambre du Clergé, ils avoient été reçus & reconduits
» avec le cérémonial accoutumé. »

Les Députés envoyés vers l'Ordre du Tiers-Etat étant également rentrés, l'un d'eux a dit :

Messieurs,

« Nous nous sommes acquittés de la mission que vous nous
» aviez confiée, dans les termes que vous aviez approuvés; &
» nous en avons remis copie sur le bureau. Après avoir été reçus
» par huit Membres de l'Ordre du Tiers qui sont venus à notre
» rencontre, on nous a fait placer sur les bancs où notre Ordre
» avoit siégé, lors de la réunion des trois Ordres à l'ouverture
» des Etats-Généraux. M. le Doyen nous a répondu, au nom de
» l'Ordre du Tiers, un discours qui contenoit en substance,
» qu'il n'étoit pas légalement constitué, & que son premier soin
» seroit de s'occuper des moyens de conciliation que lui offroit
» l'Ordre de la Noblesse. Nous avons été reconduits, comme
» nous avions été reçus. M. le Doyen a descendu une partie des
» degrés, sur le milieu desquels nous l'avons arrêté, par déférence
» pour son grand âge. »

Les Commissaires nommés pour la vérification des pouvoirs ont rendu compte à la Chambre de la difficulté que leur avoit présentée la députation d'Auxerre. Ils ont dit que, quoique les pouvoirs de cette députation eussent paru réguliers quant à la forme, ils avoient cru devoir observer à la Chambre que, suivant le règlement du sept Février dernier, fait pour la Bourgogne, il n'avoit été accordé qu'une députation pour Auxerre ; que cependant les trois Ordres de ce Bailliage avoient jugé à propos de s'en attribuer deux, en nommant deux Députés de l'Ordre du Clergé, deux de l'Ordre de la Noblesse & quatre de l'Ordre du Tiers, sans y avoir été autorisés par aucune décision postérieure, & même sans l'avoir sollicitée ; qu'ils se croyoient d'autant plus obligés de remettre cette observation sous les yeux de la Chambre, que cette double députation ayant eu lieu dans les trois Ordres du Bailliage d'Auxerre, son résultat intéressoit chacun des trois Ordres aux Etats Généraux.

Le second Député d'Auxerre ayant demandé à être entendu, a fait lecture d'un mémoire contenant l'exposé des raisons qui avoient déterminé le Bailliage d'Auxerre à s'attribuer une seconde députation : ces motifs étoient en substance, que ce Bailliage avoit eu deux Députés aux précédens Etats-Généraux ; qu'une seule députation ne seroit proportionnée, ni à sa population, ni à ses contributions ; & dans le calcul de sa population il comprenoit le Donziois, alléguant que plusieurs paroisses de ce pays auroient dû se rendre à la convocation d'Auxerre, & non à celle de Nevers.

Les Députés du Nivernois & Donziois ont cru devoir relever cette assertion ; ils ont établi, par une suite de faits, que le Donziois avoit été réuni de tout temps au Nivernois, pour la convocation des Etats-Généraux, & qu'ils protestoient contre toute allégation qui tendroit directement ou indirectement à faire croire qu'aucune partie du Donziois dût être convoquée à Auxerre. Le Député de Saint-Pierre-le-Moustier ayant adhéré à cette protestation motivée, ils ont demandé qu'elle fût annexée au procès-verbal de la séance ; ce qui leur a été accordé. (*Voyez* n°. 1). Cette protestation n'attaquant qu'un des moyens allégués par les Députés d'Auxerre, on a passé à la discussion du fond de la question, savoir si le second Député de ce Bailliage étoit admissible ou non.

Les Députés des autres Bailliages du Duché de Bourgogne, ont déclaré que, d'après les rapports qui les unissoient à ceux d'Auxerre, la délicatesse leur faisoit un devoir de s'abstenir de voter dans cette délibération.

Il a été observé que cette discussion étant relative à une députation entière, intéressoit également les trois Ordres ; & il a été délibéré en conséquence pour savoir s'il ne convenoit pas de renvoyer l'examen de cette affaire aux Commissaires que la Chambre avoit résolu de nommer, pour se concerter avec ceux des deux autres Ordres ; ce qui a été décidé à l'affirmative, à la majorité de cent trente-neuf voix.

Des observations faites sur les pouvoirs des Commissaires que la Chambre avoit arrêté de nommer, pour se concerter avec ceux des deux autres Ordres, ont donné occasion de discuter la question de savoir si ce pouvoir s'étendroit jusqu'à statuer définitivement, conjointement avec les Commissaires des autres Ordres, sur les objets qui leur seroient renvoyés, ou si leur mission seroit bornée à discuter en commun les affaires, pour en faire ensuite le rapport à la Chambre qui y statueroit.

La question, après avoir été discutée, ayant été soumise à la délibération, il a été décidé à la pluralité de deux cent huit voix, que dans tous les cas, les Commissaires ne seroient jamais juges, mais obligés de rapporter le résultat de leur conférence à la Chambre, qui seule auroit droit de statuer définitivement.

Un de MM. les Députés a observé que M. le Duc d'Orléans avoit présenté aux Commissaires-Vérificateurs, comme Député du Bailliage de Crépy en Valois, des pouvoirs qui n'avoient pu être vérifiés, attendu que son élection étoit attaquée par M. le Chevalier le Pelletier de Glatigny, se disant Député du même Bailliage ; que M. le Duc d'Orléans étoit nommé Député par la ville de Paris ; que dans cette circonstance, il étoit intéressant pour ce Prince de savoir quelle seroit la décision de la Chambre, attendu que si sa nomination à Crépy-en-Valois étoit trouvée bonne, il seroit dans le cas de refuser la députation de Paris, qu'il accepteroit dans le cas contraire.

Cette motion ayant éprouvé quelques difficultés, parce que la vérification des pouvoirs devoit se faire suivant l'Ordre des Bailliages, & que celle des pouvoirs des Députés de l'Artois, qui demeuroit suspendue, devoit précéder celle du Député de Crépy, les Députés de la Gouvernance d'Arras ont déclaré qu'ils ne mettoient aucune opposition à ce que la vérification des pouvoirs du Crépy fût faite avant celle des leurs ; ils ont demandé acte de ce qu'ils se prétoient à cette interversion dans l'ordre naturel des Bailliages, par déférence pour la personne de M. le Duc d'Orléans, & par égard pour la position dans laquelle il se trouvoit : déclaration que MM. les Députés ont remise écrite & signée sur le bureau. (*Voyez n°. 2*).

En conséquence, les Commissaires pour la vérification des pouvoirs ont fait le rapport des difficultés apportées à la vérification des pouvoirs de M. le Duc d'Orléans ; ils ont donné lecture entière de toutes les pièces dont M. le Chevalier le Pelletier de Glatigny appuyoit sa prétention, rendu compte des conséquences qu'il en tiroit ; ils ont également donné lecture des pièces remises & communiquées par M. le Duc d'Orléans ; & la matière mise en délibération, il a été décidé à l'unanimité des voix, que l'élection faite de M. le Duc d'Orléans par l'Ordre de la Noblesse du Bailliage de Crépy en Valois étoit bonne & valable ; & qu'il falloit passer outre sa vérification : ce qui a été fait à l'instant.

Ensuite, M. le Président a levé la séance, & indiqué la prochaine Assemblée à demain, neuf heures du matin.

Signé, MONTBOISSIER, *Président ;* & LE CARPENTIER DE CHAILLOUÉ, *Secrétaire*.

PIÈCES annexées à la quatrième Séance.

N°. 1. LES Députés de la Noblesse du Bailliage de Nivernois & Donziois, en adhérant à la délibération de l'Ordre de la

Noblesse réuni aux Etats-Généraux, relativement au second Député nommé par le Bailliage d'Auxerre contre la lettre du règlement du vingt-quatre Janvier, croient de leur devoir de donner la déclaration suivante.

Ils protestent contre toutes les allégations portées dans le mémoire du Bailliage d'Auxerre, qui tendroient à faire croire directement ou indirectement que le Donziois eût dû être convoqué par le Bailliage d'Auxerre, & non par celui du Nivernois. Les Députés du Nivernois ont eu l'honneur d'exposer à l'Ordre de la Noblesse, qu'il est très-facile de prouver que le droit de convoquer le Donziois appartient exclusivement & incontestablement au Bailliage de Nivernois.

Tous les Etats-Généraux en ont consacré la possession.

Il existe un Arrêt du Parlement de Paris, en règlement de ressort, qui est absolument en faveur du Bailliage de Nivernois.

Le règlement du vingt-quatre Janvier dernier, conforme à cet égard à celui de toutes les précédentes convocations, attribue spécialement & exclusivement au Bailliage de Nivernois & Donziois la convocation de ces deux pays ; & le titre seul de ce Bailliage, (*Bailliage de Nivernois & Donziois*) titre constamment usité pour toutes les convocations des Etats-Généraux, indique suffisamment ce droit.

Enfin, le second Député du Bailliage d'Auxerre a reconnu lui-même, dans le discours qu'il a lu à la Chambre, que le Donziois avoit été convoqué dans tous les tems par le Bailliage de Nivernois.

En conséquence, les Députés du Bailliage de Nivernois & Donziois protestent, au nom de leurs Commettans, contre les allégations contenues au mémoire des Députés du Bailliage d'Auxerre, relativement à la convocation du Donziois, & demandent à la Chambre acte de ladite protestation, ainsi qu'il leur a été promis. Fait à Versailles, dans la Chambre de l'Ordre de la Noblesse, le 13 Mai 1789; & *ont signé*, le Comte DE SÉRENT; DAMAS D'ANLEZY.

J'adhère à la protestation ci-dessus. *Signé*, le Baron D'ALLARDE.

N°. 2. Les Députés du Bailliage d'Arras ont déclaré qu'ils n'entendoient mettre aucune opposition à ce que la vérification des pouvoirs du Député du Bailliage de Crépy fût faite avant celle des pouvoirs des Députés de la Province d'Artois, & ont demandé acte de ce qu'ils se prêtoient à cette interversion dans l'ordre naturel des Bailliages, par déférence pour la personne de M. le Duc d'Orléans, & par égard pour la position dans laquelle il se trouve; & *ont signé* la présente déclaration. BRIOIS DE BEAUMEZ, le Comte Charles DE LAMETH, LE SERGEANT D'ISBERGUE, le Comte DE CROIX.

CINQUIÈME SÉANCE.

Jeudi 14 Mai 1789.

LE jeudi quatorze Mai mil sept cent quatre-vingt-neuf, la séance a commencé par la vérification des pouvoirs de MM. Duval d'Eprémesnil, le Duc de Castries, le Président d'Ormesson, le Bailli de Crussol, Députés de la Prévôté & Vicomté de Paris *extra muros*, de M. le Baron de Batz, Député de la Sénéchaussée de Nérac, & de M. le Comte de Barbançon, Député du Bailliage de Villers-Cotterets : leurs pouvoirs n'ayant présenté aucunes difficultés, ils ont été admis.

Il a été observé d'après la délibération prise hier sur la double députation d'Auxerre, qu'il restoit à décider si M. le Comte d'Arcy, d'Arcy, second Député de ce Bailliage, auroit séance jusqu'à ce que, sur le rapport de MM. les Commissaires chargés de l'examen de cette affaire, il y eût été statué définitivement. Cette question a été soumise à une délibération; & la pluralité a prononcé pour la négative.

M. le Baron de Batz a dit, qu'il étoit expressément chargé, par la Noblesse de la Sénéchaussée de Tartas, de faire part à la Chambre de la nomination de M. le Comte d'Artois pour Député de l'Ordre de la Noblesse de cette Sénéchaussée. Sur la demande qui a été faite à M. le Baron de Batz, s'il avoit qualité pour déclarer l'acceptation ou le refus fait par ce Prince, il a répondu que non; & en conséquence la Chambre a arrêté qu'il n'y avoit lieu à délibérer, quant-à-présent.

MM. les Commissaires chargés de la vérification des pouvoirs, ont dit, qu'en lisant le procès-verbal de l'Assemblée de l'Ordre de la Noblesse d'Artois, ils y avoient vu les protestations d'un grand nombre de Gentilshommes ayant entrée aux Etats de cette Province; & qu'ils avoient cru devoir soumettre cette circonstance à la délibération de la Chambre, observant que les pouvoirs de MM. les Députés étoient d'ailleurs très-réguliers & en bonne forme.

A l'instant il a été fait lecture par un de MM. les Députés d'Artois, d'un mémoire qui avoit été communiqué à MM. les Commissaires; l'objet de ce mémoire est de prouver que les protestations ne pouvoient infirmer leurs pouvoirs, ni en arrêter l'effet, puisqu'elles étoient moins dirigées contre leur élection, que contre un article des cahiers de la Province, sur lequel les Etats-Généraux auroient à prononcer.

Après une longue discussion, dans le cours de laquelle il a été observé par un grand nombre de Membres de l'Assemblée, que l'admission actuelle des Députés d'Artois ne pourroit porter atteinte à la constitution de cette Province, à la composition de ses Etats, ni aux droits de la Noblesse ayant entrée dans ces mêmes Etats, tous objets qui feroient pris dans la fuite en confidération; la queftion ayant été mife en délibération, l'univerfalité des fuffrages s'eft réunie pour décider que MM. les Députés d'Artois devoient être admis; enfuite M. le Préfident a levé la féance. *Signé*, Montboissier, *Préfident*, & le Carpentier de Chailloué, *Secrétaire*.

SIXIÈME SÉANCE.

Vendredi 15 Mai 1789.

Le vendredi quinze Mai mil fept cent quatre-vingt-neuf, l'Ordre de la Nobleffe étant affemblé, M. le Préfident a fait lecture de la lettre fuivante, qui lui avoit été adreffée par M. le Comte d'Artois.

De Verfailles, 15 Mai 1789.

« Je vous prie, Monfieur, de faire part à la Chambre de la
» Nobleffe, que j'ai reçu par M. le Baron de Batz, Sénéchal
» du Duché d'Albret, l'offre de la députation de la Nobleffe de
» la Sénéchauffée de Tartas; elle m'a été offerte de la manière la
» plus flatteufe & la plus honorable; & je n'oublierai jamais la
» fenfible reconnoiffance que je dois à cette marque d'eftime &
» de confiance. Je vous prie, encore, Monfieur, de bien exprimer
» à la Chambre de la Nobleffe, qu'un defcendant de Henri IV
» fera toujours honoré de fe trouver parmi des Gentilshommes
» François: affurez-les que mon defir le plus ardent eût été de
» fiéger avec eux & de partager leurs délibérations, fur-tout dans
» une circonftance auffi importante; mais chargez-vous en même
» tems de dépofer dans le fein de la Chambre, les regrets auffi

» pénibles que sincères que j'éprouve d'être forcément obligé, par
» des circonstances particulières, à ne pas accepter cette députa-
» tion. Il m'eût été bien doux de mieux connoître, de mieux
» apprécier encore, s'il est possible, les sentimens qui distinguent
» la Noblesse françoise. Mais, Monsieur, certifiez en mon nom,
» à toute la Chambre, que forcé de renoncer en ce moment à
» l'espoir d'être un de ses Membres, elle peut compter qu'elle
» trouvera toujours en moi les mêmes sentimens que je n'ai
» jamais cessé de démontrer & que je conserverai éternellement.
» Je profite avec empressement de cette occasion pour vous té-
» moigner, Monsieur, mes sentimens & ma parfaite estime.

» Votre affectionné ami. »

Signé, CHARLES-PHILIPPE.

Il a été arrêté à l'unanimité, que M. le Président se retirera pardevers M. le Comte d'Artois, pour assurer ce Prince que la Noblesse a reçu avec la plus respectueuse sensibilité la communication de la lettre dont il a honoré M. le Président; qu'elle y a reconnu les sentimens d'un digne descendant de Henri IV; & que M. le Président offrira à M. le Comte d'Artois les remercîmens, les regrets & les respects de la Chambre.

MM. les Commissaires-Vérificateurs ont repris la suite de leur rapport, & ont dit, que « suivant un réglement du 7 Février
» dernier, pour l'exécution des lettres de convocation aux
» Etats-Généraux, dans la Province des Trois-Evêchés, il a été
» décidé que dans les Bailliages de Metz, Thionville, Saar-
» Louis & Longwy, les trois Ordres nommeroient un nombre
» d'Electeurs fixé par ce réglement; lesquels se réuniroient en la
» ville de Metz, pour y former deux députations aux Etats-
» Généraux; mais que l'Ordre de la Noblesse du Bailliage parti-
» culier de Metz, plus nombreux à lui seul que celui des trois

» autres Bailliages, se croyant lésé par cette réduction qui l'ex-
» posoit à ne pas avoir un Représentant aux Etats-Généraux, il
» avoit adressé ses représentations aux Ministres, & demandé
» qu'il lui fût permis de députer particulièrement ; que n'ayant
» pas eu de réponse, il s'étoit cru autorisé à regarder ce silence
» comme une approbation, & qu'en conséquence l'Ordre de la
» Noblesse de ce Bailliage avoit nommé un Député aux Etats-
» Généraux ; que la Noblesse des autres Bailliages, après s'être
» réduite au désir du réglement, s'étoit cependant réunie à
» Metz, & en exécution de ce même réglement, après avoir
» prononcé défaut contre la Noblesse de Metz, s'étoit assemblée
» avec les Membres réduits de l'Ordre du Tiers-Etat des quatre
» Bailliages, & avoit nommé deux Députés pour l'Ordre de la
» Noblesse ; ce qui présentoit trois Députés de cet Ordre pour
» les quatre Bailliages ci-dessus nommés, tandis que le réglement
» n'en accordoit que deux ; que cette circonstance avoit paru
» assez importante à MM. les Commissaires, pour les déter-
» miner à suspendre la vérification des pouvoirs de ces trois
» Députés, jusqu'à ce que la Chambre eût prononcé ; qu'ils
» croyoient devoir prévenir l'Assemblée, que la Noblesse des
» Bailliages de Thionville, Saar-Louis & Longwy soutenoit
» l'élection de ses Députés, mais qu'elle se réunissoit aussi à la
» Noblesse de Metz pour demander l'admission du Député de ce
» Bailliage. »

Les trois Députés ci-dessus indiqués, ayant été entendus, on a commencé la discussion de cette affaire : M. le Président en a remis la continuation à demain, & a levé la séance.

Signé, Montboissier, *Président*, & le Carpentier de Chailloué, *Secrétaire*.

SEPTIÈME SÉANCE.

Samedi 16 Mai 1789.

LE samedi seize Mai mil sept cent quatre-vingt-neuf, MM. les Députés de la Noblesse rassemblés à l'heure indiquée, M. le Président a ouvert la séance, en disant :

MESSIEURS,

« Conformément à votre vœu, je me suis rendu chez Mon-
» seigneur Comte d'Artois, pour lui témoigner toute votre
» reconnoissance des regrets qu'il vous a exprimés si franche-
» ment, & d'une manière si énergique. Le hasard a rassemblé
» autour de moi plusieurs Membres de la Noblesse qui ont bien
» voulu m'accompagner chez lui ; ils peuvent vous dire la vive
» émotion qu'a éprouvée le Prince, lorsque j'ai eu l'honneur de
» lui faire part de votre arrêté : sa réponse qu'il m'a remise,
» écrite de sa main, est noble, sensible & touchante : permettez-
» moi de vous en faire lecture. »

« Monsieur, j'essaierois en vain de vous exprimer toute la
» reconnoissance que m'inspire la démarche honorable pour moi,
» dont la Chambre de la Noblesse vous a chargé, & les regrets
» qu'elle veut bien éprouver ; ils augmenteroient ceux que res-
» sent mon cœur, si cela étoit possible ; mais, Monsieur, veuillez
» parler encore en mon nom à la Chambre, & lui donner la
» ferme & certaine assurance que le sang de mon aïeul m'a
» été transmis dans toute sa pureté, & que tant qu'il m'en
» restera une goutte dans les veines, je saurai prouver à l'univers
» entier, que je suis digne d'être né Gentilhomme François. »

Cette lecture finie, la Chambre entière a marqué par de vifs applaudissemens, la profonde reconnoissance dont elle étoit pénétrée pour les sentimens que M. le Comte d'Artois avoit bien voulu lui témoigner.

M. de Chailloué ayant représenté à la Chambre, que les occupations du Secrétariat se multiplioient tous les jours, & qu'il desiroit qu'il lui fût accordé un Collègue; la Chambre a décidé que, suivant ce qui avoit été réglé le jour de la première séance, le plus âgé de MM. les Députés, ayant fait les fonctions de Secrétaire dans leurs Bailliages, seroit adjoint à M. de Chailloué; & M. le Vicomte de Malartic, Député de la Sénéchaussée de la Rochelle, s'étant trouvé remplir ces conditions, a été déclaré Secrétaire, conjointement avec M. de Chailloué.

La Chambre ayant ensuite repris la discussion interrompue par la levée de la dernière séance, M. le Président a mis en délibération, si l'on renverroit l'affaire du Député de la Noblesse de Metz aux Commissaires qu'il avoit été arrêté, le douze de ce mois, de nommer, ou si la Chambre la jugeroit elle-même sur-le-champ. Il a été décidé, à la majorité de cent soixante-dix-huit voix, que cette cause n'intéressant que l'Ordre de la Noblesse, seroit jugée par lui seul.

D'après cette décision, on a passé à la discussion de cette affaire; & chacun de MM. ayant motivé son opinion, on a recueilli les voix sur la validité de l'élection de M. le Député de la Noblesse de Metz. La Chambre a jugé, à la pluralité de cent vingt-cinq voix, en témoignant le plus grand regret de perdre ce Député, que son élection n'étant point faite dans la forme prescrite par le réglement, elle ne pouvoit l'admettre dans son sein.

MM. de Comaserra & de Montferré, Députés de la Noblesse de la Viguerie de Perpignan, s'étant présentés à cette séance, & leurs pouvoirs ayant été vérifiés & reconnus en règle par les Commissaires-Vérificateurs, ils ont été admis à prendre séance & voix délibérative.

M. le Président a levé la séance, & indiqué la prochaine Assemblée à lundi prochain dix-huit, à neuf heures du matin.

Signé, Montboissier, *Président*, & le Carpentier de Chailloué, *Secrétaire*.

HUITIÈME SÉANCE.

Lundi 18 Mai 1789.

Le lundi dix-huit Mai mil sept cent quatre-vingt-neuf, MM. les Députés de l'Ordre de la Noblesse ayant pris séance, l'un des Secrétaires a fait lecture des Procès-verbaux des séances des quinze & seize de ce mois. Les Commissaires-Vérificateurs ont rendu compte, que M. le Baron de Gonnès s'étant présenté comme député par l'Ordre de la Noblesse de la Sénéchaussée de Bigorre, ils avoient procédé à la vérification de ses pouvoirs, & les avoient trouvés en règle; d'après quoi il a pris séance : ensuite M. le Président a dit, « qu'ayant demandé à M. le Grand-Maître des Cérémonies » deux Huissiers pour le service de la Chambre, il s'en présen- » toit un de sa part pour remplir cette fonction, & qu'il avoit » l'honneur de proposer à la Chambre de l'accepter, & de lui » faire prêter serment sur-le-champ »; ce qui ayant été agréé, on l'a fait entrer; il a déclaré se nommer Louis-François Poiré : après lui avoir fait prêter serment, entre les mains de M. le Président, de remplir avec fidélité & exactitude les fonctions qui lui seront confiées, d'observer le secret sur les délibérations de la Chambre, & sur tout ce qui s'y passera, ainsi que de ne jamais s'écarter du respect & de la soumission qu'il lui doit, & lui en avoir fait signer l'acte, il a été reçu & commis à l'exercice des fonctions d'Huissier de la Chambre de l'Ordre de la Noblesse.

Les mêmes Membres du Clergé & de la Noblesse du Dauphiné qui s'étoient présentés à la Chambre, à la séance du 11 de ce mois, pour former opposition à la députation de cette Province aux Etats-Généraux, ayant de nouveau demandé l'entrée de la Chambre, ont été introduits dans le parquet par l'Huissier; & l'un d'eux portant la parole, a rappelé l'opposition qu'ils avoient précédemment formée, tant en leur nom qu'en celui d'un grand nombre d'autres ecclésiastiques & Gentilshommes de leur Province, & il a déposé sur le bureau un paquet cacheté, qu'il a dit contenir plusieurs Pièces relatives à cette opposition, & qu'il a supplié la Chambre de vouloir bien prendre en considération; après quoi s'étant retirés, M. le Président a remis aux Commissaires-Vérificateurs le paquet laissé sur le bureau, pour être joint aux autres Pièces relatives à cette affaire, & en être rendu compte, lors du rapport qu'ils en doivent faire.

Le Député de la Noblesse de Metz, dont l'exclusion avoit été prononcée dans la séance du samedi 16 Mai, a fait demander la permission de présenter une requête à l'Ordre de la Noblesse; & ayant été introduit dans la Chambre, il en a fait lecture & a conclu, à ce qu'il plaise à l'Ordre de la Noblesse, *en interprétant le réglement du 7 Février, par l'esprit qui l'a dicté, maintenir l'élection faite par les Nobles de Metz, & admettre leur Député dans la Chambre, ou subsidiairement recevoir son opposition à la vérification des pouvoirs des prétendus Députés de l'arrondissement de Metz, & y faisant droit, ordonner que les élections de la Noblesse seront recommencées, tant à Metz que dans le Bailliage de Thionville, le tout sans préjudice des droits particuliers de la ville de Metz, indépendans de ceux de son Bailliage.*

Les Députés de la Noblesse de l'arrondissement de Metz, attaqués par cette requête, y ayant répondu, se sont retirés avec celui de la Noblesse de Metz; & il a été agité dans la

Chambre, si elle jugeroit sur-le-champ la contestation élevée entre le Député de Metz & ceux des arrondissemens de cette ville, ou si elle renverroit l'examen de la requête présentée aux Commissaires-Vérificateurs; sur quoi, M. le Président ayant pris les suffrages, il a été décidé à la majorité de cent trente-six voix, que cette affaire seroit de nouveau examinée par les Commissaires-Vérificateurs, qui en feroient leur rapport à la Chambre, dans sa première séance.

Sur ce qu'il a été observé, qu'il étoit urgent de s'occuper le plutôt possible d'un réglement qui détermineroit les fonctions des différens Officiers de la Chambre, & qui régleroit l'ordre & la police qui doivent être observés dans les séances & délibérations, il a été unanimement convenu de procéder à l'instant, & par la voie du scrutin, à la nomination de sept Commissaires qui seroient chargés de s'occuper sans relâche de la rédaction de ce réglement.

En conséquence, l'un des Secrétaires ayant fait l'appel des Députés dont les pouvoirs sont vérifiés; chacun a mis dans un vase placé devant M. le Président, un billet contenant les noms des sept personnes qu'il choisissoit. Après quoi, MM. le Comte de la Galissonniere, le Comte de la Chastre & le Marquis de Montesson, ayant été nommés Scrutateurs par M. le Président, ont procédé, conjointement avec les Secrétaires, à la vérification du scrutin, qui s'étant trouvé juste, leur a permis de commencer l'ouverture des billets; & M. le Président ayant levé la séance, & indiqué la prochaine pour demain neuf heures du matin, MM. les Scrutateurs & Secrétaires sont restés seuls à continuer leur opération.

Signé, MONTBOISSIER, *Président*, & LE CARPENTIER DE CHAILLOUÉ, *Secrétaire*.

NEUVIEME SÉANCE.

Mardi 19 Mai 1789.

LE mardi dix-neuf Mai mil sept cent quatre-vingt-neuf, MM. les Députés de l'Ordre de la Noblesse ayant pris séance, l'un des Scrutateurs nommés pour procéder à la vérification du scrutin, pour la nomination des Commissaires Rédacteurs du Réglement de police de la Chambre, a fait lecture du procès-verbal de ladite vérification, d'où il résulte que les Commissaires nommés par la pluralité des voix, sont :

MESSIEURS,

Le Duc de Mortemart.
Le Comte d'Entraigues.
Le Président d'Ormesson.
Le Marquis de Pouthillier.
Duval d'Eprémesnil.
Le Duc de Luxembourg.
Le Duc du Châtelet.

M. le Président a dit, « que le Grand-Maître des Cérémonies » venoit de lui envoyer un second Huissier, & que si la Chambre » le jugeoit à propos, il alloit le recevoir au serment ». Sur l'affirmative, on l'a fait entrer ; il a dit se nommer Nicolas-Joseph de Courvol, & a prêté serment entre les mains de M. le Président, de remplir avec exactitude les fonctions qui lui seront confiées, d'observer le secret sur les délibérations de la Chambre, & sur tout ce qui s'y passera, & de ne jamais s'écarter de l'obéissance & de la soumission qu'il lui doit; & après en avoir signé l'acte, il a été reçu & admis aux fonctions d'Huissier de la Chambre de la Noblesse.

M. le Président a proposé à l'Assemblée d'entendre le rapport des Commissaires-Vérificateurs, ordonné dans la dernière séance; mais un de MM. les Députés s'est levé & a dit :

Messieurs,

« Il paroît certain que l'Ordre du Tiers s'occupe en ce moment
» du choix des Commissaires conciliateurs que vous lui avez
» fait notifier que votre intention étoit de nommer : le Clergé a
» déja désigné les siens; & j'oserai soumettre à la plus sérieuse
» considération de la Chambre, s'il ne seroit pas convenable &
» important qu'elle procédât immédiatement à cette nomination,
» dans un nombre égal à celui des Commissaires déja choisis par
» le Clergé.

» Plus il est du devoir, de l'intérêt & de la dignité de cette
» Chambre, de suivre avec fermeté la marche qu'elle s'est tracée
» par sa première délibération, & de ne pas s'écarter des prin-
» cipes qu'elle a adoptés, plus il semble qu'il est digne de la
» pureté de ses sentimens & de la franchise qui doit caractériser
» toutes ses démarches, de manifester dans chaque occasion,
» par la réciprocité des procédés les plus généreux, l'intention
» où elle est de se prêter, même avec empressement, à tout ce
» qui peut tendre à établir une communication amiable entre
» les trois Ordres; premier pas vers cette concorde & cette
» précieuse union qui peut seule amener promptement des ré-
» sultats utiles, que les circonstances sollicitent de la manière
» la plus pressante, & que la Nation entière attend sans doute
» avec la plus vive impatience.

» En conséquence, je prends la liberté de proposer à la
» Chambre de délibérer sur la motion suivante :

« Ne convient-il pas de procéder immédiatement au choix & à
» la nomination des Commissaires conciliateurs, de préférence à
» toute autre affaire ? »

D'après cette motion, il a été mis en délibération par M. le Président, si, conformément à l'ordre du jour, on entendroit le rapport des Commissaires-Vérificateurs, ou si on passeroit sur-le-champ à la nomination des Commissaires que l'Ordre de la Noblesse avoit décidé de choisir par son arrêté du 12 de ce mois; les voix ayant été recueillies, il a passé à la majorité de cent quinze voix, d'entendre le rapport de l'affaire des Députés de Metz & de l'arrondissement du pays Messin.

Au même instant, le premier Député de la Noblesse des Bailliages réunis du pays Messin, est entré & a dit, « que sachant
» combien il étoit important que la Noblesse s'occupât sans délai
» du choix des Commissaires destinés à conférer avec ceux des
» autres Ordres, il supplioit la Chambre de vouloir bien sus-
» pendre le jugement de son affaire pour y procéder. »

Il a été convenu, en conséquence, de s'occuper sur-le-champ de la nomination de ces Commissaires, au nombre de huit. On a agité la manière dont on procéderoit à cette élection, les uns proposant de les nommer un à un, d'autres par listes contenant les noms des huit personnes qu'on desireroit pour cette commission; après la délibération prise sur cet objet, & les suffrages recueillis, il a été décidé, à la majorité de cent quatre-vingt-dix-sept voix, que l'on procéderoit par listes à cette nomination. Alors un de MM. les Députés a observé que, suivant l'arrêté du 12 de ce mois, les Commissaires que l'on alloit nommer, devoient être amovibles, & qu'il croyoit nécessaire de décider avant le scrutin, si la Chambre confirmoit cet arrêté, & dans ce cas, déterminer la durée des pouvoirs de ces Commissaires. Cette observation ayant été trouvée juste, il a été décidé qu'on détermineroit le tems que dureroient les pouvoirs, avant que l'on connût le résultat du scrutin.

Ensuite plusieurs de MM. ont demandé s'il ne seroit pas nécessaire de déterminer un certain nombre de voix pour cette élection, ou si une simple majorité suffiroit pour être élu. On a été aux voix sur cette question ; & il a été décidé, à la pluralité de deux cent quatre voix, qu'il faudroit réunir un nombre de suffrages, dans une proportion déterminée, pour être nommé Commissaire. On a recueilli de nouveau les voix, pour savoir si cette proportion seroit le tiers ou le quart du nombre des Electeurs ; & il a été résolu, à la majorité de cent quatre-vingt voix, qu'il faudroit obtenir le tiers des voix pour être élu.

On a procédé aussitôt à l'appel des Membres de la Chambre, pour déposer leurs billets dans un vase placé devant M. le Président ; chacun est venu à son tour y jeter sa liste ; & il a été reconnu que le nombre des Electeurs étoit de deux cent trente-sept.

Dans ce moment, l'Huissier de la Chambre a prévenu M. le Président, qu'une députation de l'Ordre du Tiers-Etat demandoit à entrer. Deux de MM. de la Noblesse ont été recevoir cette députation en dehors de la porte, dont les Huissiers ont ouvert les deux battans ; & les Députés, au nombre de sept, ont été conduits devant le bureau de M. le Président. Tous les Députés de la Noblesse se sont levés à l'entrée de MM. les Députés de l'Ordre du Tiers, qui, parvenus aux places qui leur étoient destinées, ont été invités de s'asseoir ; & sur ce qu'ils ont desiré rester debout & découverts, tous MM. de la Noblesse en ont fait autant.

MM. les Députés du Tiers, M. Target, l'un d'eux, portant la parole, ont dit en substance, « que les Députés *des Communes* » avoient nommé *des personnes* chargées de se trouver aux con-» férences proposées par les Membres du Clergé, & que ces

» personnes s'y rendroient au jour qui seroit le plus convenable à
» la Chambre du Clergé & à celle de la Noblesse. ».

M. le Président leur a répondu, que l'Ordre de la Noblesse s'occupoit dans l'instant même de la nomination de ses Commissaires, & que dès que le résultat du scrutin seroit connu, il en seroit part à l'Ordre du Clergé & à celui du Tiers ; qu'alors rien n'empêcheroit les Commissaires des trois Ordres de se réunir pour travailler à une conciliation également desirée de tous.

MM. les Députés du Tiers s'étant retirés, ont été reconduits en dehors de la porte par deux des Membres de la Chambre ; & chacun ayant repris sa place, un de MM. de la Noblesse a observé, « que celui des Députés du Tiers qui portoit la parole
» s'étoit servi dans son discours, pour désigner son Ordre, de
» l'expression de *Députés des Communes*, & qu'il demandoit
» acte de la réserve qu'il faisoit de proposer à la Chambre de
» délibérer, dans un moment plus opportun, sur cette qualifi-
» cation très-inconstitutionnelle. »

Un grand nombre de Membres de la Chambre s'est joint à lui, & a adhéré à cette réserve.

Ensuite M. le Président a nommé MM. de Bressey, le Comte de Trye, le Marquis de Vaudreuil, le Duc de Praslin, le Vicomte de Fumel & le Comte d'Hodicq, pour procéder conjointement avec les Secrétaires, à la vérification & à l'ouverture du scrutin, & attendu l'heure avancée, cette opération a été remise à l'après-dîner ; & deux des Scrutateurs ont fermé le vase contenant les billets, & l'ont scellé de leurs armes ; la garde en a été confiée aux Huissiers de la Chambre ; & M. le Président a levé la séance & indiqué la prochaine à demain neuf heures du matin.

Signé, Montboissier, *Président*, & le Carpentier de Chailloué, *Secrétaire*.

DIXIÈME SÉANCE.

Mercredi 20 Mai 1789.

Le Mercredi vingt Mai mil sept cent quatre-vingt-neuf, MM. les Députés de la Noblesse ayant pris séance à l'heure indiquée, l'un des Secrétaires a fait la lecture du Procès-verbal de la dernière séance.

D'après la résolution prise hier par la Chambre, de déterminer la durée des pouvoirs des Commissaires, avant de connoître le résultat du scrutin, M. le Président a soumis cette question à la discussion; après quoi, l'ayant mise en délibération, il a été décidé à la pluralité, que les pouvoirs des Commissaires dureroient quinze jours, à compter de celui de l'ouverture des conférences, & qu'au bout de ce tems, il seroit procédé, par la voie du scrutin, à une nouvelle nomination.

Plusieurs Gentilshommes se disant Députés de la Noblesse des Etats de Provence, ayant fait demander l'entrée de la Chambre, M. le Président a donné ordre à l'Huissier de les introduire; ils ont été placés devant le bureau des Secrétaires.

L'un d'eux portant la parole, ils ont dit, que l'objet de leur mission & la nature des pouvoirs dont ils étoient chargés, étoit de s'opposer, au nom de la Noblesse composant la Chambre de cet Ordre aux Etats de Provence, à la vérification des pouvoirs de tous Députés qui pourroient avoir été nommés contre les anciens usages, & hors du sein de ladite Chambre de la Noblesse des Etats de Provence; & ils se sont retirés, après avoir remis sur le bureau leurs pouvoirs, mémoires & pièces à l'appui de cette opposition.

Sur une observation faite par plusieurs de MM., que c'étoit à tort que l'on avoit introduit devant le bureau du Président, & donné séance, tant aux Gentilshommes, se disant Députés de la Noblesse des Etats de Provence, qu'à ceux des réclamans de la Province du Dauphiné, il a été décidé qu'à l'avenir, toute personne à qui l'entrée de la Chambre seroit accordée, pour y faire quelques demandes ou réclamations, se tiendroit à la barre de la Chambre, & y resteroit debout.

MM. les Scrutateurs nommés pour la vérification du scrutin de la veille, ont fait leur rapport & la lecture du procès-verbal de leur opération, d'où il résultoit que le nombre des billets s'étant trouvé de deux cent trente-sept, ainsi que celui des Electeurs, ils avoient reconnu, que celui des voix nécessaires pour être élu devoit être de soixante-dix-neuf; qu'ensuite ayant procédé à l'ouverture du scrutin, ils avoient trouvé par son résultat que,

M. le Marquis de Bouthillier avoit obtenu. . . . . . 126 voix.
M. le Duc de Luxembourg. 107
M. le Marquis de la Queuille. 90
M. le Mulier de Bressey. 84
M. le Comte d'Entraigues. 81

Et qu'ils étoient les seuls qui eussent dépassé le nombre requis pour être nommés Commissaires; qu'en conséquence, il falloit que la Chambre procédât à un second scrutin pour l'élection des trois Membres qui restoient à nommer; & sur-le-champ, M. le Président a fait faire l'appel des Electeurs dont les pouvoirs sont vérifiés; chacun ayant remis sa liste dans le vase placé devant M. le Président, il a été reconnu que le nombre des Electeurs étoit de deux cent trente-sept; & pour accélérer cette opération, MM. les Scrutateurs ont été invités de se retirer avec un des Secrétaires, dans une pièce voisine, pour procéder sur-le-champ à la vérification & ouverture de ce scrutin.

La

La Chambre n'ayant cependant pas interrompu la séance, les Députés des Bailliages de l'arrondissement de Metz ont été appelés à plaider leur cause. L'un d'eux a lu des observations en réponse aux moyens employés par le Député de la Noblesse de Metz contre la légitimité & la validité de leur élection.

Ces Députés s'étant ensuite retirés, les Commissaires-Vérificateurs ont fait le rapport de cette affaire, & ont conclu à ce que le Député de la Noblesse de Metz étant sans titre & sans pouvoir pour contester l'élection des Députés des Bailliages de l'arrondissement, & ses moyens étant d'ailleurs appuyés sur des faits dont il n'avoit pas justifié, son opposition fût déclarée ne pouvoir être admise.

Mais plusieurs Membres de l'Assemblée ayant demandé, que sans s'arrêter à l'opposition du Député de la Noblesse de Metz, on mît en discussion la validité de la nomination des Députés des Bailliages de l'arrondissement de Metz, d'après les faits avoués & reconnus de toutes les parties; il a été procédé, à l'instant, à cette discussion, par un tour d'opinions, dans lequel plusieurs de MM. ont motivé leur avis sur la nullité de l'élection des Députés des Bailliages d'arrondissement, comme étant inconstitutionnelle, & faite sans nécessité contre le texte formel du réglement: ensuite, M. le Président ayant posé la question de savoir, si la députation de la Noblesse des Bailliages d'arrondissement de Metz seroit admise oui ou non, on a pris les voix, & il a été décidé, à la majorité de cent trente-sept voix, que cette députation ne pouvoit être admise.

Les Scrutateurs sont rentrés, & ont fait lecture du procès-verbal de vérification du scrutin & de son résultat, constatant qu'il s'est trouvé dans le vase 237 billets, nombre égal à celui des Electeurs, & qu'en ayant fait l'ouverture, ils avoient reconnu que,

M. le Baron de Pouilly avoit obtenu. . . . . 106 voix.

M. le Duc de Mortemart.............. 103 voix.
M. de Cazalès................... 88

Ce nombre de voix excédant celui nécessaire, ces Messieurs ont été déclarés Commissaires.

M. le Président a levé la séance, & indiqué la prochaine pour Vendredi 22 Mai, à dix heures du matin.

Signé, MONTBOISSIER, *Président*, & LE CARPENTIER DE CHAILLOUÉ, *Secrétaire*.

ONZIÈME SÉANCE.

Vendredi 22 Mai 1789.

LE vendredi vingt-deux Mai mil sept cent quatre-vingt-neuf, à l'ouverture de la séance, M. le Marquis de Guilhem de Clermont-Lodève s'est présenté comme Député de l'Ordre de la Noblesse de la ville d'Arles, & ses pouvoirs ayant été examinés par les Commissaires-Vérificateurs, & trouvés en règle, il a été admis à prendre voix & séance.

M. le Président a dit :

« MESSIEURS,

» Vous avez déclaré nulles les élections de la Noblesse de
» Metz & celles des Bailliages réunis, comme contraires aux
» réglemens.

» Les Députés de ces Bailliages n'ont plus qualité pour agir
» au nom de leurs Commettans ; mais les Nobles de Metz &
» des Bailliages réunis sont nos frères, & ils sont sans Représen-

» tans : ne jugeriez-vous pas convenable que l'Ordre de la
» Noblesse me fît l'honneur de me charger de demander au
» Roi des Lettres de convocation pour l'Ordre de la Noblesse
» de Metz & des Bailliages réunis. »

Il a été convenu que M. le Président seroit autorisé à faire cette démarche.

Ensuite, il a été fait lecture du procès-verbal de la séance précédente : sa rédaction a donné lieu à différentes observations, & particulièrement sur ce qui est relatif à la décision concernant la députation des Bailliages réunis de l'arrondissement de Metz. Un de MM. ayant demandé que les motifs de cette décision fussent insérés dans le procès-verbal, cette motion a donné lieu à de longs débats ; ils n'étoient pas encore terminés, lorsqu'un des Commissaires nommés pour conférer avec ceux des autres Ordres, a observé que leurs conférences devoient commencer dès le jour même, ou le lendemain au plus tard, que leur succès pourroit être & plus prompt & plus assuré, si la Chambre autorisoit ses Commissaires à déclarer, « que l'intention de l'Ordre de la
» Noblesse est de renoncer à ses priviléges pécuniaires ; qu'il
» veut que l'impôt soit également réparti ; mais qu'il entend
» aussi que l'impôt ne sera légal que lorsqu'il sera accordé par
» les Etats-Généraux séparés par Ordres, & revêtu du con-
» sentement de chacun de ces Ordres, pris séparément, suivant
» la forme antique & la loi constitutive de l'Etat. »

Sur l'observation faite, que l'ordre du travail demandoit que l'on terminât la discussion élevée sur la motion faite relativement à la rédaction du procès-verbal de la dernière séance, avant de passer à aucun autre objet, il s'est élevé quelques débats qui ont été presqu'aussitôt terminés par la déclaration qu'a faite l'auteur de la première motion, qu'il consentoit à la retirer, afin que la Chambre pût s'occuper de la proposition importante qui lui étoit présentée par l'un de ses Commissaires.

La renonciation aux priviléges pécuniaires ayant été prévue dans presque tous les cahiers dont les Députés étoient porteurs, il a paru convenable de commencer par rechercher le vœu que chacun de ces cahiers renfermoit à cet égard ; & l'on a en conséquence fait un appel par Bailliage, afin que le premier Député de chacun énonçât la volonté de ses Commettans sur cet objet. Il a été reconnu que la très-grande majorité des cahiers de la Noblesse contenoit le vœu de l'abandon des priviléges pécuniaires, & de l'égale répartition de tous les impôts entre les trois Ordres.

Plusieurs de MM. ont cru cependant que le moment n'étoit pas encore arrivé d'en faire la déclaration aux autres Ordres, parce que les mêmes cahiers les obligeoient strictement à ne délibérer, en aucune manière, sur ce qui étoit relatif à l'impôt, avant que les bases de la constitution n'eussent été assurées d'une manière positive par des Lois précises & promulguées ; ils ont en conséquence réclamé & protesté contre ladite déclaration, si elle avoit lieu, n'empêchant au surplus que les Commissaires ne donnassent connoissance aux autres Ordres des articles de leurs cahiers, qui exprimoient le consentement à la renonciation aux priviléges lorsqu'il en seroit tems.

Ceux de MM. les Députés, dont les cahiers n'exprimoient pas le même vœu, se sont vus obligés de réclamer encore plus fortement contre la motion des Commissaires ; quelques-uns ont déposé sur le bureau leurs protestations, en demandant qu'elles fussent annexées au procès-verbal, pour leur en être donné acte. (*Voyez les Pièces annexées à la suite de cette séance*).

M. le Président a levé la séance, & ajourné la Chambre à demain, neuf heures du matin.

Signé, MONTBOISSIER, *Président*, & LE CARPENTIER DE CHAILLOUÉ, *Secrétaire*.

PIÈCES annexées à la onzième Séance.

N°. I. Les Députés de la Nobleſſe du Bas-Limouſin, Sénéchauſſée de Tulle, déclarent que le deſir d'obtenir une Conſtitution fixe, & à l'abri des pouvoirs arbitraires, a déterminé leurs Commettans à leur faire une Loi de ne voter ſur rien, avant que les points qu'ils regardent comme conſtitutionnels ne fuſſent arrêtés & ſtatués par une charte authentique.

De là il réſulte que ſur les motions propoſées par M. le Comte d'Antraigues & M. le Duc de Mortemart, motions ſur leſquelles ils ont l'ordre comme le vœu de concourir dans le tems, ils ſont obligés non de contrarier, mais de ſe taire, & de ne pouvoir réunir dans cet inſtant leurs ſuffrages pour concourir, dans les termes qui leur ſont preſcrits, à conſommer un ſacrifice, qui honore bien plus la Nobleſſe que les priviléges auxquels elle renonce ne la diſtinguent.

Si la crainte de s'écarter en rien de leurs mandats & de leurs ſermens, paroît d'une ſévérité trop étendue, la délicateſſe qui inſpire ce ſentiment, fût-elle erronée, conſerve & porte avec elle une teinte de vertu qui ne laiſſera à MM. les Commiſſaires du Tiers-Etat aucun doute ſur leur exactitude à ſe conformer au vœu de leurs conſtituans, qui dans l'art. XII de leurs cahiers ſe trouve exprimé en ces termes :

« Que l'on ſupprime tous impôts diſtinctifs, taille, capita-
» tion, &c. pour leur être ſubſtitué, d'après le conſentement
» des Etats, un ſeul impôt qui les repréſente tous, pour être
» également ſupporté par les trois Ordres de l'Etat, proportion-
» nellement aux facultés mobiliaires & immobiliaires, ſans que
» dans aucun cas, & vis-à-vis de quelque perſonne que ce puiſſe

» être, le Ministre des Finances puisse se permettre de faire
» aucun abonnement, à peine d'en répondre en son propre &
» privé nom, & sous telle peine qu'il plaira à Sa Majesté, de
» concert avec les Etats-Généraux, de statuer & déterminer. »

Les Députés du Bas-Limousin s'honorent assez de l'estime de leurs Concitoyens, pour croire que MM. les Commissaires du Tiers-Etat voudront bien prendre en eux quelque confiance, & demeurer persuadés de leur exactitude à s'acquitter de tout ce qui leur est prescrit; ils consentent & desirent que MM. les Commissaires de la Noblesse fassent connoître leurs desirs, leurs intentions personnelles, & le mandat qui leur est commis. Ce 22 Mai 1789. *Signé*, le Baron DE POISSAC, le Vicomte DE LA QUEUILLE.

N°. 2. Je déclare que mes cahiers m'autorisent à faire l'abandon le plus illimité de la prérogative pécuniaire; mais je déclare aussi, qu'en vertu du droit que mes pouvoirs me donnent, je ne consommerai cet abandon que quand j'aurai acquis la certitude de voir la Constitution affermie, le pouvoir arbitraire renoncé; l'intégrité de la monarchie sanctionnée, les prérogatives inhérentes à l'existence personnelle de chaque individu de la société, reconnues, & l'uniformité dans la perception générale des impôts, passée en loi. Fait à Versailles, le 22 Mai 1789. *Signé*, le Comte D'HODICQ, Député de l'Ordre de la Noblesse du Bailliage de Montreuil-sur-Mer.

N°. 3. Les Députés du Bailliage de Châlons-sur-Saône, engagés par leur serment, & de la manière la plus formelle, à ne délibérer sur aucun objet avant que les points fondamentaux de la Constitution ne soient invariablement fixés, se croient obligés de déclarer qu'ils ne peuvent délibérer sur la motion concernant les priviléges pécuniaires, & demandent acte de leur déclaration; malgré cela, comme le vœu de leur Bailliage, qui est de renoncer à toutes exemptions pécuniaires, est très-connu, ils ne mettent aucun empêchement à ce que MM. les Commissaires-Conciliateurs en fassent part aux Commissaires des deux Ordres. Ce 22 Mai 1789. *Signé*, le Marquis DE SASSENAY, BURIGNOT DE VARENNE.

N°. 4. DÉCLARATIONS, *oppositions & protestations faites & passées en la séance de MM. les Députés de l'Ordre de la Noblesse aux Etats-Généraux, par MM. les Députés de la Noblesse du Bailliage d'Alençon, le vendredi 22 Mai 1789, sur la demande faite par l'un des Commissaires dudit Ordre, nommés pour se concerter & conférer avec les Commissaires des autres Ordres, d'être autorisés à déclarer dans ces conférences, que l'intention de la Noblesse est de renoncer à ses priviléges pécuniaires.*

MM. les Députés de la Noblesse d'Alençon déclarent qu'il leur est impérativement enjoint par leurs Commettans, de ne s'occuper en aucune manière de l'impôt, qu'il n'ait été préalablement statué par une loi précise & authentique, revêtue du consentement des trois Ordres & du décret du Prince, sur tous les points relatifs à la Constitution, c'est-à-dire, sur tous les points qui intéressent les droits sacrés du Trône, ceux de la Nation, & tous les droits qui résultent nécessairement pour chaque individu, de la libre propriété de sa personne & de ses biens; qu'ils ne pourroient conséquemment, sans contrevenir à leur mandat, se permettre de délibérer sur la demande faite par M. le Commissaire, demandant acte de ce qu'ils n'entendent opiner ni sur cette demande, ni sur aucune proposition qui seroit étrangère à la vérification des pouvoirs.

Ils ajoutent que leurs cahiers leur recommandant expressément de défendre & maintenir les droits, franchises & immunités dont la Noblesse a joui dans tous les tems, il est de leur devoir de s'opposer, au nom de leurs Commettans, à toute motion qui tendroit à amener l'anéantissement de ces franchises & immunités. La Chambre apperçoit que la question relative à ce que l'on a nommé les priviléges pécuniaires, est importante, & ne peut être ni discutée ni défendue, qu'au moyen d'une instruction approfondie. Il n'est aucune époque dans la monarchie, où l'Ordre de la Noblesse ait supporté directement tous les impôts en proportion égale avec l'Ordre du Tiers. Ses droits en cette partie avoient toujours paru jusqu'à présent un des points les plus tranchans de la ligne de démarcation qui doit subsister entre l'Ordre de la Noblesse & celui du Tiers, & cet ordre de choses avoit eu l'approbation des trois Ordres & la sanction du Prince. C'est le Tiers-Etat lui-même qui a provoqué cette loi subsistante, qui veut que dans les pays où la taille est personnelle, la sujétion à cet impôt soit la peine du Gentilhomme qui a fait acte de dérogeance.

Si cet ordre de choses, aussi ancien que la Monarchie elle-même, expressément approuvé par le Roi & par la Nation, doit être changé, ce ne doit être au moins qu'en grande connoissance de cause, qu'après un examen bien réfléchi; & dès-là que la Noblesse d'un Bailliage en réclame la maintenue, qu'elle la réclame comme une propriété appartenant héréditairement à chacun de ses Membres, il est de la justice d'une Assemblée, dont le premier des devoirs est de défendre, de veiller à la conservation de tous les droits, de toutes les propriétés, de ne pas précipiter son jugement sur une matière aussi importante, de n'y pas prononcer sans avoir entendu les parties intéressées & réclamantes, sans leur avoir donné le tems de ramasser leurs titres & de les faire valoir.

Les Députés de la Noblesse d'Alençon déclarent donc s'opposer formellement, sous le bon plaisir de la Chambre, à ce qu'il soit pris, quant-à-présent, & jusqu'à ce que la cause ait été instruite & discutée, aucune résolution sur l'objet dont il s'agit, & déclarent protester expressément, pour & au nom de leurs Commettans, contre tout ce qui pourroit être dit ou fait contre & au préjudice desdites oppositions, demandes & protestations ; requérant qu'il leur soit accordé acte de tout ce que dessus. A Versailles, en la Chambre de l'Ordre de la Noblesse, le 22 Mai 1789. *Signé*, LE CARPENTIER DE CHAILLOUÉ, & le Marquis DE VRIGNY.

N°. 5. *DÉCLARATIONS, oppositions & protestations faites & passées en la séance de MM. les Députés de l'Ordre de la Noblesse aux Etats-Généraux, par MM. les Députés de la Noblesse du Bailliage de Rouen, le vendredi 22 Mai 1789, sur la demande faite par l'un des Commissaires dudit Ordre, nommés pour se concerter & conférer avec les Commissaires des autres Ordres, d'être autorisés à déclarer dans ces conférences, que l'intention de la Noblesse est de renoncer à ses privilèges pécuniaires.*

MM. les Députés de la Noblesse du Bailliage de Rouen déclarent qu'il leur est impérativement enjoint par leurs Commettans de ne s'occuper en aucune manière de l'impôt, qu'il n'ait été préalablement statué par une loi précise & authentique, revêtue du consentement des trois Ordres & du décret du Prince, sur tous les points relatifs à la Constitution, c'est-à-dire, sur tous les points qui intéressent les droits sacrés du Trône, ceux de la Nation, & tous les droits qui résultent nécessairement pour chaque individu, de la libre propriété de sa personne & de ses biens ; qu'ils ne pourroient conséquemment, sans contrevenir à leur mandat, se permettre de délibérer sur la demande faite par M. le Commissaire, demandant acte de ce qu'ils n'entendent opiner ni fur cette demande, ni fur aucune propofition qui feroit étrangère à la vérification des pouvoirs.

Ils ajoutent que leurs cahiers leur recommandent expreffément de défendre & maintenir leurs propriétés, droits, franchifes & immunités dont la Nobleffe a joui dans tous les tems, en offrant toutefois pour les befoins préfens de l'Etat, un octroi repréfentatif de la valeur actuelle de l'exemption dont jouiffent les Gentilhommes du Bailliage de Rouen; il eft de leur devoir de s'oppofer, au nom de leurs Commettans, à toute motion qui tendroit à amener l'anéantiffement de ces franchifes & immunités. La Chambre apperçoit que la queftion relative à ce que l'on a nommé les priviléges pécuniaires, eft importante, & ne peut être ni difcutée ni défendue, qu'au moyen d'une inftruction approfondie. Il n'eft aucune époque dans la Monarchie, où l'Ordre de la Nobleffe ait fupporté directement tous les impôts en proportion égale avec l'Ordre du Tiers. Ses droits en cette partie avoient toujours paru jufqu'à préfent un des points les plus tranchans de la ligne de démarcation qui doit fubfifter entre l'Ordre de la Nobleffe & celui du Tiers, & cet ordre de chofes avoit eu l'approbation des trois Ordres & la fanction du Prince; c'eft le Tiers-Etat lui-même qui a provoqué cette loi fubfiftante, qui veut que dans les pays où la taille eft perfonnelle, la fujétion à cet impôt foit la peine du Gentilhomme qui a fait acte de dérogeance.

Si cet ordre de chofes, auffi ancien que la Monarchie elle-même, expreffément approuvé par le Roi & par la Nation, doit être changé, ce ne doit être au moins qu'en grande connoiffance de caufe, qu'après un examen bien réfléchi; & dès-là que la Nobleffe d'un Bailliage en réclame la maintenue, qu'elle la réclame comme une propriété appartenant héréditairement à chacun de fes Membres, il eft de la juftice d'une Affemblée, dont le premier devoir eft de défendre, de veiller à la confervation de tous les droits, de toutes les propriétés, de ne pas précipiter son jugement sur une matière aussi importante, de n'y pas prononcer sans avoir entendu les parties intéressées & réclamantes, sans leur avoir donné le tems de ramasser leurs titres & de les faire valoir.

Les Députés de la Noblesse du Bailliage de Rouen déclarent donc s'opposer formellement, sous le bon plaisir de la Chambre, à ce qu'il soit pris, quant-à-présent, & jusqu'à ce que la cause ait été instruite & discutée, aucune résolution sur l'objet dont il s'agit, & déclarent protester expressément, pour & au nom de leurs Commettans, contre tout ce qui pourroit être dit ou fait contre & au préjudice desdites oppositions, demandes & protestations; requérant qu'il leur soit accordé acte de tout ce que dessus. A Versailles, en la Chambre de l'Ordre de la Noblesse, le 22 Mai 1789. *Signé*, le Marquis DE MORTEMART, le Comte DE TRIE, le Président DE LAMBERT FRONDEVILLE, BELBEUF.

N°. 6. MESSIEURS, l'Ordre de la Noblesse du Bailliage de Caen, réuni pour l'élection de ses Députés aux Etats-Généraux, en manifestant son desir de supporter les charges de l'Etat dans la proportion de ses facultés, a cependant pensé qu'une renonciation entière & absolue de ses priviléges pouvoit être préjudiciable à une nombreuse partie de ses Membres; que la classe peu fortunée de la Noblesse, composée souvent de ces noms qui, par l'ancienneté de leur origine, méritent une considération particulière, n'avoit dû quelquefois les moyens d'élever une famille nombreuse, & de lui procurer une éducation encore presque toujours inférieure à sa naissance, qu'à l'avantage dont elle a joui jusqu'à ce moment de cultiver, en exemption d'impôt, une modique propriété; qu'enfin, l'intention du Roi étoit conforme à ce vœu, puisque dans le rapport fait au Conseil, par M. le Directeur-Général des Finances, le 27 Décembre dernier, on lisoit cette phrase : « *Votre Majesté desire cependant que*

» dans l'examen des droits & des faveurs dont jouissent es
» Ordres privilégiés, on montre des égards pour cette partie
» de la Noblesse qui cultive elle-même ses champs, & qui
» souvent, après avoir supporté les fatigues de la guerre, après
» avoir servi le Roi dans ses armées, vient encore servir l'Etat
» en donnant l'exemple d'une vie simple & laborieuse, & en
» honorant par ses occupations les travaux de l'agriculture. »

Cet Ordre, dans sa séance du 17 Mars dernier, prit donc l'arrêté suivant, dont il donna communication à la Chambre du Tiers-Etat, par une députation.

« L'Ordre de la Noblesse du Bailliage de Caen, pour cimenter
» l'union entre les Ordres, a délibéré & arrêté de supporter
» l'impôt dans une parfaite égalité, & chacun dans la proportion
» de sa fortune, ne prétendant se réserver que les droits sacrés
» de la propriété & les distinctions nécessaires dans une Monar-
» chie, s'en rapportant absolument aux Etats-Généraux pour
» régler les immunités & privilèges à conserver indispensable-
» ment à la Noblesse. »

Cet arrêté fut signé de trois cent trente-six Membres.

L'Ordre de la Noblesse a chargé expressément ses Députés, par l'art. XXV de la quatrième section des instructions qui leur ont été remises, *de réclamer de tout leur pouvoir, qu'il soit accordé une franchise quelconque à la Noblesse, s'en rapportant à la sagesse des Etats-Généraux pour la régler définitivement.*

Comme la réserve portée par cet arrêté peut, au premier apperçu, paroître contredire la renonciation qui y est énoncée, il est indispensable, Messieurs, de vous donner une légère idée de la nature des impositions de cette province, & de la forme de leur répartition.

En Normandie, la taille n'est point uniquement réelle; elle porte à-la-fois sur le fonds & sur la personne née de condition taillable, qui y est assujétie, en raison de la valeur de l'intégrité de ses propriétés.

Ces deux natures de taille sont distinctes entr'elles; la première, celle qui porte sur le fonds, est connue sous le nom de taille d'exploitation; la seconde, sous celui de taille personnelle ou de propriété.

L'Homme taillable qui exploite son bien par lui-même les acquitte également l'une & l'autre; mais, s'il donne son bien à ferme, il ne paye plus que la moitié du montant total de son imposition, comme taille personnelle, & son fermier acquitte l'autre moitié, comme taille d'exploitation.

L'impôt connu sous le nom d'impositions accessoires de la taille, & la capitation roturière, s'imposant au marc la livre de la taille, se trouvent régis par les mêmes lois.

Le Gentilhomme, par le droit de sa naissance, ne peut être soumis à la taille personnelle, & son fermier n'est imposé qu'à la seule taille d'exploitation. Il s'ensuit donc que, sur la taille, les biens possédés par les Nobles ne sont censés payer que la moitié des sommes imposées sur les biens de même valeur, possédés par les personnes nées soumises à cet impôt.

Outre cette première exemption, il en existe une autre pour le Gentilhomme; celle de pouvoir exploiter une portion de sa propriété, sans payer la taille d'exploitation, & cette portion a été fixée à trois charrues, réglement qui a causé souvent des contestations sur son interprétation, & la quantité d'arpens à laquelle on pouvoit étendre ou réduire cette franchise.

C'est uniquement, Messieurs, sur cette dernière prérogative, que porte la réserve que l'Ordre de la Noblesse du Bailliage de Caen a chargé ses Députés d'appuyer auprès de vous. Il a pu quelquefois s'introduire des abus dans l'exercice de ce droit; mais il est facile d'y remédier par une définition plus précise, & ils ne suffisent pas pour déterminer à enlever à la Noblesse peu fortunée la feule reffource qui lui refte dans un royaume où les lois lui interdifent l'ufage de tous moyens fpéculatifs, propres à diminuer la rigueur de fon fort.

Sans doute, comme il feroit humiliant pour cette partie de la Nobleffe, qu'une exemption qui lui feroit particulière, vînt lui rappeler à chaque inftant qu'elle ne la doit qu'au malheur d'être née fans fortune, il deviendroit indifpenfable de l'étendre à la Nobleffe en général ; mais il eft facile de démontrer que le facrifice offert n'en feroit pas moins de nature à prouver fa volonté de concourir d'une manière efficace, à foulager le peuple des campagnes, en partageant plus particulièrement avec lui les charges de l'Etat.

Suivant la jurifprudence adoptée par les Tribunaux établis pour juger les conteftations entre les taillables, dans les cas de furcharge de taille, nulle requête n'eft admife, lorfque le plaignant n'établit pas qu'il eft impofé au-deffus des deux fols pour livre de fon revenu, pour la taille perfonnelle, & des deux fo's pour livre de la valeur du bail, ou de l'évaluation du fonds, pour la taille d'exploitation.

Ce principe pofé, il s'enfuit donc que l'exemption à laquelle renoncent les Gentilshommes, en confentant que leurs fermiers foient impofés fur le même pied que les propriétaires taillables exploitant leurs biens eux-mêmes, peut être regardée comme un dixième de la valeur du revenu, & fi en réalité le calcul n'eft pas exact, on ne peut l'attribuer qu'à l'inégalité de répartition exiftant aujourd'hui, les Fermiers de la Nobleffe étant généralement impofés fort au-delà du marc la livre du revenu des autres Contribuables des Communautés où font fituées leurs exploitations ; mais un abus ne détruit pas un principe, & c'eft du principe qu'il faut partir.

Il ne refte donc plus qu'à prouver que la confervation de la franchife réclamée par les Gentilshommes du Bailliage de Caen, quoique diminuant un peu l'étendue de leur sacrifice, est bien éloignée de le rendre nul, même pour la classe la moins opulente, & que ce sacrifice s'accroît au contraire, pour les plus riches, dans une proportion beaucoup plus forte que celle que présente en apparence l'augmentation du revenu. Quelques exemples rendront ce calcul plus sensible.

Supposons des fonds valant 3,000 livres de revenu, & possédés par un nombre quelconque de personnes soumises à la taille. Ces fonds, d'après la proportion de l'impôt que nous venons d'établir, peuvent, à raison de quatre sols pour livre résultant de la réunion de la taille personnelle & d'exploitation, être présumés supporter une imposition de 600 livres.

Supposons également des fonds pour semblable valeur, possédés par un Gentilhomme, d'après cette même proportion, n'étant assujétis qu'à la taille d'exploitation, ils peuvent être présumés en supporter une de 300 livres.

En retranchant des 3,000 livres possédées par ce Gentilhomme, la franchise que nous réclamons, & que nous estimons devoir être de valeur de 1,200 livres, il reste, en réunissant les deux objets, 4,800 livres de matière imposable, sur laquelle, en répartissant la somme d'imposition actuelle de 900 livres, elle donne à imposer 3 sols 9 deniers pour livre du revenu, qui pour les 3,000 livres possédées par les propriétaires taillables, ne faisant monter la contribution qu'à 562 liv. 10 sols, au lieu de 600 liv., diminuent par-là d'un seizième leur imposition actuelle, pour la reporter en augmentation sur les fonds possédés par le Gentilhomme.

Si l'on applique cet exemple à des fonds de valeur de 6,000 l. possédés par des taillables, & de pareille valeur possédés par un Gentilhomme, il en résultera qu'au lieu de 1,200 livres que payent les premiers dans l'état des choses, ils ne payeront plus que 1000 livres, & seront par conséquent diminués d'un sixième qui, portant sur les fonds du Gentilhomme, élevera sa part contributive à 800 livres au lieu de 600 livres.

Enfin, si les fonds des premiers sont de 18,000 livres, & ceux du Gentilhomme d'un revenu égal, il en résultera que la contribution des taillables, aujourd'hui de 3,600 livres, se trouvera réduite à 2,793 livres ou environ, & par conséquent diminuée de 807 livres ou environ, c'est-à-dire de plus de $\frac{4}{18}$, & celle du noble augmentée de cette même somme qui excède les $\frac{8}{18}$ de son imposition actuelle; & il ne faut pas perdre de vue, que le privilége auquel renonce la Noblesse, s'étendant également sur les impositions accessoires & la capitation roturière, la masse de sa contribution, dans les trois exemples qu'on vient de citer, s'augmente dans la même proportion pour ces deux impôts.

Il résulte donc, Messieurs, de ce que nous venons d'avoir l'honneur de vous exposer : 1°. que la réserve portée par l'arrêté de la Noblesse du Bailliage de Caen, est essentiellement intéressante à la classe infiniment nombreuse de Gentilshommes peu fortunés, habitans de ce Bailliage; 2°. que cette réserve n'est point contradictoire avec la renonciation qu'elle fait de ses priviléges, & du plus important; 3°. qu'enfin en lui accordant la continuation de l'exercice de cette franchise qu'elle réclame, les plus riches de ses Membres n'en contribueront pas moins d'une manière essentielle au soulagement du peuple des campagnes.

D'après cette démonstration, Messieurs, les Députés du Bailliage de Caen ont l'honneur de supplier la Chambre de prendre cette demande en considération, & de prononcer en faveur de l'Ordre de la Noblesse, que tout Gentilhomme pourra continuer de faire valoir par ses mains jusqu'à la concurrence d'un revenu de 1,200 livres, en propriétés foncières, sans pouvoir être assujéti à l'impôt.

Présenté à la Chambre, par MM. les Députés du Bailliage de Caen,

DE LA NOBLESSE.

Caen, soussignés, le 22 Mai 1789. *Signé*, le Duc DE COIGNY, le Comte LOUIS DE VASSY, le Baron FELIX DE WIMPFFEN.

PREMIER EXEMPLE.

3,000 liv. de revenu possédé par les taillables.	3,000 liv. de revenu possédé par un Noble.
Pour taille de propriété, à raison de 2 f. par l. 300 liv.	Pour taille d'exploitation acquittée par ses fermiers, à raison de 2 f. par liv. . . . . 300 liv.
Pour taille d'exploitation, à raison de 2 f. par liv. 300	
Imposition actuelle. . . 600 liv.	Imposition actuelle. . . 300 liv

Récapitulation des Impositions.

Imposition des fonds des taillables. . . . . 600 liv.
Imposition des fonds du Noble. . . . . 300 liv.

Total. . . . . 900 liv.

En réservant au Gentilhomme sa franchise jusqu'à la concurrence de la valeur de 1,200 liv.
 Reste soumis à l'impôt. . . . . 1,800 liv.
 Fonds possédés par les taillables. 3,000

 Total des fonds également soumis à l'impôt. . 4,800 liv.
L'imposition actuelle de 900 liv., répartie sur les 4,800 liv. ci-dessus, donne par livre 3 f. 9 den.
Ce qui fait pour les fonds des taillables montant à trois mille livres, ci. . . . . 562 liv. 10 f.
L'imposition actuelle est présumée de. 600

 Diminution résultante. . . . . 37 liv. 10 f.

Introduction. Tome II.   F

Second Exemple.

6,000 livres de revenu possédé par des taillables.	6,000 livres de revenu possédé par un Noble.
Pour taille de propriété. 600 liv.	
Pour taille d'exploitation. 600	Pour taille d'exploitation. . . . . . . 600 liv.
Imposition actuelle. . . 1,200 l.	Imposition actuelle. . . 600 liv.

Récapitulation.

Imposition des fonds des taillables. . . . . 1,200 liv.
Imposition des fonds du Noble. 600

Total. . . . . 1,800 liv.

En conservant au Gentilhomme une franchise de 1,200 liv.; reste soumis à l'impôt un revenu de. . . . 4,800 liv.
Fonds possédés par les taillables. . . . . 6,000 liv.

Total des fonds également soumis à l'impôt. . . 10,800 liv.

L'imposition actuelle de 1,800 liv., répartie sur les 10,800 liv. revient à 3 sols 4 deniers par livre ; ce qui, pour les fonds des taillables, montant à 6,000 l. donne. 1,000
L'imposition actuelle est présumée de. 1,200

Diminution résultante. . . . . 200 liv.

TROIEME EXEMPLE.

18,000 livres de revenu possédé par des taillables.	18,000 livres de revenu possédé par un Noble.
Pour taille de propriété, 1,800 liv. Pour taille d'exploitation. 1,800	Pour taille d'exploitation. . . . . . . 1,800 liv.
Imposition actuelle. . 3,600 liv.	Imposition actuelle. 1,800 liv.

Récapitulation.

Imposition des fonds des taillables. . . . 3,600 liv.
Imposition des fonds du Noble. . . . 1,800

Total. . . . . 5,400 liv.
En conservant au Gentilhomme une franchise de 1,200 liv., reste de revenu soumis à l'impôt. 16,800
Fonds possédés par les taillables. . . . 18,000

Total des fonds soumis également à l'impôt. 34,800 liv.

L'imposition actuelle de 5,400 l., répartie sur les 34,800 liv. ci-dessus, revient par livre à 3 sols 1 denier $\frac{150}{1450}$, ce qui, pour les fonds des taillables, montant à 18,000 liv., donne la somme de . . 2,793 liv. 2 s. 1 den.
L'imposition actuelle est présumée de . . 3,600

Diminution résultante. . . . . . . 806 liv. 17 s. 11 den.

F 2

DOUZIEME SEANCE.

Samedi 23 Mai 1789.

LE samedi vingt-trois Mai mil sept cent quatre-vingt-neuf, à l'ouverture de la séance, M. le Président a dit :

Qu'il avoit eu l'honneur de faire demander une audience au Roi, par le Grand-Maître des Cérémonies, conformément au cérémonial accoutumé; que l'ayant obtenue, il avoit remis à Sa Majesté une note pour la supplier de convoquer de nouveau, d'après les desirs de la Chambre, la Noblesse des Bailliages de Metz, Thionville, Sar-Louis, Longwy, &c., à l'effet de procéder à une élection régulière de leurs Députés; que Sa Majesté lui avoit répondu d'en conférer avec le Garde-des-Sceaux. M. le Président a ajouté, qu'en déférant à cette volonté du Roi, il avoit cru ne pas s'écarter des intentions de la Chambre, & accélérer la décision d'une affaire qui l'intéressoit, puisqu'elle devoit ramener dans son sein les représentans d'une portion nombreuse de l'Ordre de la Noblesse.

Il a été fait lecture du Procès-verbal de la séance précédente.

Un des Commissaires nommés pour se concerter avec ceux des autres Ordres, a repris la motion déjà débattue dans la dernière séance, & a dit :

« La Chambre autorisera-t-elle les Commissaires qu'elle a
» chargés de se concerter avec ceux des autres Ordres, d'an-
» noncer à ceux du Tiers-Etat, que presque la totalité des cahiers
» dont sont chargés les Députés de l'Ordre de la Noblesse, les
» autorise à voter la renonciation à tous les privilèges pécuniaires

» de la Noblesse, en matière d'impôt, tels qu'ils feront con-
» sentis par les Etats-Généraux, & qu'ils sont dans la ferme ré-
» solution de rendre le décret pour cette renonciation, après
» que chaque Ordre, délibérant librement, aura pu fixer par
» des loix invariables les bases de la Constitution ? »

On a discuté de nouveau, si la Chambre pouvoit adopter cette motion, puisque les mêmes cahiers qui renfermoient la résolution de renoncer aux priviléges pécuniaires, prescrivoient en même tems d'une manière impérative, de ne délibérer en aucune façon sur l'impôt, que lorsque la Constitution seroit fixée sur des bases inébranlables. La majorité a pensé que ce n'étoit point délibérer sur l'impôt, que d'annoncer qu'on étoit disposé à renoncer à tous priviléges à cet égard, lorsqu'il y seroit statué dans les formes constitutionnelles, & que cette déclaration ne pourroit avoir son effet, que lorsque les bases essentielles de la législation, délibérées séparément par chaque Ordre, seroient fixées pour jamais.

En conséquence, il a été arrêté que l'Ordre de la Noblesse autorise les Commissaires qu'il a chargés de se concerter avec ceux des deux autres Ordres, d'annoncer à ceux du Tiers-Etat, que presque la totalité des cahiers dont sont chargés les Députés de son Ordre, les autorise à voter la renonciation à tous les priviléges pécuniaires de la Noblesse, en matière d'impôts, tels qu'ils seront consentis par les Etats-Généraux, & qu'ils sont dans la ferme résolution de rendre le décret pour cette renonciation, après que chaque Ordre, délibérant librement, aura pu fixer par des lois invariables les bases de la Constitution.

Ceux de MM. les Députés, qui pour satisfaire à leurs mandats avoient donné la veille des déclarations, réserves ou protestations relatives à l'arrêté que la Chambre venoit de prendre, les ont renouvelées, en demandant qu'elles fussent annexées au procès-verbal de la séance, ce qui leur a été accordé. (*Voyez les pièces annexées à la suite de la présente séance.*)

M. le Président a levé la séance, & ajourné la Chambre à demain, neuf heures du matin.

Signé, MONTBOISSIER, *Président*; & LE CARPENTIER DE CHAILLOUÉ, *Secrétaire.*

PIÈCES annexées à la douzième Séance.

N°. 1. DÉCLARATION *du Député de la Noblesse de la Sénéchaussée de Marsan, au sujet d'une proposition de M. le Comte d'Antraigues, renouvelée par la motion de M. le Duc de Mortemart, en l'Assemblée de l'Ordre de la Noblesse, du 23 Mai 1789.*

Sur la proposition faite par M. le Comte d'Antraigues, & renouvelée le 23 Mai 1789, par la motion de M. le Duc de Mortemart, d'autoriser les Commissaires choisis par l'Ordre de la Noblesse, pour se concerter avec ceux des deux autres Ordres, d'annoncer à ceux de l'Ordre du Tiers-Etat, que presque la totalité des cahiers des Députés de l'Ordre de la Noblesse les autorise à voter la renonciation à tous les priviléges pécuniaires de la Noblesse, en matière d'impôts, tels qu'ils seront consentis par les Etats-Généraux, & qu'ils sont dans la ferme résolution de rendre le décret relatif à cette renonciation, après que chaque Ordre, délibérant librement, aura consenti toutes les lois relatives à la Constitution.

Le Député de la Sénéchaussée de Marsan a dit que les impôts distinctifs ont été regardés par l'Ordre de la Noblesse du Bailliage dont il a l'honneur d'être Député, comme un droit de naissance, inhérent à la personne de tout Gentilhomme François, dont aucun individu quelconque n'avoit le droit de lui demander le sacrifice, mais qu'il a cru beau d'offrir dans cette circonstance ;

Qu'en conséquence, le cahier dont il est porteur lui ordonne de ne le faire que lorsque la Constitution sera irrévocablement fixée d'après le vœu des trois Ordres ;

Que par l'art. XVIII, il lui est de plus ordonné de ne le consentir qu'autant, & non autrement, qu'il n'existera plus aucun privilége à cet égard dans le royaume; que les art. XIX & XX lui prescrivent encore, de réclamer que dans le moment même où ce sacrifice sera prononcé, l'Assemblée Nationale raffermisse l'existence des rangs, prérogatives, honneurs & dignités dont la Noblesse est en possession depuis l'établissement de la Monarchie;

Qu'on reconnoisse aussi que les fiefs & tous leurs attributs, ce qui intéresse également les trois Ordres, soient une propriété sous la sauve-garde des lois, à laquelle il ne puisse être porté d'atteinte;

Et que si les articles précédens ne sont pas mis au nombre des lois constitutionnelles, ses pouvoirs pour consentir le sacrifice des priviléges pécuniaires, sont déclarés nuls & ne pouvoir produire aucun effet par l'art. XXI de son cahier;

Qu'il ne lui est pas possible de s'écarter de son mandat, parce qu'il a fait serment de s'y conformer;

Que comme il ne voit point que le Clergé ait encore annoncé le sacrifice de ses immunités, & qu'il n'a point encore manifesté quelles sont ses intentions à cet égard;

Que même parmi l'Ordre de la Noblesse, il y a des Bailliages qui paroissent s'y refuser entièrement, & d'autres qui y mettent des restrictions;

Que l'Ordre du Tiers-Etat, qui jouit dans plusieurs villes du royaume, telles que Bordeaux, Marseille & autres, des mêmes priviléges que la Noblesse, n'a point encore manifesté son vœu, &

que même il n'a pu prendre aucun arrêté à ce sujet, puisqu'il est de fait qu'il ne se croit pas encore constitué ;

Que dans ces circonstances & d'après ces motifs, il ne croit point qu'il lui soit possible de prendre aucune part à cette délibération, & qu'il se borne pour le moment, à demander qu'il lui soit donné acte de ce qu'il n'a ni délibéré, ni voté sur cette motion, & de ce qu'il fait toutes les réserves nécessaires dans l'intérêt de ses Commettans, & pour la conservation de leurs droits ;

Mais qu'intimement persuadé que la Noblesse qu'il a l'honneur de représenter, fidèle à ses principes de loyauté, adoptera toujours tous les moyens qui pourront ramener la paix entre les Citoyens qu'on a peut-être cherché à diviser ; il demande acte de l'offre qu'il fait au nom de la Noblesse de Marsan, de remettre copie certifiée du cahier dont elle l'a chargé, entre les mains de MM. les Commissaires-Conciliateurs pour l'Ordre de la Noblesse, afin qu'ils puissent en donner communication à tous ceux qui pourront avoir intérêt de le connoître ;

Qu'il assure avec confiance, que ses intentions ne seront jamais susceptibles de pouvoir être suspectées, parce qu'elles seront toujours conformes au respect & à la fidélité que des Gentilshommes doivent à leur Roi, & qu'elles ne serviront qu'à convaincre les deux autres Ordres du zèle & de l'attachement dont la Noblesse de Marsan cherchera toujours à leur donner de nouveaux témoignages. *Signé*, DE LA SALLE, Marquis de Roquefort, Député de la Noblesse de la Sénéchaussée de Marsan.

N°. 2. Vu la motion faite par un de MM. de l'Ordre de la Noblesse, pour autoriser ses Commissaires à annoncer dans leurs conférences avec l'Ordre du Tiers, le vœu de l'abandon de ses privilèges pécuniaires : vu l'arrêté du 23 de ce mois, consigné dans le Procès-verbal de la Chambre, qui consacre l'objet de

DE LA NOBLESSE. 89

ladite motion ; nous soussignés, Députés de l'Ordre de la Noblesse de la Sénéchaussée de Guyenne, liés par notre mandat qui nous enjoint expressément de ne pas délibérer sur l'impôt, ni sur l'abandon desdits priviléges, avant que la Constitution du royaume ait été rétablie, avant que les principaux abus de l'administration aient été discutés, ni même avant que les divers projets d'amélioration aient été proposés ; désirant en conséquence ne jamais nous écarter directement ou indirectement du vœu de nos mandataires, déclarons n'avoir pris aucune part audit arrêté, & même en tant que de besoin, protester contre sa disposition, dans le cas où par la suite on voudroit en tirer des conséquences obligatoires, comme un engagement déja pris par l'Ordre de la Noblesse, de faire ledit abandon ; lesquelles déclarations & protestations nous avons remises sur le bureau pour être annexées au Procès-verbal, & en avons demandé acte. Ce 23 Mai 1789. Signé, LE BERTHON, LAVIE, le Vicomte DE SÉGUR & le Chevalier DE VERTHAMON.

N°. 3. Nous, Députés de la Noblesse du Cotentin, soussignés, en vertu des pouvoirs qui nous ont été remis pas nos Commettans, ayant fait à la Chambre, le jour d'hier, la déclaration dont suit copie.

« Les Députés de la Noblesse du Cotentin, ont ordre de
» déclarer à la Nation assemblée, que leurs Commettans sont
» disposés à faire aux besoins de l'Etat tous les sacrifices pécu-
» niaires qu'ils exigeront, ils n'y veulent mettre de bornes que
» celles de leurs moyens. En conséquence, ils déclarent qu'aussi-
» tôt que les bases de la Constitution du royaume en général,
» & de la province de Normandie en particulier, seront solide-
» ment reconnues, ils consentiront librement & volontairement
» à ce qu'il soit offert par l'Ordre de la Noblesse, conjointe-
» ment avec les deux autres Ordres, sous le titre de don gratuit,

» pour durer jufqu'à la prochaine tenue d'Etats-Généraux, dont
» le plus long terme fera fixé à cinq ans, une contribution
» proportionnée aux befoins de l'Etat, & qui foit également ré-
» partie fur toutes les propriétés. En faifant ce facrifice, la No-
» bleffe du Cotentin n'a pas dû oublier qu'il exifte dans fon fein
» un grand nombre de Gentilshommes d'illuftre famille, auxquels
» il n'eft demeuré de la fortune de leurs pères, que quelques
» arpens de terre, une épée & la franchife de leur charrue.

» En réfervant pour ces Gentilshommes recommandables l'ex-
» ploitation franche d'une portion de leur propriété équitable-
» ment bornée, elle a voulu leur conferver une diftinction réelle,
» qui foit exclufivement propre de la Nobleffe ; aucun autre
» fentiment ne lui a infpiré de faire cette jufte réferve, fur
» l'étendue de laquelle elle s'en rapporte au jugement de la
» Chambre. »

Nous proteftons contre la renonciation prématurée & fans motifs aucuns, des droits & prérogatives pécuniaires de la No-bleffe, fans que préalablement la Conftitution générale du royaume, & celle de la Normandie en particulier, n'ait été con-folidée & folemnellement fanctionnée, que les droits & préro-gatives diftinctives d'Ordre n'aient été reconnus, & la ligne de démarcation qui fépare les Ordres, n'ait été pofée d'une manière précife, que la réferve de l'exploitation franche d'impôt d'une portion de la propriété de tout Gentilhomme, équitablement bornée par la Chambre, ne foit reconnue & déterminée par un décret : cette franchife étant pour la Nobleffe peu fortunée, le refte précieux & néceffaire des droits & immunités de fes pères, qu'elle fe porte à réduire fi généreufement.

Dans la Chambre de la Nobleffe, le 23 Mai 1789. *Signé*, ACHARD DE BONVOULOIR, BEAUDRAP DE SOTTEVILLE, ARTUR DE LA VILLARMOIS & le Baron DE JUIGNÉ.

N°. 4. Les Députés soussignés du Comté de Comminges & Nébouzan, demandent acte de leur refus d'opiner ni de voter dans la délibération concernant l'abandon des priviléges pécuniaires, déclarant au nom de leurs Commettans, qu'ils n'entendent prendre aucune part à cette délibération, & qu'ils se réservent de faire connoître le vœu de la Noblesse desdits pays à cet égard, lorsque les objets préliminaires qu'exigent leurs cahiers, seront remplis. Verfailles, le 23 Mai 1789. *Signé*, le Baron DE MONTAGUT BARRAU, le Vicomte D'USTOU SAINT-MICHEL.

N°. 5. Les soussignés, Députés de la Noblesse de la Sénéchaussée de Ville-Franche de Rouergue, demandent acte du refus qu'ils ont fait d'opiner dans la dernière délibération concernant l'abandon des priviléges pécuniaires, déclarant, au nom de leurs Commettans, qu'ils n'entendent prendre aucune part à cette délibération, & qu'ils se réservent de faire connoître le vœu de la Noblesse de leur Sénéchaussée à cet égard, lorsque les objets préliminaires qu'exigent leurs cahiers, seront remplis. A Verfailles, le 23 Mai 1789. *Signé*, BOURNAZEL, & le Marquis DE MONTCALM-GOZON.

N°. 6. Les Députés de la Noblesse des Sénéchaussées du Quercy protestent contre la délibération prise par l'Ordre de la Noblesse, concernant l'abandon des priviléges pécuniaires, comme prématuré.

Ils déclarent, au nom de leurs Commettans, qu'ils n'entendent y prendre part, & qu'ils se réservent de faire connoître le vœu de leurs Commettans à cet égard, lorsque les objets préliminaires qu'exigent leurs cahiers, seront remplis. Ce 23 Mai 1789. *Signé*, le Comte DE PLAS-DE-TANE, LA VALETTE-PARIZOT.

N°. 7. Le Duc de Mailly, en votant à l'affirmative, a demandé acte comme il n'entend délibérer sur l'impôt, encore moins en consentir directement ni indirectement. Ce 23 Mai 1789. *Signé*, le Duc DE MAILLY, Député de Péronne, Montdidier & Roye.

N°. 8. Toute délibération sur cet article étant une infraction formelle à mon mandat qui ne me permet point de consentir à l'abandon des priviléges pécuniaires, mon opinion ne peut être que de me refuser à ce que la motion soit adoptée; & je prie M. le Président de me donner acte de mon refus, pour me mettre dans la règle la plus stricte vis-à-vis de mes Commettans. Le 23 Mai 1789. *Signé*, le Duc DE CAYLUS, Député du Bailliage de Saint-Flour.

N°. 9. Nous soussignés, Comte de Culant & Marquis de Saint-Simon, Députés de l'Angoumois, protestons contre la délibération de ce jour, relativement à la proposition de charger nos Commissaires-Conciliateurs d'annoncer aux Commissaires des deux autres Ordres l'abandon des priviléges pécuniaires, d'après les art. IV & XIII de nos cahiers.

Fait la présente protestation, dans la salle de la Noblesse, le 23 Mai 1789. *Signé*, SAINT-SIMON, CULANT.

N°. 10. Le soussigné, Deputé des Sénéchaussées de Nérac, Casteljaloux & Castelmoron, au Pays & Duché d'Albret, déclare n'avoir pris & ne prendre aucune part à la déclaration de ce jour, en vertu de laquelle les Commissaires de la Chambre de la Noblesse viennent d'être autorisés à annoncer aux Commissaires du Tiers-Etat, que la Noblesse fera l'abandon *de ses priviléges pécuniaires*, après que la Constitution aura été reconnue & fixée.

Si le soussigné avoit pu penser que cette annonce est utile &

nécessaire dans cet instant, & sous la forme indéterminée à tous égards, dont elle est revêtue, il regretteroit de ne pouvoir composer avec le serment qu'il a prononcé, & qui lui impose d'autres lois, & ce regret seroit d'autant plus vif, qu'il a le bonheur d'être muni de pouvoirs qui ne donnent aucunes bornes aux *sacrifices pécuniaires* que les Gentilshommes, ses Commettans, demandent à faire avec empressement aux besoins de l'Etat, quand ils auront été vérifiés, & à ceux déjà trop constatés du pauvre Peuple & du malheureux Cultivateur.

De plus, les mêmes Gentilshommes sont convaincus que l'Ordre de la Noblesse en France, n'a réellement nul *privilége pécuniaire* ; & par conséquent qu'il n'en peut sacrifier aucun ; qu'ainsi ce mot de *sacrifice* requiert la plus précise définition, avant d'être prononcé par la Noblesse, afin de ne pas devenir dans la suite un sujet de discorde, sans avoir été au premier instant un moyen de conciliation.

Conséquemment à cette opinion, & au mandat exprès des Gentilshommes de l'Albret, le soussigné leur mandataire déclare donc, qu'il ne prend aucune part à la délibération dont il s'agit ; & fidèle au serment qui l'engage, il a protesté & proteste contre *l'annonce indéfinie* d'aucun sacrifice, & contre l'autorisation remise par la Chambre de la Noblesse à ses Commissaires-Conciliateurs. A Versailles, le 23 Mai 1789. *Signé*, le Baron DE BATZ, Député d'Albret.

N°. 11. Les pouvoirs & le mandat spécial dont je suis chargé m'interdisant toute espèce de délibération sur l'impôt, sur sa répartition, ou sur tout ce qui peut y avoir quelque rapport direct ou indirect, avant que les bases de la Constitution nationale soient invariablement déterminées & affermies par les Etats-Généraux, je ne puis délibérer sur la question proposée ; mais l'Ordre de la Noblesse de la Ville & Gouvernement de la Rochelle ayant fait le facrifice de tous fes priviléges pécuniaires, en matière d'impôt, & fe foumettant de fon propre mouvement à tous les tributs qu'exigera le bien général du royaume, fous la réferve des priviléges honorifiques, dont le maintien eft un des fûrs garans de la Monarchie, je ne trouve aucun inconvénient à ce que MM. les Commiffaires puiffent énoncer le vœu formé par l'Ordre de la Nobleffe de la Sénéchauffée que j'ai l'honneur de repréfenter, & affurer qu'il fera officiellement prononcé, & ladite renonciation effectuée, à l'époque qui m'eft prefcrite par mon mandat auquel je ne crois point contrevenir par ce confentement, qui ne peut & ne pourra point être regardé comme une délibération prife fur l'impôt. Telle eft la réferve dont je demande acte. A Verfailles, en la Chambre de la Nobleffe, ce famedi 23 Mai 1789. *Signé*, MALARTIC, Député de la Ville & Gouvernement de la Rochelle.

N°. 12. Le Député de l'Ordre de la Nobleffe du Bailliage de Châlons-fur-Marne, confidérant que par l'art. XVI de fon mandat, il lui eft prefcrit de demander la confervation des immunités pécuniaires, & *de n'offrir une contribution égale à celle des autres Ordres, que dans le cas où il feroit néceffaire d'établir un nouvel impôt pour mettre la balance entre la recette & la dépenfe*;

Obfervant que par l'art. VIII du même mandat, il lui eft interdit de voter fur l'impôt avant d'avoir affuré la Conftitution; il déclare qu'il ne peut prendre part à la délibération actuelle, ni même développer en ce moment les motifs qui ont déterminé la Nobleffe de fon Bailliage à la réferve portée audit mandat, & que pour affurer les droits de fes Commettans, il protefte contre la délibération prife par la Chambre de la Nobleffe, demande acte defdites proteftations & réferves de faire valoir, &

appuyer de tout son pouvoir les intérêts qui lui sont confiés, lorsqu'il en pourra être régulièrement délibéré.

Fait en la Chambre de la Noblesse, le 23 Mai 1789. *Signé*, DE PINTEVILLE, Baron de Cernon.

N°. 13. *DÉCLARATION faite par M. le Duc de Villequier, Député de la Noblesse du Boulonnois, le 25 Mai 1789.*

La Province du Boulonnois, anciennement Pays d'Etats, jouit des libertés & franchises dont l'origine dérive de son état primitif, & dont les titres, consignés à la Chambre des Comptes, remontent à 1361. Sa jouissance n'a jamais été interrompue. On n'est assujéti dans cette Province à aucunes tailles, taillons, aides ou gabelles; par conséquent, la Noblesse Boulonnoise n'a point de sacrifices pécuniaires à offrir à cet égard, puisque ces sortes d'impôts, particuliers au Tiers-Etat, ne sont point connus dans la Province; cependant elle a cru devoir s'exprimer ainsi sur les impôts & leur répartition égale :

« Après avoir assuré Sa Majesté de leur entier dévouement, » ses fidèles sujets du Boulonnois se permettront de réclamer » sa justice contre les différens abus d'autorité commis par plusieurs » Ministres des Rois ses prédécesseurs. La propriété des biens & » la liberté des personnes en ont également souffert. Il est tems » d'y mettre fin, & de renouveler la loi, qu'il ne puisse être » établi ou prorogé aucun impôt, sans le consentement de la » Nation assemblée.

» Qu'à cet effet, la convocation des Etats-Généraux soit rendue » périodique; que l'impôt qui va être consenti par la Nation, ne » le soit qu'en proportion des besoins de l'Etat, & qu'après la » vérification la plus approfondie de la dette nationale;

» Que l'impôt, une fois accordé, soit réparti dans une juste » proportion; 1°. entre toutes les Provinces du royaume; 2°. dans

» chaque Province en particulier, fur toutes les propriétés, fans
» exceptions & exemptions quelconques ; toutes exceptions &
» exemptions devenant un crime aux yeux de la Nation, celui
» qui en auroit obtenu feroit dénoncé aux tribunaux comme
» coupable ; & non-feulement il lui feroit interdit d'en jouir,
» mais encore il lui feroit infligé une punition ; les Etats-Généraux
» fixeront quelle elle doit être. »

Je déclare donc, au nom de mes Commettans, qu'en adhérant à la motion de M. le Duc de Mortemart, admife à la féance de cejourd'hui 23 Mai, à la pluralité de cent-quarante-trois voix, leur renonciation à tous les priviléges pécuniaires ne s'applique qu'aux charges & impôts qui ont eu lieu en Boulonnois, & dont les Nobles étoient exempts, fans qu'on puiffe inférer de ma fufdite adhéfion, aucun confentement anticipé à l'établiffement ou prorogation d'aucun fubfide, ni un affujétiffement de la part du Boulonnois à des impôts incompatibles avec fes libertés & franchifes.

Je déclare auffi formellement, que je me réferve, au nom de mefdits Commettans, de protefter, lorfqu'il fera queftion de l'établiffement des impôts & fubfides, contre tout ce qui pourroit être fait & arrêté par la Chambre, de contraire aux priviléges effentiels du Boulonnois.

Je demande acte, au nom de mes Commettans, à la Chambre de la Nobleffe, de ma préfente déclaration, ainfi que des réferves y contenues. Fait à Verfailles, le 23 Mai 1789. *Signé*, le Duc DE VILLEQUIER.

N°. 14. L'Ordre de la Nobleffe du Bailliage de Saint-Quentin m'a ordonné le dépouillement des priviléges pécuniaires, mais il m'a enjoint l'ordre impératif de ne m'en deffaifir qu'après avoir fait ftatuer nos priviléges honorifiques ; d'après cela je ne puis confentir qu'à l'énoncé pur & fimple de notre vœu, & de l'intention où nous fommes d'abandonner nos priviléges pécuniaires,

auffitôt

aussitôt que ceux honorifiques seront reconnus authentiquement. Ce 23 Mai 1789. *Signé*, Comte DE PARDIEU.

N°. 15. La majorité des Députés des Bailliages, & notamment ceux du Bailliage de Dijon, se regardant comme liée par ses mandats, croit ne pouvoir pas délibérer sur la renonciation aux priviléges pécuniaires ; mais elle a pensé cependant que sans contrevenir à ses mandats, elle pourroit permettre à ses Commissaires d'annoncer qu'elle avoit reconnu, avec une véritable satisfaction, que la grande majorité des Députés étoit autorisée à voter le partage proportionnel des impôts, tels qu'ils seront consentis par les Etats-Généraux, après que la Constitution sera fixée.

Et sur ce qu'on a été aux voix, par oui & par non, sur la motion de M. le Duc de Mortemart, les Députés du Bailliage de Dijon ont déclaré, que ne pouvant délibérer, ils n'avoient point de voix, & qu'ils demandoient acte de la présente déclaration. Fait dans la Chambre de la Noblesse, ce samedi 23 Mai 1789. *Signé*, LE MULIER DE BRESSEY, le Comte DE LÉVIS.

N°. 16. Je soussigné, Vicomte de la Chastre, troisième Député de la Noblesse de Poitou, en interprétant les cahiers qui m'ont été confiés par cette Province, déclare n'avoir point donné de voix sur la proposition faite par MM. les Commissaires-Conciliateurs, d'annoncer à ceux des autres Ordres le vœu de l'Assemblée sur la renonciation aux priviléges pécuniaires ; proteste contre l'arrêté pris à cet égard, & demande acte de ma protestation. A Versailles, ce 23 Mai 1789. *Signé*, CLAUDE, Vicomte DE LA CHASTRE, Seigneur de Mont, Député du Poitou.

N°. 17. *DÉCLARATION du Député de la Nobleſſe du Pays des Lannes, au ſujet d'une propoſition de M. le Comte d'Antraigues, renouvelée par la motion de M. le Duc de Mortemart, en l'Aſſemblée de l'Ordre de la Nobleſſe, du ſamedi 23 Mai 1789.*

Sur la propoſition de M. le Comte d'Antraigues, renouvelée par la motion de M. le Duc de Mortemart, le Député de la Nobleſſe du Pays des Lannes déclare que le cahier dont il eſt porteur, lui impoſe la condition impérative, après la vérification des pouvoirs, de ne délibérer ſous aucun prétexte ſur les ſubſides, ni ſur d'autres objets, ſans qu'on ait aſſuré par une loi préciſe & promulguée les baſes de la Conſtitution qui ſont établies par le même cahier.

En conſéquence, le Député du Pays des Lannes ne ſe croit pas permis de délibérer ſur les ſuſdites propoſition & motion : il n'entend point opiner ſur elles, ni ſur aucune autre qui ne ſeroit pas relative à la vérification des pouvoirs, avant l'établiſſement de la Conſtitution, & il demande acte de cette déclaration.

Mais il ſe croit permis d'annoncer à MM. les Commiſſaires-Conciliateurs pour l'Ordre de la Nobleſſe, qu'un arrêté de la Nobleſſe du Pays des Lannes, conſigné dans le Procès-verbal de ſes délibérations & rappelé par un article de ſes cahiers, leſquels ſont imprimés, renferme la renonciation aux priviléges pécuniaires, le vœu formel pour la converſion des impôts diſtinctifs en ſubſides communs, également répartis entre les trois Ordres, & charge ſes Députés de renouveler aux Etats-Généraux la même renonciation & le même vœu. MM. les Commiſſaires-Conciliateurs pour l'Ordre de la Nobleſſe, témoins de la préſente déclaration, n'auront pas beſoin ſans doute d'aſſurer MM. les Commiſſaires des autres Ordres que le Député de la

Nobleſſe du Pays des Lannes ſera fidèle dans tous les points au mandat de ſes Commettans. *Signé*, le Comte DE BARBOTAN, Député de la Nobleſſe du Pays des Lannes.

N°. 18. Nous ſouſſignés, Députés de la Nobleſſe de la Sénéchauſſée de Carcaſſonne, proteſtons contre la délibération priſe par l'Ordre de la Nobleſſe, concernant les ſacrifices pécuniaires, comme prématurée, & déclarons, au nom de nos Commettans, que nous n'entendons y prendre aucune part, nous réſervant de faire connoître le vœu de nos Commettans à cet égard, lorſque les objets préliminaires qu'exigent leurs cahiers, ſeront remplis. En foi de quoi, à Verſailles, ce 23 Mai 1789. *Signé*, le Comte DE MONTCALM-GOZON, le Marquis DU PAC DE BADENS.

N°. 19. En ma qualité de Député de la Nobleſſe du Gévaudan, je déclare que je proteſte formellement contre l'arrêté pris par la Chambre de la Nobleſſe, le 23 Mai 1789, comme étant prématuré, déclarant n'y prendre aucune part, & me réſervant de faire connoître au nom de mes Commettans leur vœu à cet égard, ſuivant les termes de leur cahier. En foi de quoi, à Verſailles, le 23 Mai 1789. *Signé*, le Marquis D'APCHIER.

N°. 20. Les ſouſſignés, Députés de la Nobleſſe de la Sénéchauſſée de Toulouſe, demandent acte du refus qu'ils ont fait d'opiner dans la dernière délibération concernant l'abandon des priviléges pécuniaires, déclarant, au nom de leurs Commettans, qu'ils n'entendent prendre aucune part à cette délibération, comme prématurée, & qu'ils ſe réſervent de faire connoître le vœu de la Nobleſſe de leur Sénéchauſſée à cet égard, lorſque es objets préliminaires qu'exigent leurs cahiers, ſeront remplis. Verſailles, le 23 Mai 1789. *Signé*, le Marquis de PANAT, DES

Innocens de Maurens, le Marquis d'Avessens, le Marquis d'Escouloubre.

J'adhère auxdits acte & demande, pour la Sénéchaussée de Castres. *Signé*, le Comte de Toulouse-Lautrec.

N°. 21. Je soussigné, Député de la Sénéchaussée de Montpellier, déclare qu'étant spécialement chargé par la seconde clause de mon mandat, *de ne consentir aucun subside ou impôt, que sous la condition expresse de la contribution générale des Citoyens de tous les Ordres, en proportion de leurs facultés & sans distinction de biens ni de personnes*; j'ai cru devoir adhérer avec empressement à la motion de M. le Duc de Mortemart, dont l'objet est absolument le même que le vœu si solemnellement exprimé par mes Commettans.

Mais je déclare aussi, que la troisième clause du même mandat me prescrivant impérieusement, *de ne consentir aucun subside ou impôt, que lorsque Sa Majesté aura déterminé la suppression des Etats actuels de la Province de Languedoc, & leur remplacement par une Constitution libre & véritablement représentative*, je n'entends point, par mon adhésion à la motion de M. le Duc de Mortemart, acquiescer directement ni indirectement à l'établissement ou à la confirmation d'aucun subside, étant dans l'impossibilité de soumettre mes Commettans à la répartition d'un impôt que, sans la destruction préalable de nos Etats, je ne saurois me permettre de consentir, & j'ai demandé acte de la présente déclaration. Fait à Versailles, dans la Chambre de la Noblesse, le 23 Mai 1789. *Signé*, le Marquis de Saint-Maurice.

DE LA NOBLESSE.

DÉPUTATION D'ANJOU.

N°. 22. *Déclaration sur la motion de M. le Comte d'Antraigues, renouvelée par M. le Duc de Mortemart, en l'Assemblée de l'Ordre de la Noblesse.*

Les Députés de la Province d'Anjou ont pouvoir de déclarer au sein des Etats-Généraux l'abandon des priviléges purement pécuniaires, en matière d'impôt, après que les bases de la Constitution auront été consolidées, ayant même défense de s'occuper de tous autres objets, avant que ces préliminaires aient été arrêtés par les trois Ordres, délibérant séparément.

Néanmoins, les Députés de la Noblesse de l'Anjou ne croient pas excéder les vues de leurs Commettans, en déclarant aux Commissaires chargés des conférences, qu'ils consentent à l'annonce verbale de la renonciation au priviléges purement pécuniaires en matière d'impôt, non par délibération arrêtée, qu'ils n'ont pas pouvoir de faire, mais afin que le Tiers-Etat connoisse le vœu de la Noblesse de l'Anjou, vœu connu officiellement des Députés du Tiers-Etat de cette Province, vœu enfin qu'ils ratifieront dès que le moment si attendu de la Constitution libre de chaque Ordre sera arrivé. *Signé*, le Comte DE LA GALLISSONNIERE, le Comte DE RUILLÉ, le Duc DE PRASLIN.

Extrait du cahier des Députés de la Noblesse de l'Anjou, au chapitre de la Constitution, servant de préliminaires à leurs pouvoirs.

ART. XXII.

Telles sont les bases de la Constitution, sur lesquelles il est enjoint formellement aux Députés de faire statuer dans l'Assemblée, des Etats-Généraux, préalablement à toute délibération relative aux finances, avec défenses expresses de rien voter sur l'impôt ni sur l'emprunt, de vérifier, constater, ni reconnoître le montant de la dette publique, ni s'expliquer sur les moyens d'y satisfaire, avant que les principes de la nécessité du concours de la Nation pour la formation des lois générales, les maximes de la liberté individuelle & de la propriété, ainsi que de la périodicité des Etats-Généraux, au moins tous les trois ans, & la responsabilité des Ministres, aient été solemnellement & irrévocablement établis. Et néanmoins les Députés ne se retireront point de l'Assemblée, & ils n'adhéreront à aucune scission; mais ils s'efforceront par tous les moyens d'y entretenir ou d'y ramener la paix & la concorde, demandant seulement acte de leurs protestations.

TREIZIÈME SÉANCE.

Lundi 25 Mai 1789.

LE lundi vingt-cinq Mai mil sept cent quatre-vingt-neuf, l'Assemblée de MM. les Députés de l'Ordre de la Noblesse aux Etats-Généraux étant formée, MM. les Députés de la Ville & Vicomté de Paris, dans les murs, sont entrés dans la Chambre, sous la réserve de n'y avoir voix qu'après la vérification de leurs pouvoirs.

On a lu une requête de M. le Comte de Lauraguais, qui, en sa qualité de Bourgeois de Paris, prétend attaquer de nullité les élection & nomination des Députés de la Noblesse de la Ville & Vicomté de Paris.

Le Secrétaire a donné lecture du Procès-verbal de la dernière séance.

MM. les Députés de la Ville & Vicomté de Paris, hors les murs, ont protesté contre l'interversion de l'ordre dans les rangs, & contre la séance prise par MM. les Députés de la Ville de Paris qu'ils devroient précéder; mais pour ne pas retarder, par l'examen de cette discussion, les affaires importantes dont la Chambre est occupée, ils se sont restreints dans ce moment à demander simplement acte de leur protestation.

MM. les Commissaires nommés pour conférer avec ceux des deux autres Ordres, ont rendu compte de ce qui s'étoit passé dans la première conférence avec les Commissaires respectifs, ainsi qu'il suit :

« MESSIEURS,

» Il ne seroit pas très-facile de vous rendre un compte dé-
» taillé de la première conférence de vos Commissaires : il nous
» suffira de mettre sous vos yeux les différens principes exposés
» de part & d'autre, & souvent répétés dans une conversation
» de trois heures. Ils serviront à vous faire connoître l'esprit an-
» noncé par les Membres des deux Ordres avec lesquels nous
» avions à traiter.

» Des complimens préliminaires de la part des Commissaires
» de chacun des Ordres, des assurances réciproques d'attache-
» ment, des vœux pour l'union & la concorde, ont ouvert
» notre séance.

» Le Clergé a annoncé que c'étoit dans cet esprit qu'il étoit dis-
» posé à consentir à l'acquittement des charges en commun.

» Nous avons assuré, de notre côté, que le même desir avo
» dicté la majorité de nos cahiers, & avoit déterminé la Noblesse
» rassemblée dans les différens Bailliages, à prononcer la renon-
» ciation à tous ses priviléges pécuniaires en matière d'impôt
» & que la fidélité à nos mandats, qui nous prescrivent tous

G

» nous occuper, avant tout, des objets relatifs à la Constitution,
» c'est-à-dire, au bonheur commun de la France, nous empêchoit
» seule d'en articuler en ce moment le vœu le plus authentique
» aux yeux de toute la Nation.

» Le Tiers-Etat, après nous avoir pareillement donné les assu-
» rances du même desir de paix & d'union qui régnoit dans la
» Chambre des Communes, nous a annoncé que les questions
» relatives à la vérification des pouvoirs, étoient les seules sur
» lesquelles ils eussent mission de la part de leurs Commettans,
» & les seules qu'ils fussent chargés de traiter avec nous.

» Le Clergé a annoncé qu'il n'avoit pas cru devoir prononcer
» aucun vœu à ce sujet, & qu'il avoit sursis à la vérification des
» pouvoirs de ses Députés, aussitôt qu'il avoit su que les bases
» n'étoient pas les mêmes entre les deux autres Ordres.

» Nous avons cru, Messieurs, devoir nous expliquer à ce
» sujet avec la franchise qui doit nous caractériser, & nous
» avons déclaré que les lois constitutives du royaume, & les
» usages constans des derniers Etats-Généraux, reconnus par
» Sa Majesté dans les réglemens qu'elle avoit donnés pour notre
» convocation, & confirmés par la bouche même de ses Ministres,
» dans les discours prononcés par eux à l'ouverture des Etats,
» nous avoient tracé la marche que nous avions à suivre; &
» qu'en conséquence nous avions pensé que nous devions, ainsi
» que les autres Ordres, procéder seuls à la vérification de
» nos pouvoirs; que nous l'avions fait, & que nous leur avions
» fait part de nos arrêtés à ce sujet.

» Après différens faits historiques racontés de part & d'autre,
» soit pour soutenir ce que nous avions avancé relativement à
» l'usage constant qui établissoit notre droit, soit pour les con-
» tredire, les infirmer ou les rétablir, le Tiers-Etat s'est vu
» forcé d'avouer, par la bouche d'un de ses Membres, que notre
» conduite avoit été telle qu'elle devoit être d'après le dernier état

» des choses, mais qu'il falloit considérer ce qu'avoient été les derniers Etats-Généraux, dans quel tems ils avoient eu lieu, & le peu de bien qui en étoit résulté, ce qui ne devoit pas faire desirer d'en conserver les formes vicieuses. Il a cherché à prouver que les anciens Etats-Généraux, trop occupés de leurs intérêts particuliers, pour être animés de l'esprit national, ne s'élevoient pas à la dignité de Législateurs, & qu'étant réduits à la simple exposition de leurs doléances, les Ordres n'avoient pas un intérêt aussi puissant à connoître leurs pouvoirs respectifs, que dans une assemblée convoquée par le Roi même, pour travailler aux bases solides d'une bonne Constitution; que nous ne devions pas nous borner comme eux à présenter des remontrances, en suppliant le Roi d'y faire droit, mais établir des lois fixes & positives; & qu'appelés à ce grand ouvrage, il importoit également à tous, soit qu'on formât un vœu commun par la réunion des trois Ordres, soit que chaque Ordre continuât à opiner séparément, de connoître les droits & les pouvoirs de ceux & même de celui qui par sa voix seule pouvoit décider la majorité, ou former dans un Ordre un *veto* qui pourroit rendre nul l'effet de la volonté presque unanime des deux autres.

» Il a été ensuite exposé que si, dans les derniers Etats-Généraux, les pouvoirs avoient été vérifiés séparément dans chaque Ordre, cette opération isolée démontroit leur foiblesse; que chaque Chambre sentoit bien alors qu'elle ne pouvoit être souveraine, puisque l'usage de ces tems-là étoit de renvoyer au Conseil du Roi la décision des contestations sur lesquelles les Ordres ne croyoient pas pouvoir prononcer séparément (parti certainement inadoptable dans les Etats de 1789); que pour remplacer ce pouvoir unique du Roi & de son Conseil, il falloit un autre pouvoir unique, & qu'il ne pouvoit se rencontrer que dans la Nation, c'est-à-dire dans les trois Ordres

» réunis, attendu que chaque Chambre séparée formeroit un
» triple pouvoir incapable de juger aucune contestation relative
» aux mandats ou aux droits des Députés.

» Il a été avancé ensuite que nous n'avions pas de Constitu-
» tion, que pour créer il ne falloit être qu'un ; & que différens
» pouvoirs de résistance, peut-être nécessaires pour empêcher les
» surprises respectives, lorsque la Constitution seroit posée sur
» des bases inébranlables, devenoient dangereux lorsqu'il falloit
» établir ses fondemens.

» Enfin, cherchant à nous échauffer d'un zèle patriotique, ils
» ont tâché de nous démontrer que, concentrés chacun sépare-
» ment pour nous vérifier, nous n'étions plus que des Députés
» dans nos Ordres respectifs, tandis qu'en nous réunissant, nous
» pouvions prendre un titre plus noble encore, en devenant
» les Députés de la Nation à l'Assemblée de la Nation même.

» Tels sont, Messieurs, les principes qui nous ont été ex-
» posés par le Tiers-Etat. Nous avons cherché à les combattre
» par ceux existans dans nos cœurs, & confirmés par vos délibé-
» rations ; nous avons prouvé que nous avions une Constitution,
» qu'il ne falloit point en créer une nouvelle, ce qui seroit
» détruire celle existante depuis tant de siècles, mais seulement
» la réparer ; que le travail à faire en conséquence, s'il étoit
» moins prompt, seroit au moins plus certain, en en préparant
» les bases séparément ; que les lois constitutives & sacrées,
» reconnues & révérées par nous, établissant des Ordres distincts
» & séparés dans l'Etat, nous prescrivoient cette marche dont
» notre prudence nous faisoit sentir la nécessité, & que loin de
» nous en écarter, notre amour pour le Monarque & pour la
» Monarchie devoit nous en faire déclarer les défenseurs les
» plus zélés, puisque l'existence de l'un & de l'autre tenoit à
» leur conservation.

» Nous avons soutenu qu'ayant reçu pour la plupart nos

» pouvoirs dans nos Ordres séparés, nous devions seuls connoître
» de leur validité, & que sans nous réunir pour cette vérifica-
» tion, ce qui seroit préjuger le fond d'une grande question que
» nous n'étions pas encore dans le cas de discuter, il étoit des
» moyens, par des Commissaires respectifs, de préparer les
» questions relatives aux contestations communes aux trois Ordres,
» de manière à pouvoir faire porter dans chaque Chambre un
» arrêt semblable, sans être obligés de les renvoyer à des Com-
» missaires du Conseil ; que l'opinion des Commissaires respectifs,
» assise sur le vu des Pièces, dans des contestations aussi peu
» difficiles à juger, devoit nécessairement amener le même
» jugement dans chaque Chambre, si les Ordres, également de
» bonne foi, ne cherchoient pas à se contrarier réciproquement.
» Nous leur avons déclaré que c'étoit ainsi que nous avions déja
» agi, en renvoyant à des Commissaires des trois Ordres l'examen
» d'une contestation de pouvoirs qui intéressoit, non un député,
» mais une députation entière.

» Enfin, Messieurs, nous nous sommes cru permis de leur
» dire que leurs prétentions de nous amener à une vérification
» commune, malgré les lois & les usages à ce contraires,
» avoués par eux, ne pouvoient avoir pour fondement qu'un desir
» de faire préjuger ainsi en leur faveur la grande question de
» l'opinion par tête ou par Ordre en nous faisant perdre un
» provisoire qu'ils imaginoient sans doute avoir une grande in-
» fluence sur le fond ; ou ne pouvoient provenir que d'une mé-
» fiance injurieuse de leur part contre les vérifications que nous
» pourrions faire parmi nous. Nous les avons assurés que cette
» méfiance n'existeroit pas dans notre Ordre, lorsqu'ils nous
» auroient fait connoître la vérification qu'ils pourroient faire
» parmi eux de leurs Députés, & nous les avons priés d'avoir
» en nous la même confiance que nous étions disposés à avoir
» en eux.

» Toutes ces questions nous avoient menés insensiblement à
» celles relatives à la double représentation du Tiers-Etat &
» aux inconvéniens qui pourroient en résulter, en cédant à leur
» prétention, dans le cas d'une réunion des Ordres en Assem-
» blée Nationale (expression souvent répétée par eux); mais,
» sans mission de votre part pour traiter ces questions, comme
» ils l'étoient eux-mêmes de la part de leurs Commettans pour
» les discuter avec nous, nous avons cru ne pas devoir nous
» laisser entraîner au-delà du but, c'est-à-dire au-delà de la ques-
» tion relative à la seule vérification des pouvoirs, unique objet
» de leur mission.

» MM. du Clergé, pendant tous ces débats, ont gardé le
» silence le plus absolu, & à la réserve de quelques faits histo-
» riques relevés par eux, ils n'ont montré d'autres dispositions
» que celles contenues dans leur compliment préliminaire, &
» ils ne nous ont fait connoître que la résolution annoncée par
» eux, de n'entendre pas *prendre couleur* dans la question pré-
» sente.

» Enfin, Messieurs, en dernier résultat, MM. du Tiers-Etat
» ont fini par nous inviter à nous réunir à eux pour cette vérifica-
» tion commune, en nous garantissant qu'ils n'entendroient pas
» préjuger par-là, la question de l'opinion par tête ou par Ordre;
» qu'après cette vérification de pouvoirs ainsi achevée en commun,
» nous serions toujours libres de nous conduire suivant notre
» prudence, ainsi que dans le cas où cette question viendroit à
» être proposée en notre présence.

» Nous avons cru, Messieurs, ne pouvoir répondre à cette
» proposition qu'en leur rappelant nos arrêtés qui leur ont été
» communiqués par vos ordres.

» Tel est, Messieurs, le compte que nous avions à vous rendre:
» vous y voyez les principes avancés par le Tiers-Etat, l'incer-
» titude & l'inaction du Clergé; c'est à vous, Messieurs, à peser

» dans votre sagesse le parti que vous croirez devoir prendre
» lorsqu'il en sera temps.

» Ajournés ce soir pour une seconde conférence, nous vous
» rendrons compte pareillement demain de ce qui s'y sera passé.

» Puissions-nous pour résultat avoir à vous apporter des pro-
» positions d'union & de concorde ! C'est sûrement le vœu de
» nos cœurs ; & ce sera l'unique but de nos efforts ».

Monsieur le Président a exposé que son âge lui ayant procuré le précieux avantage de présider l'Ordre de la Noblesse, & ses forces ne lui permettant pas de remplir les fonctions qui lui étoient confiées, il supplioit la chambre de vouloir bien le remplacer dès demain. Il a été observé que les pouvoirs de tous les Députés n'étant point encore vérifiés, que le réglement de police demandé, & dont MM. les Commissaires avoient été chargés de présenter le projet, n'ayant pas encore été soumis à l'examen de la chambre, M. le Président étoit prié de continuer les mêmes fonctions.

Un de Messieurs a dénoncé les erreurs & les abus de plusieurs journalistes, & nommément de l'auteur du journal de Paris, qui, en se permettant de rendre compte de ce qui s'est passé dans les séances particulières de la chambre, a articulé des faits faux; qui, par des assertions controuvées, ne peut qu'entretenir la fermentation qui règne dans les esprits, &c. ; que ce journal paroissant avoué du gouvernement, il importoit de faire rétablir la vérité des faits, & qu'il fût enjoint aux auteurs de ce journal, de ne pas rendre compte de ce qui se passeroit dans les séances particulières des Ordres, que d'après l'autorisation qui leur en seroit donnée par ses ordres : il a été arrêté de délibérer sur cette motion, lorsque la chambre auroit entendu le rapport des commissaires sur les pouvoirs des Députés du bailliage d'Amont.

En conséquence, MM. les commissaires vérificateurs des pouvoirs ont rendu compte de l'examen qu'ils avoient fait des pouvoirs de ces Députés, & des difficultés que préfentoit la difcuffion de cette affaire. M. le préfident de Vezet, au nom des feconds Députés nommés dans ce bailliage, & M. le Marquis de Toulongeon, au nom des premiers nommés, ont lu refpectivement des mémoires & des pièces juftificatives à l'appui de leurs demande & défenfe particulières. Meffieurs les commiffaires ayant reconnu que dans la difcuffion des moyens dont fe font aidés Meffieurs de la première députation, ils avoient cité plufieurs faits & donné lecture de différentes pièces & mémoires dont les commiffaires n'avoient eu aucune connoiffance, ont demandé que ces différentes pièces & mémoires fuffent remis à leur bureau, afin que, d'après l'examen qu'ils en feroient, ils puffent en rendre un compte exact à la chambre. Sur quoi il a été arrêté que les pièces & mémoires lus & invoqués par les premiers Députés du bailliage d'Amont, feront par eux remis à MM. les commiffaires, qui feront le rapport à la chambre de leur nouveau travail lorfqu'ils l'auront achevé.

On a difcuté la motion ci-devant propofée par un de Meffieurs fur le journal de Paris. Après avoir indiqué différens moyens à prendre pour réprimer ou contenir la licence des journaliftes, & remédier aux abus qui ont été dénoncés à la chambre, on a été aux voix, & il a été arrêté, à la pluralité de cent cinquante-trois voix, que les procès-verbaux des féances de la chambre feront rendus publics toutes les femaines par la voie de l'impreffion.

La chambre a levé fa féance, & s'eft ajournée à demain neuf heures précifes du matin.

Signé, MONTBOISSIER, *Préfident ;* LE CARPENTIER DE CHAILLOUÉ, *Secrétaire.*

QUATORZIÈME SÉANCE.

Mardi 26 Mai 1789.

Le mardi vingt-six mai mil sept cent quatre-vingt-neuf, l'Assemblée de Messieurs les Députés de l'Ordre de la Noblesse aux États-Généraux étant formée, il a été donné lecture du procès-verbal de la séance du jour d'hier; après quoi l'un de Messieurs a communiqué à la chambre les soumissions offertes par le sieur Pierres, premier Imprimeur du Roi, pour l'impression du procès-verbal de ses séances.

Des observations faites à cette occasion ont conduit à agiter la question de savoir, si la chambre, en arrêtant hier que les procès-verbaux de ses séances seroient rendus publics toutes les semaines par la voie de l'impression, a entendu que ses procès-verbaux dussent être imprimés chaque semaine en entier ou par extrait. La matière, après avoir été soumise à la discussion, ayant été mise en délibération, il a été décidé, à la pluralité des voix, que les procès-verbaux des séances & délibérations de l'Ordre de la Noblesse seront imprimés en entier & non par extrait.

Messieurs les commissaires nommés pour conférer avec ceux des Ordres du Clergé & du Tiers-État, ont rendu compte du résultat de leur dernière conférence, ainsi qu'il suit :

« Messieurs,

» Trois heures & demie de conférence ont encore occupé
» hier vos commissaires ; mais peu de lignes suffiront pour vous

» rapporter tout ce qui a été dit : des répétitions des faits &
» des principes avancés dans le premier entretien, des raison-
» nemens pour nous prouver le droit national & combattre
» l'usage ancien de la possession réclamé par nous, l'éloquence
» la plus brillante, enfin, Messieurs, du pathétique ; telles ont
» été les raisons & les argumens employés par les défenseurs
» du Tiers-État, pour nous engager à revenir sur nos pas, &
» à abandonner un parti, disent-ils, adopté trop légèrement.

» Des répétitions pareilles des moyens de défense déja em-
» ployés par nous pour prouver le droit & la légalité de nos
» démarches, des assurances de fermeté dans nos principes, des
» invitations continuelles aux membres des deux autres Ordres,
» & sur-tout à ceux du Clergé, pour nous offrir ou nous pro-
» poser des moyens de conciliation qui puissent nous faire
» adopter une marche commune à tous, également fondée sur
» la raison ; voilà, Messieurs, nos discours & notre conduite
» dans cette seconde conférence.

» Les membres du Clergé, sans paroître encore plus décidés
» sur les démarches qu'ils avoient à faire, se sont au moins
» montrés plus communicatifs. Quelques-uns de leurs Prélats
» commissaires ont appuyé par des citations historiques, placées
» très-à-propos, celles que nous avions pu faire pour constater
» les usages des derniers États-Généraux, pour la vérification
» des pouvoirs faite séparément dans chaque Ordre, & ils n'ont
» pas craint d'articuler hautement que les États-Généraux ne
» pouvoient être constitués que par la formation des trois Or-
» dres, que ceux-ci ne pouvoient l'être que par la vérification
» des pouvoirs des individus destinés à les composer, & que
» comme l'intérêt général étoit d'agir, le premier pas à faire
» étoit que les Ordres se formassent, afin de pouvoir ensuite
» s'occuper de plus grands intérêts : enfin, Messieurs, en ap-
» puyant la proposition faite par un de nous d'un moyen de

conciliation

» conciliation, déja confacré prefqu'en entier par vos arrêtés,
» ces mêmes Prélats y ont propofé quelqu'amendement. Le
» Tiers-État fans doute a été peu fatisfait de ces deux premiers
» moyens ; fon filence à ce fujet, & fon refus même de s'ex-
» pliquer en conféquence, ont été des témoignages non équivoques
» de fon peu de difpofition à les adopter. Il a paru faifir avec
» plus d'avidité un nouvel amendement propofé par un autre
» membre du Clergé. Quoique les deux premiers moyens n'ayent
» pas été accueillis par le Tiers-État, & quoique le troifième
» l'ait été par la majorité des membres du Clergé ainfi que par
» nous, de la même manière que le Tiers-État avoit reçu les
» deux premiers, notre devoir eft de les mettre fucceffivement
» tous les trois fous vos yeux ».

Premier moyen propofé par un de nous.

« Les pouvoirs vérifiés dans l'Ordre de la Nobleffe feront
» communiqués aux commiffaires nommés par les deux autres
» Ordres, lefquels communiqueront pareillement à ceux de la
» Nobleffe les pouvoirs de leurs députés refpectifs, également
» vérifiés par eux.

» Chacun des Ordres regardera comme bien vérifiés les pou-
» voirs qui lui feront certifiés tels par les deux autres.

» S'il s'élève quelque doute fur la validité de quelques pou-
» voirs, alors, fur la demande des deux autres Ordres, il fera
» procédé à un nouvel examen dans les chambres.

» Les difficultés qui pourroient s'élever fur les députations
» qui intéreffereroient les trois ordres, feront renvoyées à des
» commiffaires nommés par chacun, lefquels chercheront à
» former un avis commun pour en référer enfuite à leur chambre
» refpective.

» Si les jugemens qui interviendroient fur le même fujet

Introduction. Tome II. H

» dans chaque chambre, différoient entr'eux, chaque jugement
» fera accompagné d'un *foit communiqué* aux autres chambres,
» pour travailler de nouveau à parvenir à une décifion uniforme ».

Second moyen propofé par un des membres du Clergé.

« Chaque chambre vérifiera particulièrement fes pouvoirs,
» & les communiquera aux commiffaires des deux autres.
» Chacun des Ordres regardera comme bien vérifiés les pou-
» voirs qui lui feront certifiés tels par les deux autres.
» S'il s'élève quelque doute fur la validité de quelques pou-
» voirs, alors, fur la demande des deux autres Ordres, il fera
» procédé à un nouvel examen dans les chambres.
» Les difficultés qui pourroient s'élever fur les députations
» qui intérefferoient les trois Ordres, feront renvoyées à des
» commiffaires nommés par chacun, lefquels chercheront à
» former un avis commun pour en référer enfuite à leur chambre
» refpective.
» Si les trois jugemens prononcés féparément dans chaque
» chambre font différens, les commiffaires fe raffembleront de
» nouveau pour procéder à un nouvel examen, & chercher à
» s'éclairer réciproquement des motifs des difficultés.
» Si une chambre feule prononce un jugement différent, la
» décifion de deux chambres obligera la troifième à y adhérer ».
Nota. Ce moyen eft en ufage dans quelques pays d'États
dans lefquels les Ordres opinent féparément.

Troifième moyen propofé par un autre membre du Clergé.

« Les pouvoirs vérifiés dans l'Ordre de la Nobleffe feront
» portés dans les deux autres chambres, pour que la vérification y
» foit confirmée; il en fera ufé de même à l'égard des pouvoirs

» des Députés du Clergé & du Tiers-État; s'il s'élève des dif-
» ficultés fur les pouvoirs des Députés de quelqu'Ordre, il sera
» nommé des commissaires dans chacune des trois chambres,
» suivant les proportions établies; ils reporteront dans leur chambre
» leur avis; s'il arrivoit que les jugemens des chambres fussent
» différens, la difficulté sera jugée par les trois Ordres réunis,
» sans que cela puisse préjuger la question de l'opinion par
» Ordre ou par tête, ni tirer à conséquence pour l'avenir ».

Voilà, Messieurs, le résultat de notre seconde conférence.

« Les personnes du Tiers-État chargées de conférer avec nous,
» doivent en faire part à leur chambre, & regardant leurs pou-
» voirs expirés par ce moyen, malgré l'offre faite par nous,
» ainsi que par le Clergé, d'un nouvel ajournement, ils nous ont
» déclaré qu'ils ne pouvoient continuer les conférences, sans
» avoir été autorisés de nouveau.

» C'est à votre sagesse, Messieurs, à décider le parti que vous
» avez à prendre à ce sujet, ainsi que sur les ordres que vous
» croirez devoir nous donner, dans le cas où le Tiers-État,
» (car c'est ainsi qu'il s'est appelé constamment lui-même dans
» la séance d'hier), desirant reprendre de nouvelles conférences,
» jugeroit à propos de renouveler les pouvoirs de ceux qu'il
» avoit chargés de traiter avec nous ».

La matière ayant été mûrement & long-temps discutée, a été
mise en délibération; la chambre a arrêté de porter au Clergé
la proposition suivante: « Il est convenu que pour cette tenue
» d'États-Généraux, les pouvoirs seront vérifiés séparément, &
» que l'examen des avantages ou des inconvéniens qui pourroient
» exister dans la forme actuelle, seroit remis à l'époque où les
» trois Ordres s'occuperoient des formes à observer pour l'or-
» ganisation des prochains États-Généraux ».

En exécution de ce que dessus, MM. les commissaires se sont
transportés à l'instant à la chambre du Clergé, & étant revenus

quelques instans après, ils ont dit qu'ils s'étoient acquittés de la mission dont l'Ordre de la Noblesse les avoit chargés ; qu'ils avoient trouvé que la séance de l'Ordre du Clergé commençoit à se lever ; qu'ils avoient cependant remis l'arrêté de la chambre sur le bureau, & qu'il leur avoit été dit par le Prélat qui présidoit l'Ordre du Clergé, que son Ordre prendroit demain en considération l'arrêté qu'ils venoient d'apporter.

Pendant l'absence de MM. les commissaires envoyés vers l'Ordre du Clergé, les commissaires chargés de la vérification des pouvoirs, ont commencé le rapport du résultat de l'examen qu'ils ont fait des pouvoirs de Messieurs les députés par l'Ordre de la Noblesse de la ville & vicomté de Paris de l'intérieur des murs ; & ce rapport ayant été interrompu par le retour de ceux de Messieurs qui avoient été envoyés vers le Clergé, la chambre a levé sa séance à trois heures & demie de relevée, & indiqué sa prochaine assemblée à demain huit heures du matin.

Signé, MONTBOISSIER, *Président*, & LE CARPENTIER DE CHAILLOUÉ, *Secrétaire*.

QUINZIÈME SÉANCE.

Mercredi 27 Mai 1789.

LE mercredi vingt-sept mai mil sept cent quatre-vingt-neuf, l'assemblée de Messieurs les députés de l'Ordre de la Noblesse aux États-Généraux étant formée, il a été donné lecture du procès-verbal de la dernière séance.

Messieurs les commissaires vérificateurs ont fait ensuite le rapport de l'examen qu'ils avoient fait des pouvoirs de Messieurs les députés par l'Ordre de la Noblesse de la ville & prévôté de

Paris *intrà muros*. La matière ayant paru préfenter quelques difficultés, lefdits députés qui étoient préfens fe font retirés, & la chambre, d'après le rapport de MM. les commiffaires, a arrêté qu'il fera furfis à la vérification defdits pouvoirs jufqu'à l'apport d'une expédition en forme du procès-verbal de l'affemblée de la Nobleffe de ladite ville & prevôté, dans laquelle il a été procédé à l'élection de fes députés.

D'après la réfolution prife par la chambre de faire imprimer chaque femaine les procès-verbaux de fes féances, M. le comte d'Eftagniol, député par l'Ordre de la Nobleffe du bailliage de Sédan, a offert à la chambre de fe charger de cette impreffion aux mêmes foumiffions propofées & acceptées par le fieur Pierres, & de rendre compte du bénéfice net qui en réfultera, pour être employé, d'après les ordres de la chambre, au foulagement des pauvres; & cette offre, après délibération prife, a été aggréée à la très-grande majorité des voix.

MM. les commiffaires nommés pour la rédaction du réglement de police ayant pris le bureau, ont donné lecture du projet qu'ils avoient arrêté. Cette lecture ayant été répétée, il a été propofé par un de Meffieurs d'arrêter que le réglement qui venoit d'être lu, feroit imprimé à mi-marge dans le plus court délai, fous le titre de *Projet*, & donné à chacun des membres de la chambre, pour y être délibéré définitivement au jour qui feroit indiqué.

La propofition ayant été mife en délibération, après avoir été difcutée, il a été arrêté qu'il feroit procédé de fuite & fans retard à l'examen & à la difcuffion du projet de réglement propofé par MM. les commiffaires.

Ce fait, la chambre a levé fa féance, & indiqué fa prochaine affemblée à demain neuf heures du matin.

Signé, MONTBOISSIER, *Préfident*, & LE CARPENTIER DE CHAILLOUÉ, *Secrétaire*.

SEIZIÈME SÉANCE.

Jeudi 28 Mai 1789.

Le jeudi vingt-huit mai mil sept cent quatre-vingt-neuf, l'assemblée de Messieurs les Députés de l'Ordre de la Noblesse aux États-Généraux étant formée, il a été donné lecture du procès-verbal de la séance du jour d'hier.

Ensuite un de Messieurs a proposé de prendre l'arrêté suivant :

« L'Ordre de la Noblesse considérant que, dans le moment
» actuel, il est de son devoir de se rallier à la constitution,
» & de donner l'exemple de la fermeté, comme il a donné la
» preuve de son désintéressement, déclare que la délibération
» par Ordre, & la faculté d'empêcher, qui appartiennent divi-
» sément à chacun d'eux, sont constitutives de la monarchie,
» & qu'il professera constamment ces principes conservateurs du
» trône & de la liberté ».

La proposition a été soumise aussi-tôt à la délibération ; elle étoit commencée lorsque Messieurs les députés de la ville & prévôté de Paris *intrà muros* sont entrés & ont pris leur séance : ce qui a donné lieu de proposer de s'occuper de la vérification de leurs pouvoirs ; mais, sur l'observation qui a été faite que l'ordre ne permettoit pas d'interrompre la discussion commencée, on a repris la suite de cette discussion.

Quelques instans après, M. le Président a fait part à la chambre que M. le marquis de Brézé, grand-maître des cérémonies de France, venoit de lui faire passer une lettre du Roi ; qu'il n'entroit point dans la chambre, par la raison qu'ayant été remettre au Clergé une lettre de Sa Majesté, il n'y étoit point entré, vu que la chambre de cet Ordre n'étoit pas constituée.

Sur l'observation qui a été faite que la chambre de la Noblesse étoit constituée, on a fait remettre au grand-maître des cérémonies la lettre du Roi, en le faisant prévenir que la chambre de la Noblesse étant constituée, elle étoit prête à le recevoir avec le cérémonial accoutumé ; sur quoi M. le grand-maître a fait répondre qu'il alloit prendre les ordres de Sa Majesté.

Ce fait, on a repris la suite de la discussion ; elle duroit encore lorsque l'huissier est venu prévenir M. le Président que M. le grand-maître des cérémonies demandoit à entrer de la part du Roi. Six gentilshommes nommés par M. le Président ont été le recevoir en dehors de la porte de la chambre. A son entrée il a salué Messieurs qui se sont levés & découverts, & toujours conduit par les mêmes gentilshommes, il a été prendre sa séance au haut de la salle, à la droite de M. le Président : tout le monde étant assis & couvert, ainsi que M. le grand-maître, qui, après avoir salué l'assemblée, a remis à M. le Président la lettre du Roi, dont lecture a été faite à l'instant.

LETTRE DU ROI.

« J'ai été informé que les difficultés qui s'étoient élevées re-
» lativement à la vérification des pouvoirs des membres de l'as-
» semblée des États-Généraux, subsistoient encore, malgré les
» soins des commissaires choisis par les trois Ordres pour chercher
» des moyens de conciliation sur cet objet.

» Je n'ai pu voir sans peine, & même sans inquiétude, l'as-
» semblée nationale, que j'ai convoquée pour s'occuper avec moi
» de la régénération du royaume, livrée à une inaction qui, si
» elle se prolongeoit, feroit évanouir les espérances que j'ai

» conçues pour le bonheur de mes peuples, & la prospérité
» de l'État.

» Dans ces circonstances, je desire que les commissaires con
» ciliateurs, deja choisis par les trois Ordres, reprennent leurs
» conférences demain à six heures du soir, & pour cette occasion,
» en présence de mon Garde-des-Sceaux & des commissaires
» que je réunirai à lui, afin d'être informé particulièrement des
» ouvertures de conciliation qui seront faites, & de pouvoir
» contribuer directement à une harmonie si desirable & si
» instante.

» Je charge celui qui dans cet instant remplit les fonctions
» de Président de la Noblesse, de faire connoître mes intentions
» à sa chambre ». *Signé*, LOUIS.

A Versailles, le 28 Mai 1789.

M. le grand-maître s'étant retiré a été reconduit avec le même cérémonial que ci-dessus. La chambre, ayant pris aussi-tôt en considération les intentions bienfaisantes manifestées par Sa Majesté, a arrêté que M. le grand-maître seroit invité de rentrer dans la chambre, & qu'il lui seroit dit par M. le Président :

« La chambre, desirant présenter sa réponse au Roi par la
» voie d'une députation, supplie Sa Majesté d'indiquer l'heure
» à laquelle il lui plaira de recevoir les députés de l'Ordre de
» la Noblesse ».

En exécution de ce que dessus, M. le grand-maître des cérémonies est entré de nouveau avec le cérémonial ci-devant décrit ; M. le Président lui a fait part de l'arrêté que la chambre venoit de prendre, & lui en a remis une copie écrite.

A peine M. le grand-maître étoit retiré, que l'huissier de la chambre est venu prévenir qu'une députation de l'Ordre du Clergé demandoit à entrer ; elle a été introduite aussi-tôt, & reçue avec le cérémonial accoutumé.

Elle étoit composée de

Messieurs,

l'Évêque de Saintes.
l'Évêque de Châlons-sur-Marne.
l'Abbé de Rastignac.
l'Abbé Charier de la Roche.
l'Abbé Fougeres.
Foret, curé d'Uffel.
l'Abbé de Pradt.
le curé d'Angerville l'Orcher.

Messieurs les députés, M. l'Évêque de Saintes portant la parole, ont dit :

» « Depuis que les membres du Clergé assemblés ont eu com-
» munication de la délibération prise avant-hier par l'Ordre de
» la Noblesse, ils ont reçu une députation de Messieurs du
» Tiers-État, qui leur ont fait la proposition dont la teneur
» suit :

» Les membres des Communes invitent Messieurs du Clergé,
» au nom du Dieu de paix & de l'intérêt national, à se réunir
» à eux dans la salle de l'assemblée générale, pour y opérer la
» concorde & l'union.

» Mais, pendant que les membres du Clergé continuoient à
» s'occuper de l'objet de cette proposition, Mgr. le cardinal de
» la Rochefoucauld a reçu par M. le marquis de Brezé, une
» lettre du Roi, en date de ce jour vingt-huit mai, portant
» que le desir de SA MAJESTÉ est que les commissaires conci-
» liateurs, déja choisis par les trois Ordres, reprennent leurs
» conférences demain à six heures du soir, en présence de M. le
» Garde-des-Sceaux & des commissaires de Sa Majesté.

» Les membres du Clergé assemblés s'empressent de donner
» cette communication à l'Ordre de la Noblesse, ainsi que de
» la prière qu'ils ont faite à M. le cardinal de la Rochefoucauld
» de témoigner au Roi leur respectueux empressement à se con-
» former au desir de Sa Majesté, en chargeant de nouveau

» Messieurs les commissaires déja choisis, de se rendre demain
» à l'heure indiquée pour la conférence ».

Messieurs les députés du Clergé retirés, on a repris la suite de la discussion commencée : elle a été interrompue de nouveau par l'avertissement qu'a reçu la chambre que M. le grand-maître demandoit à entrer de la part du Roi. Il a été reçu avec les mêmes honneurs dont il a été ci-devant parlé, & a dit :

« Messieurs, le Roi m'a fait l'honneur de me charger de vous
» dire qu'il vous feroit part de ses intentions ».

Après sa retraite, on a repris la suite de la précédente discussion. Messieurs les députés de Touraine, M. le baron d'Harambure, l'un d'eux, ayant la parole, ont donné lecture d'un projet de conciliation entre les trois Ordres, qu'ils ont remis ensuite sur le bureau, signé d'eux, en demandant qu'il fût annexé aux registres. (*Voyez le n°. 1 des pièces annexées à la suite de la présente séance*).

La discussion étant enfin terminée, on a été aux voix, & l'arrêté proposé a été agréé, à la pluralité de cent quatre-vingt-dix-sept voix contre quarante-quatre, dans les mêmes termes ci-dessus énoncés ; sous l'observation qu'entre ceux de MM. les députés dont les voix ont composé la minorité, plusieurs ont déclaré ne pouvoir adhérer audit arrêté, non qu'ils fussent opposés ni au maintien de la délibération par Ordre, ni à la faculté d'empêcher, appartenant à chacun d'eux, mais parce qu'il leur paroissoit prématuré, & qu'ils appréhendoient qu'il ne mît obstacle à la conciliation entre les Ordres, ainsi qu'ils s'en sont expliqués dans des déclarations écrites & signées d'eux, qu'ils ont remises sur le bureau en en demandant acte. D'autres de Messieurs, faisant de même partie de la minorité, ont aussi passé des déclarations & protestations qu'ils ont remises écrites & signées sur le bureau, en demandant acte, ce qui a été accordé. (*Voyez les numéros* 2, 3, 4, 5, 6, 7, 8, 9, 10, 11, 12,

13, 14, 15, 16 & 17, *des pièces annexées à la suite de la présente séance*).

MM. les députés de la ville & prévôté de Paris *intra muros*, l'un d'eux portant la parole, ont rendu compte des formes qui avoient été observées pour leur élection, & donné lecture du procès-verbal de cette même élection; ils ont aussi réfuté les objections faites contre sa validité; après quoi M. le Président a demandé si quelqu'un de Messieurs entendoit s'opposer à leur réception; & personne n'ayant réclamé, il a été dit qu'ils étoient admis, & qu'il seroit passé outre à la vérification de leurs pouvoirs, qui a été faite à l'instant.

La chambre a levé sa séance & indiqué la prochaine assemblée à demain neuf heures du matin.

Signé, Montboissier, *Président*, & le Carpentier de Chailloué, *Secrétaire*.

***

Pièces annexées à la seizième Séance.

Projet de conciliation remis aux commissaires de la Noblesse par M. le baron d'Harambure, le 26 Mai, pour en faire le rapport, & lu par lui à la chambre de cet Ordre, le 28, au nom de ses collègues.

N°. 1. Nous avons des droits sacrés à défendre, mais la Nation en a de plus saints encore à établir : ce sont ceux qui doivent nous occuper les premiers. Je vois avec douleur que des instructions impératives nous arrêtent dès le premier pas, & que la vérification des pouvoirs nous offre des obstacles toujours renaissans. Les volontés de chaque Ordre lutteront-elles sans cesse l'une contre d'autre? Une méfiance mutuelle sera-t-elle notre guide? Et perdrons-nous à de vains débats un temps précieux dont la patrie commence à nous demander compte? La constitution, voilà quel doit être le premier objet de nos soins.

J'entends par ce mot les droits généraux assurés à la Nation, droits qui nous intéressent tous également en qualité de sujets, & dont voici l'énumération :

1°. La liberté individuelle.
2°. L'abolition des lettres-de-cachet.
3°. Liberté de la presse fixée.
4°. Consentement libre à l'impôt.
5°. États provinciaux.
6°. Propriétés inviolables.
7°. Places ou emplois inamovibles, si ce n'est par un jugement légal.
8°. Respect pour les lettres confiées à la poste.
9°. Concours de la Nation pour la formation des lois.
10°. Responsabilité des ministres.
11°. Périodicité des États-Généraux.
12°. Chartes des droits, jurées & proclamées dans tout le royaume pour l'avantage réciproque de la Nation & du Monarque.

Ces objets ne sont pas plus particuliers à la Noblesse qu'au Tiers-État; ils ne peuvent compromettre nos intérêts, ni affecter nos priviléges : tous les citoyens s'accordent pour les demander à grands cris; & s'ils ne sont pas la constitution dans le sens le plus étendu, ces droits en sont la base.

Mais comment s'en occuper, si, réunis par les motifs, divisés par les opinions, nous ne pouvons convenir de la forme de la délibération? Les uns, resserrés dans leurs pouvoirs par ceux qu'ils représentent, sont obligés, sous la religion du serment, à ne délibérer que par tête ou par Ordre; d'autres, moins gênés dans leurs instructions, voient dans l'une ou l'autre de ces formes le salut de l'État & celui de leurs commettans. Je ne prononce point sur une matière aussi délicate ; je respecte la fidélité que l'on doit à sa province ; je respecte les intentions de ceux que des raisons, sans doute mûrement pesées, ont engagés à l'un ou l'autre parti ; mais si la Noblesse divisée entr'elle ne peut, dans sa chambre même, prendre une résolution exclusive généralement consentie, si le Tiers, effarouché de nos prétentions, s'y refuse avec opiniâtreté, n'est-il pas un port où nous puissions trouver le calme, la concorde & la paix ? Il existe dans un sage tempérament ? puissé-je être assez heureux pour le proposer ! Puissent les députés de la Touraine, au nom desquels je parle, rappeler dans les trois Ordres l'union & l'harmonie !

Voici, Messieurs, le projet qu'ils ont l'honneur de vous proposer par ma voix.

« Députons vers le Clergé & le Tiers-État ; proposons-leur de réunir les trois Ordres, de les diviser en bureaux composés des membres de l'assemblée, suivant la proportion établie ; que chacun soit chargé de discuter les points de constitution établis, article par article ; mais que les bureaux n'aient que le droit de rédiger, & ne soient considérés que comme des conférences ; que leurs cahiers, réduits en un seul par des commissaires nommés à cet effet, soient portés ensuite dans chaque chambre séparée ; qu'ils y passent à un tour d'opinions, pour s'assurer d'abord si la rédaction est convenable ; pour voir si elle ne blesse pas les intérêts de l'Ordre, pour la discuter & l'approfondir sous le point de vue nécessaire ; que des membres de chaque Ordre, choisis pour cet effet, se rassemblent, se rendent compte des objections ou du consentement des chambres, & viennent ensuite les rapporter à celle dont ils font partie ; qu'alors les articles rédigés par les bureaux, & consentis par l'unanimité des Ordres, soient proclamés comme le résultat de leur vœu, dans une assemblée générale.

» Si quelques points ne réunissoient pas les suffrages pris de cette manière, ils devroient être rapportés à un bureau établi à cet effet. Les commissaires seroient tenus à exposer la question sous toutes les faces, d'après les lumières qu'ils se communiqueroient mutuellement, à la présenter ainsi à leur chambre; mais la sanction particulière de l'Ordre pourroit seule ajouter ce point débattu aux articles déja avoués de la constitution.

» Je crois que la motion concernant chaque objet devroit être ainsi proposée : *Acceptez-vous cet article ? Oui ou non.* Tous ceux rejetés ainsi, seroient mis à part, & le sujet d'une discussion générale dans l'Ordre qui ne les auroit pas adoptés. Les autres seroient approuvés, & il en seroit donné aussi-tôt communication aux autres chambres, précautions peut-être nécessaires pour ne pas entretenir le préjugé d'une opposition continuelle.

» Lorsqu'après les débats inévitables dans les grandes questions, un accord universel aura rendu notre système complet, nous mettrons nos demandes sous les yeux du Roi, & secondant ses intentions paternelles, nous recueillerons avec lui les bénédictions du peuple qu'il gouverne.

» C'est ici, Messieurs, que j'ose vous montrer les heureux résultats du parti que j'ai l'honneur de vous présenter. J'ai écouté avec attention les différens avis qui nous ont partagés ; je me suis pénétré des raisons alléguées de part & d'autre ; j'ai cherché un point de ralliement aux opinions diverses, & j'ai cru le trouver. Je présenterai dans tous leurs avantages les points de vue sous lesquels ce projet est favorable ou contraire aux divers sentimens, bien convaincu, Messieurs, que je parle à des hommes dont la sagacité ne jugera point mes idées isolées, mais les verra dans leur ensemble.

» Les partisans du vote par tête me diront-ils que le point impératif de leur mission n'est point rempli ? Qu'ils réfléchissent un moment. La discussion des articles est livrée aux bureaux ; leur confection est le résultat des opinions de chaque individu balancées entr'elles ; la rédaction des cahiers est l'ouvrage d'une partie organisée comme le tout, & enfin la sanction de chaque objet proposé est l'accord de toutes les voix réunies ; n'est-ce pas là délibérer par tête ? La réclamation de chaque chambre, sur les articles où elle pourra se croire lesée, n'est-elle pas une forme usitée dans tous les temps ? N'est-elle pas pour tout un corps le droit qui appartient à chacun de nous d'exprimer & de soutenir son vœu ? Les provinces ont-elles circonscrit à leur gré la marche des États ? Ont-elles décidé qu'on ne se séparerait jamais, même pour les délibérations préparatoires.

» Je ne crois point avoir affoibli l'exposé des avantages que je donne aux défenseurs du vote individuel. Je m'adresse aux partisans du système opposé : quel peut être leur but ? N'est-il pas de garantir leur Ordre des coups qu'on voudroit lui porter ? N'est-il pas de le soustraire au torrent des suffrages trop nombreux qui pourroient se réunir contre lui ? Eh bien ! Messieurs, si sa volonté, ce que je ne puis croire, est forcée dans les bureaux à raison de la minorité, ne retrouve-t-il pas toute sa force de résistance, lorsque rassemblé, il porte des yeux attentifs sur les objets qui peuvent l'inquiéter.

» Ici, me dira-t-on peut-être, renaît l'hydre qu'on vouloit étouffer. Le *veto* arrête les plus sages résolutions, aigrit les esprits, & ranime la discorde. Votre sagesse n'aura-t-elle pas prévu ces éternels effets ? Des citoyens choisis sans doute parmi les plus modérés & les plus instruits, répandront un nouveau jour sur les questions agitées : une discussion approfondie en particulier, exposée en général, fera disparoître l'incertitude, éclairera l'obscurité, dissipera les nuages. Heureux les hommes choisis, à qui les vertus, unies aux talens, auront mérité la gloire de faire triompher la raison & la vérité!.... Mais si l'esprit de parti vient nous aveugler.... Je repousse, Messieurs, cette idée funeste que rien n'autorise. Alors sans doute tout est perdu; mais si une fois il existe, quel que soit votre plan, il saura l'éluder & anéantir vos meilleures dispositions.

» Je m'arrête encore à une réflexion. Le résultat du travail des bureaux, soumis à la révision de chaque Ordre en particulier, ne sera-t-il pas l'ouvrage de chaque membre de l'Assemblée ? La Noblesse pensera-t-elle que ses avis seront comptés pour rien? La loyauté, la franchise qui ont toujours caractérisé notre Ordre, les vues patriotiques qu'il aura adoptées, les intérêts même du Clergé ne seront-ils pas une balance contre le nombre en apparence si redoutable? Et peut-on présumer que la révision dont je parle offrira de grandes difficultés?

» Mais faut-il sans cesse parler d'Ordre & jamais de Patrie? Ne penserons-nous qu'à être en garde contre nos coopérateurs, comme si nous avions à combattre des ennemis déclarés? La vérification des pouvoirs a déjà assez éloigné les esprits. Sans doute la Noblesse engagée ne peut revenir sur ses pas. Mais adoptons, Messieurs, une marche suivie : disons aux deux autres Ordres, que notre résolution est prise de continuer à vérifier nos pouvoirs, que nous les engageons à valider, comme nous, ceux de leurs commettans, que cette opération sera le signal de la concorde, & offrons-leur pour prix d'une juste condescendance, la délibération que j'ai eu l'honneur de vous proposer. Oublions dès-lors les noms de Communes, de Noblesse, de Clergé. Réunis sous l'étendard du bien général, embrassons sous des divisions simples les grands objets qui doivent nous occuper. Les voici telles que le bailliage de Touraine les a conçues: Il croit que le seul moyen d'assurer le bonheur public, c'est, 1°. de ne point envier au pouvoir exécutif la juste puissance

qu'il

qu'il doit avoir, & de fixer en même temps ses limites; 2°. d
remédier au désordre des finances ; 3°. d'établir les rapports &
les distinctions des Ordres entr'eux ; 4°. de donner aux corps
législatifs la forme qui doit les constituer ; 5°. d'organiser les
parties de l'administration, de manière qu'elles concourent avec
le tout; 6°. de régler, d'après ces grands principes, tous les
détails essentiels qui maintiennent l'ordre dans un grand empire.

» Nous serons aisément d'accord, j'ose le penser, sur les
deux premiers articles. Le troisième & ceux qui suivent offrent
plus de difficultés. C'est ici que l'intérêt particulier se réveille ;
c'est ici que commencent les débats ; c'est ici que, pour l'avantage même du peuple, la Noblesse doit assurer son existence ;
c'est dans ce moment que son droit de voter par Ordre doit
devenir une loi fondamentale ; qu'elle est obligée d'opérer même
la scission, dans le cas d'une résistance trop opiniâtre. Alors,
Messieurs, nous reviendrons rendre compte à nos commettans
du bien que nous avons fait, & de celui que nous n'avons pu
faire. Nous laisserons à des citoyens, non plus zélés, mais plus
heureux, le soin d'achever notre ouvrage, & nous pourrons
dire au moins que la Patrie ne nous a pas confié en vain ses
intérêts.

» J'ai cru devoir, Messieurs, vous exposer avec quelques
détails les vues propres au moment, & celles qui leur sont liées
par un enchaînement nécessaire. Je vais remettre sous vos yeux
les deux chefs de mon discours, & je demande qu'ils soient
mis en délibération.

» L'un, c'est de proposer au Tiers & au Clergé de vérifier
leurs pouvoirs, comme nous l'avons fait.

» L'autre, c'est de former des bureaux où tous les membres
de l'Assemblée seront répartis : leur fonction sera de rédiger les
points proposés de la constitution ; celle des commissaires nommés ensuite, sera de rapprocher les opinions éparses, & de les

Introduction. TOME II. I

concilier. Chaque chambre les examinera avec foin & fera les obfervations qu'elle jugera à propos. Un comité particulier des trois Ordres agitera de nouveau les queftions litigieufes, & une affemblée générale fanctionnera tous les articles adoptés. Je demande, fi la première motion eft adoptée, que celle-ci lui foit jointe, & qu'elles foient en même temps communiquées aux deux autres Ordres.

» J'ai tout lieu de penfer, Meffieurs, que la première fera aggréée par le Tiers avec l'appui de la feconde. Alors je ne formerai qu'un regret, c'eft que la Nobleffe ne foit pas à la place du troifième Ordre, pour donner l'exemple de facrifier fes volontés au bien général, perfuadé que céder n'eft pas toujours foibleffe, mais fouvent patriotifme & prudence.

» Les trois Ordres fe raffembleront à la falle des États, après s'en être fait prévenir la veille par les commiffaires.

RÉSUMÉ.

» Le Préfident ou le Doyen du Clergé invitera chacun des Ordres à former 24 bureaux, compofés, autant que faire fe pourra, dans la proportion établie dans chaque Ordre.

» Chaque bureau élira fon Préfident, qui fera chargé de la police uniquement ; pour éviter toute réclamation à cet égard, les Ordres devroient accorder cette place, dans chaque bureau, au Clergé, le Préfident n'ayant que fa voix.

» Chaque bureau établira l'ordre qu'il jugera le plus convenable pour la difcuffion, fans faire préjuger aucunement la manière d'opiner dans les États-Généraux.

» Le premier bureau devra être compofé des membres les plus concilians, & de ceux qui réuniffent un bon efprit & des talens : il fera chargé de faire de nouveau la rédaction des articles qui auroient été rejetés par un des Ordres ou par plufieurs.

» Chaque Ordre se retirera dans sa chambre pour consentir à la formation des bureaux & s'en faire prévenir.

» Les listes des bureaux numérotées par première, deuxième, &c. seront envoyées à chaque chambre.

» Le premier bureau distribuera aux autres le travail dont ils auront à s'occuper.

» On commencera par les articles de la constitution ; tous les articles seront mis en forme de loi, avec la plus grande clarté.

» Le premier bureau sera également chargé de rassembler tous les articles rédigés, & d'en former un cahier unique.

» Tous les articles de ce cahier seront soumis successivement à un tour d'opinions dans chaque chambre ; & ces mêmes articles seront agités dans chacune, le même jour, pour y mettre de l'uniformité & de l'ensemble.

» Chaque chambre nommera quatre commissaires qui, pendant le tour d'opinions, recueilleront les différentes opinions.

» La délibération sera posée ainsi : *Trouvez-vous la rédaction de cet article bien faite ?*

» Le tour d'opinions étant fini, les commissaires des trois Ordres se réuniront, & se rendront compte de l'opinion générale de chaque chambre ; si elle leur paroît être telle qu'il y ait à ne pas douter que la rédaction sera approuvée, ils reviendront dans leurs chambres en rendre compte, & on ira aux voix, la question posée ainsi :

» *Approuvez-vous la rédaction ? Oui, ou non.*

» Après le tour de voix, les commissaires se rassembleront encore, & se rendront compte du résultat de chaque chambre.

» Si quelque article avoit été rejeté par une chambre, il seroit porté avec toutes les opinions au premier bureau, où il seroit corrigé, ayant égard aux opinions qui sembleroient avoir le plus influé sur sa rejection, & il seroit ensuite remis aux opinions dans la chambre qui l'auroit rejeté.

» Tous les articles, pour être acceptés, suivroient la même marche que l'on vient d'indiquer pour approuver la rédaction, & la proposition seroit posée ainsi :

» *Acceptez-vous cet article ? Oui ou non.*

» Un tour d'opinions ; un tour de voix :

» Et toujours la réunion des commissaires pour se communiquer l'opinion & le résultat.

» Tous les articles acceptés, les Ordres se rassemblent dans la salle des États-Généraux ; le secrétaire de chaque Ordre lit tous les articles, & finit par dire de la part du Président : tous ces articles sont acceptés.

» Alors les trois Ordres ensemble & par acclamation disent : *Accepté*. Le cahier est remis au Roi pour recevoir sa sanction sur les différens articles.

» Il se trouve que tout ce qui compose les États a contribué à tous les articles & y a exprimé son vœu.

» Les demandes d'un Ordre à un autre seront mises aux opinions particulières de l'Ordre qu'elles regarderont uniquement. Il en sera usé de même de toutes les questions qui n'auront trait qu'à un Ordre.

» Le premier bureau sera chargé de faire cette différence ».

Signé, le Marquis DE LANCOSME, le Baron D'HARAMBURE, le Baron DE MENOU, & le Duc DE LUYNES.

N°. 2. Les députés soussignés des bailliages de la province de Touraine, fidèles à leur protestation en date du 12 de ce mois, déclarent qu'ils ne peuvent adhérer à la délibération actuelle, ni à aucune autre importante qui seroit prise par la chambre de la Noblesse, avant la vérification des pouvoirs des députés ici présens, à moins que cette délibération ne tendît à procurer des moyens de conciliation réelle ; déclarent en outre que la motion proposée par M. le marquis de Bouthillier leur paroît entièrement opposée au desir manifesté par la lettre du Roi, d'établir l'harmonie entre tous les Ordres du royaume : ils demandent acte de leur protestation. Versailles, dans la chambre de la Noblesse, ce 28 mai 1789. *Signé*, le baron D'HARAMBURE, le duc DE LUYNES, le marquis DE LANCOSME, le baron DE MENOU, députés de Touraine. J'adhère à la susdite protestation. *Signé*, le marquis DE LA COSTE, député du comté de Charollois. J'adhère à la protestation ci-dessus, & de plus j'énonce formellement le vœu de délibérer par tête, les trois Ordres réunis. *Signé*, le comte DE CASTELLANE, député de la Noblesse du bailliage de Chateauneuf en Thimerais. Adhérant par les motifs ci-dessus, au surplus entièrement de l'opinion par Ordre. *Signé*, le comte DE LA TOUCHE. J'énonce formellement le vœu de délibérer par Ordre, & j'adhère à la protestation ci-dessus. *Signé*, le comte DE PUISAYE, député de la Noblesse de la province du Perche. J'adhère à la protestation. *Signé*, le marquis DE LA TOUR-MAUBOURG, député de la sénéchaussée du Puy-en-Velay. J'adhère à la protestation. *Signé*, le marquis DE BIENCOURT.

N°. 3. Je demande à la chambre, avec le respect profond que je lui porte, qu'elle veuille bien me donner acte du refus formel que je fais d'adhérer à la proposition de M. de Bouthillier, comme contraire à mon mandat.

J'adhère d'ailleurs à la protestation de Messieurs les députés de Touraine. Versailles, 28 mai 1789. *Signé*, le marquis DE LA COSTE, député du comté de Charollois.

N°. 4. Nous soussignés, députés de la Noblesse des bailliages de Monfort-l'Amaury & de Dreux, déclarons que notre premier devoir, notre premier desir est de chercher tous les moyens de conciliation ; que nous ne les croyons pas tous épuisés ; que dans un moment où de nouvelles conférences vont commencer, où le Roi les defire, où le Clergé furfeoit à toute délibération jufqu'après leur réfultat, il nous eft impoffible d'adhérer à un arrêté qui, directement contraire au vœu configné dans notre mandat, nous femble éloigner toute efpérance de concorde, & faire craindre la fciffion abfolue des États-Généraux; déclarons en outre perfifter dans notre précédente proteftation du 12 mai contre la non-vérification des députés ici préfens, & demandons acte de notre proteftation & déclaration. *Signé*, le comte DE MONTMORENCY, le chevalier DE MAULETTE. Verfailles, le 28 mai 1789.

N°. 5. En n'ayant point pris de voix dans la délibération préfente, quoique mes mandats & mon opinion foient formels pour l'opinion par Ordre, j'ai prétendu ne pas vouloir, par mon adhéfion à l'arrêté, donner un moyen de plus à la probabilité de la communication de l'arrêté, que je crois dans ce moment du plus grand danger, & qui pourroit porter obftacle aux vues de conciliation dont Sa Majefté a fait connoître l'intention.

Signé, le duc DE LIANCOURT. Verfailles, le 28 mai 1789.

N°. 6. Meffieurs les députés de la Nobleffe de Marfeille déclarent que, pour être fidèles à leur mandat, ils ont voté pour l'opinion par tête, & ont prié la chambre de leur en concéder acte. Verfailles, le 28 mai 1789. *Signé*, CIPIÈRES, SINETY.

N°. 7. Le député de la fénéchauffée du Puy-en-Velay prend la refpectueufe liberté de demander acte à la chambre de la Nobleffe, du refus formel qu'il a fait d'adhérer à la motion de M. le marquis de Bouthillier, motion qu'il trouve, dans fa confcience, contraire aux moyens de conciliation propofés par le Roi, & defirés par tous les Ordres. Ce 28 mai 1789. *Signé*, le marquis DE LA TOUR-MAUBOURG.

N°. 8. Je protefte contre l'arrêté conçu & formé définitivement dans la chambre, fur l'opinion par Ordre ou par tête, comme étant pris au préjudice du droit de voter fur un objet fi important, qui appartient aux députés de Paris & de plufieurs provinces, lefquels demandent à exprimer leur vœu & à en développer les motifs. Je le regarde auffi comme contraire à l'arrêté de la chambre elle-même, qui a donné fes pouvoirs à des commiffaires conciliateurs, pouvoirs dont le Roi vient d'engager la chambre à renouveller l'exercice, par la lettre la plus touchante, dictée par fon amour pour fon peuple & pour la tranquillité publique. A Verfailles, ce 28 mai 1789. *Signé*, L. P. J. D'ORLÉANS, le comte Charles DE LAMETH, & le comte DE CROIX.

N°. 9. Les députés de l'Ordre de la Nobleffe de la Sénéchauffée d'Aix en Provence, déclarent qu'étant chargés par leurs inftructions de faire tous leurs efforts pour faire prévaloir l'opinion par tête, ils ne peuvent adhérer à la motion propofée par un de Meffieurs, & ils s'y oppofent de tout leur pouvoir. A Verfailles, le 28 Mai 1789. *Signé*, D'ANDRÉ, le chevalier DE CLAPIERS.

N°. 10. Attaché par ma qualité de Gentilhomme François, par mes principes perfonnels & par le mandat de mes commettans, aux principes conftitutionnels de la Monarchie, qui repofent fur le maintien de trois Ordres diftincts & féparés, dont aucun ne peut être lié par les deux autres, je déclare que j'ai le plus vif regret d'avoir été privé, par caufe de maladie, du bonheur de donner ma voix dans la délibération ferme & honorable qui a dicté l'arrêté de l'Ordre de la Nobleffe de ce jour,

& que j'y adhère en tous points. Le compte que je dois de ma conduite à la Noblesse qui m'a fait l'honneur de me députer aux États-Généraux, me met dans le cas de demander que la chambre veuille bien me permettre de joindre cet acte d'adhésion à son décret de ce jour. A Versailles, le 28 mai 1789. *Signé*, le vicomte DE MIRABEAU, l'un des députés de la Noblesse du haut Limousin.

N°. 11. Je déclare que je suis dans la plus ferme opinion que c'est bien moins pour maintenir que pour établir une constitution, que nous sommes tous appelés ; & comme le *veto* me paroît essentiellement contraire à la liberté d'action nécessaire pour créer un ordre de choses qui amène la prospérité nationale, & pour abolir les abus de tout genre sous lesquels la Nation gémit depuis tant de siècles ; je demande acte que je me suis opposé, autant qu'il étoit en moi, à la sanction du *veto* pour la tenue actuelle des États-Généraux, que je regarde comme régénérateurs bien plus que comme conservateurs.

Mon mandat, conforme à ma raison & au sentiment de ma conscience, me prescrit de demander que lorsque les Ordres différent d'opinion sur une question quelconque, les Ordres doivent se réunir & opiner par tête.

Je supplie la chambre de permettre que ma déclaration soit annexée au procès-verbal, pour que je puisse en faire part aux Gentilshommes que j'ai l'honneur de représenter. Fait dans la chambre de la Noblesse aux États-Généraux, à Versailles, le 28 mai 1789. *Signé*, le comte DE CRILLON.

N°. 12. La constitution de la Ville & Pays-État d'Arles étant composée de Noblesse & de Bourgeoisie, & absolument distincte de celle de la province de Provence dont le pays d'Arles est terre adjacente.

Les Gentilshommes du pays d'Arles ont élu, conjointement avec l'Ordre du Tiers, les députés respectifs des deux Ordres, conformément à l'Arrêt du Conseil d'État du Roi, portant règlement particulier pour la Ville & Pays d'Arles, & conformément à ce qui fut pratiqué en 1614.

Les deux Ordres réunis n'ont pu qu'exprimer le vœu qu'on opinât par tête aux États-Généraux, en se ressouvenant que cet ordre de choses n'apporte aucun inconvénient à leurs délibérations ordinaires ; d'autant que leur sage constitution a prévu & paré les difficultés qui pourroient s'élever entre les Ordres.

Mais en même temps mes commettans m'ont laissé la liberté de me conformer à ce qui sera pratiqué en ces États-Généraux.

Je suis persuadé qu'on ne négligera aucune des voies de conciliation avec les deux autres Ordres ; le Roi nous y invite.

La première sera d'adoucir les expressions de la motion de M. le marquis de Bouthillier, &c. Et un autre moyen pour obtenir encore plus de succès de nos dispositions conciliatrices, est de prendre en considération le mémoire de M. le baron d'Harambure. Fait à la chambre & laissé sur le bureau, le 28 mai 1789. *Signé*, le marquis DE GUILHEM CLERMONT-LODÈVE.

Nº. 13. Lié par mon mandat à l'opinion par Ordre, je le suis aussi à prendre toutes les mesures possibles pour assurer la constitution demandée par mes commettans, pour témoigner au Roi le plus grand respect & pour adopter tout ce qui peut conduire à l'union entre les Ordres, sans laquelle il ne peut y avoir de bonheur solide, ni de félicité constante. Je déclare donc que, fidèle à la volonté de mes commettans, j'adopte l'opinion par Ordre ; mais je proteste, premièrement, contre le moment qu'on a choisi pour délibérer sur l'opinion par Ordre, parce qu'il me paroît opposer à une démarche prise avec trop de rapidité, une démarche elle-même trop rapide.

Secondement, en ce que le Roi se présentant au milieu des commissaires conciliateurs, pour y porter l'accord & l'union que doit desirer le père de la patrie, toute délibération, dès ce moment, auroit dû être suspendue, par respect & même par reconnoissance.

Troisièmement, contre la forme de l'arrêté qui ne doit exprimer que le vœu de la pluralité de la chambre, sans contenir les motifs de sa délibération, motifs qui peuvent tendre à produire l'éloignement entre les Ordres, quand leur union seroit si desirable.

Quatrièmement, & enfin sur ce qu'il n'a pas été statué sur la demande des représentans de la capitale du royaume, arrivant avec le procès-verbal de leur assemblée, qui leur avoit été demandé avant de procéder à aucun autre objet.

Je dépose ma protestation sur le bureau, & j'en demande acte. Le 28 mai 1789. *Signé*, Alexandre DE LAMETH, député de Péronne.

N°. 14. Lié par mon mandat à l'opinion par Ordre, je le suis aussi à prendre toutes les mesures possibles pour assurer la constitution demandée par mes commettans, pour témoigner au Roi le plus grand respect & pour adopter tout ce qui peut conduire à l'union entre les Ordres, sans laquelle il ne peut y avoir de bonheur solide, ni de félicité constante.

Je déclare donc que, fidèle à la volonté de mes commettans, j'adopte l'opinion par Ordre, & que j'en regarde le principe comme préservateur de l'intrigue, & mettant en quelque sorte la sagesse de chaque Ordre sous la sauve-garde des deux autres.

Mais je proteste, premièrement, contre le moment que l'on a choisi pour délibérer sur l'opinion par Ordre, parce qu'il me paroît opposer à une démarche prise avec trop de rapidité, une démarche elle-même trop rapide.

Secondement, en ce que le Roi se présentant au milieu des commissaires conciliateurs, pour y porter l'accord & l'union que doit désirer le père de la patrie, toute délibération, dès ce moment, auroit dû être suspendue par respect & même par reconnoissance.

Troisièmement, contre la forme de l'arrêté qui ne doit exprimer que le vœu de la pluralité de la chambre, sans contenir les motifs de sa délibération, motifs qui peuvent tendre à produire l'éloignement entre les Ordres, quand leur union seroit si désirable.

Quatrièmement, & enfin sur ce qu'il n'a pas été statué sur la demande des représentans de la capitale du royaume, arrivant avec le procès-verbal de leur nomination, qui leur avoit été demandé avant de procéder à aucun autre objet.

Je dépose ma protestation sur le bureau, & j'en demande acte. A Versailles, le 28 mai 1789. *Signé*, NOAILLES, député de Nemours.

N°. 15. Les députés de la sénéchaussée de Beaucaire & Nismes, fidèles à leur mandat & à leur serment, ne peuvent pas adhérer à la motion suivante : ils protestent contre, & demandent acte de cette déclaration pour constater, d'une manière plus authentique, l'impossibilité où ils sont d'adhérer à une délibération aussi contraire au vœu de leurs commettans.

« L'Ordre de la Noblesse considérant que, dans le moment
» actuel, il est de son devoir de se rallier à la constitution, &
» de donner l'exemple de la fermeté, comme il a donné la
» preuve du désintéressement, déclare que la délibération par
» Ordre, & la faculté d'empêcher qui appartient divisément à
» chacun d'eux, sont constitutives de la monarchie, & qu'il
» professera constamment ces principes, conservateurs du trône
» & de la liberté ».

Ils obfervent en outre que la chambre eft incomplette, par le manque de voix des députés de Paris, du Dauphiné & autres ; que l'objet de la motion mife en délibération, intéreffant tout le royaume, la difcuffion en étoit prématurée & pouvoit nuire aux voies de conciliation adoptées par la chambre, & fi analogues aux fentimens paternels que Sa Majefté vient de manifefter dans une des occafions peut-être la plus importante de fon règne. Réitérant en outre leur motion propofée le 14 mai, pour qu'il foit tenu un regiftre imprimé, dans lequel on couchera les motions agréées ou rejetées, avec l'avis de chaque membre favorable ou contraire, & fur laquelle il a été renvoyé de délibérer jufqu'après la vérification de tous les pouvoirs ; & ont figné, tant pour eux que pour M. le baron d'Aigailiers, abfent à caufe de la mort de M. fon père. A Verfailles, le 28 mai 1789. *Signé*, le marquis DE FOURNÈS, LA LINIÈRE, le baron DE MARGUERITTE.

DIX-SEPTIEME SÉANCE.

Vendredi 29 Mai 1789.

LE vendredi vingt-neuf mai mil fept cent quatre-vingt-neuf, l'affemblée de Meffieurs les députés de l'Ordre de la Nobleffe aux États-Généraux étant formée, il a été donné lecture du procès-verbal de la féance du jour d'hier.

Enfuite M. le Préfident a annoncé que la chambre pouvant être autorifée à envoyer au Roi la députation qu'elle avoit demandée hier, il foumettoit à l'examen de Meffieurs le difcours qu'il fe propofoit d'adreffer à Sa Majefté, lequel a été agréé, après la lecture qu'il en a faite. Il a nommé les vingt-quatre membres qui doivent former la députation. Sur quoi un de Messieurs a observé qu'il importoit essentiellement que l'on suivît désormais l'usage constamment observé dans les anciens États-Généraux, pour la nomination des membres qui doivent former les différentes députations de la chambre ; qu'en conséquence ces membres fussent pris alternativement, & à tour de rôle, dans chaque gouvernement, & qu'il fût tenu note exacte de ceux qui ont déja été nommés, depuis l'ouverture des séances.

Un de Messieurs a proposé la motion suivante :

« La chambre de la Noblesse enverra-t-elle à l'Ordre du
» Clergé une députation pour lui porter l'arrêté qu'elle a pris
» hier » ?

On discutoit cette motion, lorsqu'un des huissiers de la chambre est venu avertir que M. le marquis de Brezé, grand-maître des cérémonies, se présentoit de la part du Roi. M. le Président a nommé six de Messieurs pour aller le recevoir. A son entrée, il a salué Messieurs, qui se sont levés & découverts. M. le marquis de Brezé, ayant pris séance à la droite de M. le Président, s'est assis & couvert, ainsi que tous Messieurs, & a dit que le Roi recevroit la députation de l'Ordre de la Noblesse à midi & demi ; que si MM. les députés vouloient se rendre, à midi & un quart, dans la salle des Ambassadeurs, ils trouveroient cette salle prête à les recevoir. Il s'est retiré, & a été accompagné de la même manière dont il avoit été reçu.

On a continué la discussion sur la motion proposée.

A midi & demi, M. le Président & Messieurs nommés pour la députation sont sortis pour aller remplir la mission dont ils étoient chargés. La chambre a suspendu la séance, pendant leur absence.

A leur retour, M. le Président a rendu compte de tout ce

qui s'étoit passé dans la députation, dont le détail se trouve dans le procès-verbal inféré dans son entier ci-après.

On a repris la discussion commencée; & on a été aux opinions sur cette question:

« La chambre de la Noblesse enverra-t-elle à l'Ordre du Clergé
» une députation pour lui porter l'arrêté qu'elle a pris hier » ?

Le tour des opinions fini, on a été aux voix sur la même question, *par oui ou par non*. Il a été décidé, à la majorité de cent soixante & une voix, contre trente-huit partagées, que l'Ordre de la Noblesse enverra à celui du Clergé l'arrêté qu'il a pris dans sa séance du jour d'hier. Quelques-uns de Messieurs, liés par les mandats particuliers de leurs bailliages, ont fait des réserves & protestations sur cet arrêté, & ont prié la chambre de leur en accorder acte. La chambre a autorisé les Secrétaires à délivrer acte de ces protestations, dont la minute restera annexée au procès-verbal de ses séances. (*Voyez les numéros* 1 *& 2 des pièces annexées à la suite de la présente séance.*)

Procès-verbal de la députation envoyée au Roi le 29 mai.

Les députés nommés par l'Ordre de la Noblesse, précédés d'un des huissiers de la chambre, se sont rendus, en habit de cérémonie, à midi & demi, dans la salle des Ambassadeurs, où ils se sont assis, selon l'ordre de leurs bailliages, ainsi qu'il suit :

M. le comte de Montboissier, Président.

MESSIEURS,

le comte de Rochechouart.
le marquis de Mirepoix.
le président d'Ormesson.
le comte de Montrevel.

le marquis de la Rouzière.
le marquis de Loras.
le baron de Montboissier.
le duc d'Havré.

DE LA NOBLESSE.

MESSIEURS,

le marquis de Cayron.
le président le Berthon.
le comte d'Escars.
le marquis de Badens.
le duc de Luxembourg.
le comte de Douzon.
le marquis d'Ambly.
le marquis de Langeac.

le comte de Crecy.
le duc de Villequier.
le duc de Liancourt.
le marquis de Saint-Simon.
le comte d'Egmont.
le baron de Flachflanden.
le duc de Croy.
le duc du Châtelet.

Peu après, on a ouvert les deux battans. Le grand-maître, le maître & l'aide des cérémonies sont entrés & ont annoncé que le Roi attendoit la députation.

On s'est mis en marche, le Président à la tête, le grand-maître des cérémonies marchant à sa droite, le maître des cérémonies à gauche, l'aide des cérémonies marchant en avant, l'huissier de la chambre marchant devant eux; tous Messieurs les députés, en marchant deux à deux, suivoient l'ordre ci-dessus.

Arrivés à la porte de la chambre du Roi, dont un seul battant étoit ouvert, le grand-maître des cérémonies a été dans le cabinet prendre les ordres de Sa Majesté, qui en est sortie sur-le-champ, & est venue s'asseoir dans un fauteuil placé devant la cheminée.

A la droite du Roi étoit M. le Garde-des-Sceaux; derrière son fauteuil, M. le duc de Richelieu, son capitaine des gardes, & M. le maréchal de Duras, gentilhomme de la chambre; & à sa gauche, MM. de la Luzerne, de Villedeuil & de Puységur, Secrétaires d'Etat, & M. le duc de Nivernois, Ministre.

Messieurs les députés ayant été admis aussitôt dans la chambre du Roi, & ayant salué profondément le Roi, qui étoit découvert

& s'est couvert ensuite, M. le comte de Montboissier portant la parole a dit :

« SIRE,

» L'Ordre de la Noblesse, pénétré de la plus vive reconnois-
» sance des sentimens vraiment paternels que Votre Majesté a
» daigné lui témoigner, vient avec transport l'assurer de son res-
» pectueux empressement à concourir aux vues de conciliation
» dont Votre Majesté a bien voulu manifester le desir.

» En conséquence, les commissaires conciliateurs vont reprendre
» leurs conférences, & en ont déja reçu l'ordre de la chambre.
» Elle nous a donné l'honorable mission de porter au pied du
» trône l'hommage de cet antique respect, de cet entier dé-
» vouement que la Noblesse françoise doit à son Roi, & celui
» du profond & inaltérable attachement que nous aimons à vouer
» publiquement aux vertus personnelles de Votre Majesté. »

Sa Majesté a répondu :
« Je recevrai toujours avec bonté les témoignages de respect
» & de reconnoissance de la Noblesse de mon Royaume. J'attends
» de son attachement & de son zèle, qu'elle saisira avec em-
» pressement tous les moyens propres à assurer une conciliation
» que je desire. C'est en maintenant l'harmonie, que les États-
» Généraux peuvent acquérir l'activité nécessaire pour opérer le
» bonheur général. »

M. le Garde-des-Sceaux a remis à M. le Président la réponse du Roi par écrit ; & à l'instant les députés se sont retirés & sont retournés, avec le même cérémonial, à la salle des Ambassadeurs, où les grand-maître, maître & aide des cérémonies sont restés jusqu'à ce que Messieurs les députés se fussent tous retirés pour aller rendre compte de la députation à l'Ordre de la Noblesse.

La

La chambre a levé sa séance à quatre heures de relevée, & s'est ajournée à demain, neuf heures du matin.

Signé, MONTBOISSIER, *Président*, & LE CARPENTIER DE CHAILLOUÉ, *Secrétaire*.

PIÈCES annexées à la dix-septième Séance.

N°. 1. Nous, députés de la Noblesse de la sénéchaussée de l'Agénois, convaincus que la démarche d'envoyer sur-le-champ au Clergé, pour lui faire part de l'arrêté pris hier par la chambre de la Noblesse, est propre à empêcher toute conciliation entre les Ordres :

Obligés par le desir de nos commettans, par leur volonté expresse, de tendre, par tous les moyens possibles, à faire régner la paix & la concorde dans les États-Généraux :

Animés de l'envie de satisfaire un vœu aussi cher à notre cœur, vœu que le Roi vient de témoigner d'une manière bien touchante & bien propre à produire cette union si desirée des bons citoyens :

Nous déclarons avec respect à la chambre qu'il nous est impossible d'adhérer à l'arrêté qui lui est proposé ; & nous la supplions de nous donner acte du refus formel que nous nous trouvons forcés de prononcer en ce moment. Fait à Versailles, le 29 mai 1789. *Signé*, le duc D'AIGUILLON, premier député de la Noblesse de l'Agénois ; BOURRAN, second député ; & FUMEL-MONSÉGUR.

N°. 2. Le comte de Dortan, député du bailliage de Dôle en Franche-Comté, a déclaré à la chambre, lorsqu'il a été question de la vérification des pouvoirs, qu'il avoit ordre de demander qu'elle fût faite en commun : il en a demandé acte, & a négligé de le faire expédier dans le moment.

A la séance du vendredi 29 mai, il a déclaré qu'il avoit ordre de voter pour la délibération par Ordre, mais que des circonstances, peut-être très-prochaines, pourroient peut-être le forcer à voter pour la délibération par tête : il a demandé acte à la chambre de la réserve qu'il faisoit, & en même temps que l'acte précédent lui fût accordé. A la chambre de la Noblesse, à Versailles, le 29 mai 1789. *Signé*, le comte DE DORTAN.

DIX-HUITIÈME SÉANCE.

Samedi 30 Mai 1789.

LE samedi trente mai mil sept cent quatre-vingt-neuf, l'Assemblée de Messieurs les députés par l'Ordre de la Noblesse aux États-Généraux, étant formée, M. le Président a nommé MM. le marquis de Bouthillier, le marquis de la Queuille, le comte de Trie, le marquis de Montcalm, le comte d'Hodicq, le comte de Culant & de Bousmard, pour aller en députation porter à l'Ordre du Clergé les deux arrêtés pris par la chambre dans les deux dernières séances.

Il a été donné lecture du procès-verbal de la séance du jour d'hier.

Messieurs les députés envoyés à l'Ordre du Clergé ont rendu compte qu'ayant été reçus suivant le cérémonial usité en 1614, ils avoient exposé le sujet de leur mission, & laissé sur le bureau les deux arrêtés dont ils étoient porteurs.

Il a été agité ensuite différentes motions sur les déclarations, réserves & protestations que plusieurs de Messieurs ont déjà faites ou pourroient faire contre les arrêtés de la chambre, vû la différence des mandats qui leur ont été donnés par leurs bailliages, & sur les actes qu'ils peuvent en demander à la chambre. Il a été proposé à ce sujet d'arrêter :

Que toutes les fois qu'un des membres de la chambre, en donnant un avis contraire à la majorité, en demandera acte pur & simple, il ne pourra lui être refusé ; mais que lorsqu'il demandera à remettre sur le bureau une protestation, pour cette protestation être annexée au procès-verbal, ladite protestation ne pourra être admise que du consentement de la chambre, & après y avoir délibéré sur le fond & sur la forme.

Il a été décidé qu'il seroit sursis à prononcer sur ces différentes motions & sur cette dernière proposition, jusqu'après l'admission du réglement qui doit être fait pour la police intérieure de la chambre.

Messieurs les commissaires conciliateurs ont ensuite fait le rapport de ce qui s'est passé hier dans la conférence des commissaires respectifs des trois Ordres, tenue chez M. le Garde-des Sceaux, & ont dit :

« MESSIEURS,

» D'après votre autorisation, nous nous sommes rendus hier, à six heures du soir, chez M. le Garde-des-Sceaux pour y reprendre les conférences, conformément au desir du Roi : nous y avons trouvé les huit commissaires déja nommés par MM. les membres du Clergé, ainsi que tous les Ministres, les secrétaires d'État & commissaires du conseil du Roi nommés par lui pour y assister. Après avoir attendu jusqu'à sept heures les commissaires du Tiers-État, M. le Garde-des-Sceaux ayant été informé que la délibération de cette chambre, pour savoir si leurs commissaires se rendroient à cette conférence, n'étoit pas achevée,

& que l'appel des voix même ne faisoit que commencer, ce qui pourroit être encore très-long, nous a invités à prendre séance, ce que nous avons fait; & après s'être placé au bureau, au fond de la salle, il nous a annoncé que l'absence des commissaires du Tiers-État & l'incertitude de la durée de leur délibération, ne nous permettoient pas d'entrer en discussion & de continuer plus long-temps la séance; & en conséquence il nous a invités, ainsi que Messieurs du Clergé, à remettre la conférence à aujourd'hui, six heures du soir: ce que nous avons accepté en nous retirant ».

Messieurs les commissaires nommés pour la rédaction du réglement de police ont pris le bureau; & un d'eux a commencé par donner lecture entière & sans interruption, du réglement tel qu'ils le proposent. Il a ensuite repris la lecture de chaque article en particulier, pour le soumettre plus aisément à l'examen & à la discussion de la chambre. Les sept premiers articles ont été adoptés avec quelques changemens qui ont été jugés nécessaires. On a remis l'examen & la discussion de la suite de ce projet de réglement, à la première séance.

La chambre a levé sa séance à trois heures de relevée, & s'est ajournée à mercredi prochain 3 Juin, à dix heures précises du matin.

Signé, MONTBOISSIER, *Président*, & LE CARPENTIER DE CHAILLOUÉ, *Secrétaire*.

DIX-NEUVIÈME SÉANCE.

Mercredi 3 Juin 1789.

LE mercredi trois juin mil sept cent quatre-vingt-neuf, l'assemblée de Messieurs les députés de l'Ordre de la Noblesse aux États-Généraux étant formée, il a été donné lecture du procès-verbal de la dernière séance.

Un de Messieurs a observé que la chambre avoit arrêté de faire imprimer chaque semaine les procès-verbaux de ses séances en intégrité ; qu'elle avoit pensé qu'il seroit à propos de nommer quatre commissaires pour revoir les différens procès-verbaux faits jusqu'à ce jour, ainsi que ceux qui pourront être faits jusqu'au moment où elle aura nommé les officiers qu'elle jugera devoir établir pour le réglement de police dont le projet a déja été mis sous ses yeux ; qu'il devient chaque jour plus instant de procurer cette impression des procès-verbaux des séances de la chambre, & conséquemment de procéder, par la voie du scrutin, à la nomination des commissaires ci-dessus indiqués.

Sur cette observation, M. le Président a proposé à la chambre d'expliquer, par la voie d'assis ou levé, s'il lui convenoit, oui ou non, d'accepter la proposition qui venoit d'être faite, en observant que ceux de Messieurs qui seroient pour l'affirmative resteroient assis, & que ceux qui se leveroient, seroient pour la négative. Personne ne s'étant levé, il est arrêté que l'on s'occupera sans délai de la nomination desdits commissaires.

Messieurs les commissaires conciliateurs ont ensuite rendu compte du résultat de la conférence tenue samedi dernier chez M. le Garde-des-Sceaux, en présence des Ministres du Roi, entr'eux & les commissaires des autres Ordres, ainsi qu'il suit :

« MESSIEURS,

» Nous nous sommes assemblés samedi au soir chez M. le Garde-des-Sceaux. Tous les ministres & les commissaires du conseil nommés pour la rédaction des règlemens de convocation s'y sont trouvés. Les personnes du Tiers-État, chargées de conférer avec nous, s'y sont rendues aussi.

» M. le Garde-des-Sceaux a ouvert la séance, en nous répétant les intentions paternelles de Sa Majesté, à peu-près dans les mêmes termes contenus dans la lettre adressée par le Roi à M. le Président, & nous a assuré que les commissaires du conseil, loin de vouloir gêner les discussions, n'étoient présens que pour les connoître & chercher à éclairer Sa Majesté par le rapport qu'ils étoient chargés de lui en faire.

» Un membre du Clergé a pris la parole, & a dit que son Ordre n'avoit encore formé aucun vœu, mais qu'il prendroit le parti qui lui seroit tracé par les deux autres Ordres.

» Après ces premiers propos préliminaires, un de nous, Messieurs, a lu un discours pour établir par les faits la légalité de la marche que nous avons suivie, & les principes que vous avez pensé devoir consacrer par vos arrêtés. M. le comte d'Antraigues va avoir l'honneur de le mettre sous vos yeux.

» Après cette lecture, un membre du Tiers-État nous a fait part de l'arrêté par lequel sa chambre enjoint à ses commissaires de faire rédiger un procès-verbal de tous les dires respectifs, lequel, signé par tous les commissaires des trois Ordres, pût être un sûr garant de leur authenticité ; & en conséquence il a demandé que chaque commissaire qui parleroit fût tenu de mettre par écrit le résumé de son discours, & de le donner signé pour être inséré dans ce procès-verbal.

» Quelque satisfaction que nous puissions avoir intérieurement d'une précaution qui nous garantissoit de tout rapport infidèle, après l'avoir même manifestée aux commissaires du conseil, nous n'avons pas cru devoir y consentir. Vous ne nous aviez pas autorisés à cette signature, & notre devoir de nous renfermer strictement dans les limites des pouvoirs que vous nous avez confiés, a été notre excuse & le motif donné à nos refus.

» Après bien des discussions de part & d'autre, pour savoir si ce procès-verbal contiendroit tous les dires respectifs, ou simplement leurs résultats ; après avoir cherché, les uns à prouver qu'il falloit que tout y fût rapporté, les autres qu'il étoit impossible d'y inférer tout ce qui feroit dit *ab abrupto* ; après avoir comparé la forme dans laquelle il faudroit le rédiger, avec celle employée dans le procès-verbal des conférences tenues pour la rédaction de l'Ordonnance criminelle de 1670 ; après avoir démontré que cette forme, résultat d'un travail préparatoire, ne pouvoit pas avoir lieu dans une conférence non préparée ; après d'autres dires refpectifs, peu intéreffans à vous rapporter, defirant montrer la franchife de notre conduite, qui ne nous faifoit pas craindre de procès-verbal authentique, nous avons propofé de faire la lecture des deux rapports que nous avons eu l'honneur de vous faire de nos premières conférences, en demandant en même temps la réciprocité de la part des commiffaires du Tiers-État ; mais cette propofition n'a pas été acceptée par eux, non plus qu'une autre que nous leur avions faite dans le cours des difcuffions.

» Nous leur avions propofé en effet, Meffieurs, pour éviter les embarras d'un procès-verbal, de traiter cette affaire par écrit, en dreffant un mémoire à l'appui de leurs prétentions, & nous nous étions engagés à y répondre dans le plus court délai ; mais cette propofition rejetée par eux, & répétée plufieurs fois par nous, n'avoit jamais conduit qu'à de nouvelles difcuffions fur ce procès-verbal, fi defiré par eux : enfin, malgré l'annonce faite par Meffieurs du Tiers-État du mandat rigoureux de leurs commettans, qui leur prefcrivoit que ce procès-verbal fût figné par tous les commiffaires des trois Ordres, nous avons perfifté à nous y refufer, en difant que l'arrêté de leur chambre pouvoit les lier, mais qu'il ne pouvoit pas faire loi pour le Clergé & pour la Nobleffe : mais pour faire ceffer toutes ces inutiles difcuffions, déja beaucoup trop longues, nous avons cru devoir enfin céder à la propofition de confentir à la rédaction de ce procès-verbal, en exigeant cependant qu'avant d'être conftaté par la signature authentique des commissaires du Tiers-État, & par celle d'un secrétaire commis à cet effet, il seroit relu au commencement de la séance suivante pour y être rectifié, s'il y avoit lieu, d'après les dires respectifs de ceux des autres Ordres qui pourroient y remarquer quelques inexactitudes.

» Nous aurons l'honneur de mettre sous vos yeux, à la fin de ce rapport, l'espèce d'arrêté qui a été rédigé en conséquence, afin de vous prier de nous tracer la marche que nous aurons à suivre.

» Après un temps trop long sans doute employé à ces vaines disputes de forme, nous avons commencé la discussion sur la question de la vérification des pouvoirs. Le mémoire d'un de nous, lu au commencement de la séance, a servi de base aux contradictions de Messieurs du Tiers-État. La simple lecture des extraits des procès-verbaux mêmes des différens États-Généraux tenus depuis 1560, & des divers manuscrits authentiques qui en traitent, a été notre unique réponse, & a servi à prouver que jamais les chambres réunies n'avoient vérifié les pouvoirs, qu'ils l'avoient toujours été par les chambres séparées, ou par le Conseil du Roi, mais avant l'ouverture des séances ; & cela nous a menés à gémir de ce que le Ministère, en s'écartant des anciennes formes, & en faisant ouvrir les séances par le Roi avant les vérifications, avoit occasioné par son erreur toutes ces difficultés.

» Après avoir ainsi examiné les différens États-Généraux tenus depuis 1560, Messieurs du Tiers-État ont voulu remonter à ceux de 1483, & conclure du travail commun, établi dans ces États, par le partage qui en fut fait en six nations composées de députés de tous les Ordres, que les vérifications avoient dû s'en faire en commun. Nous leur avons répondu, que l'expression *dû se faire*, ne prouvoit pas que cela eût été ; & que d'ailleurs ce travail commun ne signifioit rien dans la position actuelle, puisqu'indépendamment de l'incertitude sur la manière dont les voix y avoient été comptées, il étoit annoncé dans les pièces authentiques restant de cette Assemblée, que l'urgence des affaires avoit occasionné cette nouveauté, & que d'ailleurs on avoit arrangé la répartition des députés, de manière qu'il n'y en eût pas plus d'un Ordre que d'un autre, précaution sans doute nécessaire pour conserver l'indépendance fondamentale des Ordres ; & qu'ainsi, en admettant même que la forme des opinions & des vérifications eût été telle qu'ils le présumoient, il en résultoit que la double représentation qui leur avoit été accordée détruisoit toutes les inductions qu'ils pourroient vouloir en tirer. La lecture du texte même de l'orateur Masselin a appuyé cette assertion avancée par nous.

» Enfin, pour leur prouver que cette réunion des Ordres, supposé encore qu'elle eût été telle qu'ils cherchoient à le faire croire, n'étoit pas l'état habituel alors des États-Généraux, nous leur avons cité la réponse du Roi à l'assemblée des Notables, en 1527, par laquelle, consulté sur la manière dont cette assemblée devoit opiner, il leur dit que l'usage ancien des États-Généraux étoit d'opiner par Ordres séparés, & que c'étoit la forme qu'ils devoient préférer, &c.

» Toutes ces dissertations historiques leur ont fourni plusieurs fois quelques occasions de développer des principes nouveaux & non encore consacrés par les loix.

» M. le Directeur-général même, en qualité de Ministre du Roi, s'est cru obligé d'en relever un qu'il trouvoit attentatoire à l'autorité royale, & qu'il a déclaré ne pouvoir adopter.

» Enfin, en terminant cette conférence, nous avons cru, pour résumer ce qui avoit été dit, devoir établir :

» 1°. Que tous les faits historiques constatoient le droit de chaque chambre pour les vérifications des pouvoirs séparément, mais qu'aucuns ne constatoient leur prétention d'une vérification commune.

» 2°. Qu'à la vérité le droit de juger les contestations avoit appartenu alternativement à chaque chambre & au conseil du Roi ; mais qu'il paroissoit par les pièces originales, que le Roi ne s'étoit souvent réservé ces jugemens que parce qu'ayant lieu avant l'ouverture des États, l'Assemblée n'étoit pas encore celle de la Nation, & n'étoit formée que d'individus censés habiles à la composer.

» 3°. Que le Roi seroit certainement trop juste pour vouloir gêner les suffrages & les délibérations des chambres par son influence ; mais que, quant à consacrer une autre autorité pour la vérification des pouvoirs, la Noblesse aimeroit mieux reconnoître celle du Roi, qu'elle est dans l'habitude de respecter, que celle d'une chambre qui ne pouvoit jamais être dans le cas de la juger, & dont la trop grande influence, dans un jugement commun, détruiroit son indépendance par le seul fait de la double représentation qui lui avoit été accordée.

» 4°. Que leurs principes sur l'existence de l'Assemblée Nationale ne pouvoient pas s'appeler principes, mais seulement pétition de principes, c'est-à-dire introduction d'une doctrine nouvelle, également dangereuse à admettre, tant pour le moment que pour l'avenir, puisque l'admission d'une doctrine nouvelle, en matière de constitution, donnant ouverture à celles que tous les États-Généraux subséquens pourroient vouloir consacrer, de doctrines nouvelles en doctrines nouvelles, introduiroit infailliblement l'anarchie & la confusion.

» Tel a été notre résumé : Messieurs du Tiers État, faisant valoir leur désir de recueillir bientôt le fruit des bontés conciliatoires de Sa Majesté, avoient demandé que la seconde conférence fût remise à lundi dernier, sous le prétexte que leur chambre rentrant ce jour-là, ils pourroient lui rendre compte de la première. Nous n'avons pas cru devoir y adhérer, & nous excusant encore sur ce que la chambre de la Noblesse ne rentrant qu'aujourd'hui, nous ne pouvions vous demander de nouveaux ordres auparavant, après avoir montré que nous nous étions rendus inutilement la veille aux conférences, & que nous n'avions pas délibéré pour savoir si nous consentirions à l'invitation de Sa Majesté, nous avons persisté à demander la remise des conférences à aujourd'hui ; & elle a été indiquée à ce soir six heures.

» Enfin, Messieurs, cette séance de samedi dernier s'est terminée par la lecture de l'espèce d'arrêté fait pour constater la forme du procès-verbal, objet de leur première demande, & par une invitation faite par M. le Garde-des-Sceaux à MM. du Tiers-État, de ne pas insérer dans le procès-verbal qu'ils rédigeroient, les maximes attentatoires à l'autorité royale, avancées par eux ; & il leur a déclaré enfin qu'il ne pourroit les y laisser subsister, si par hasard elles s'y rencontroient.

» Le mot de Commissaires *des Communes* se trouvant dans la première phrase de cet arrêté proposé par eux, nous avons cru devoir annoncer qu'en protestant sur les innovations de principes, nous protestions de même sur les innovations de mots.

» Voici, Messieurs, cet arrêté que nous n'avons consacré par aucune approbation authentique : voulez-vous bien nous donner vos ordres en conséquence » ?

Projet d'arrêté pour la rédaction du procès-verbal des Conférences.

« Il sera rédigé par MM. les Commissaires des Communes un procès-verbal sommaire des conférences de chaque séance. Ce procès-verbal sera lu par le secrétaire à l'ouverture de la séance suivante. Si MM. de l'Église ou de la Noblesse y remarquent quelques inexactitudes ou omissions, elles seront corrigées ou réparées.

» Chaque séance du procès-verbal sera, en présence de l'Assemblée, signée de tous MM. les commissaires du Tiers-État qui en ont la charge spéciale, & signée en outre du secrétaire.

» Au moyen de ces signatures, le procès-verbal sera reconnu authentique, & avoué de tous les commissaires du Clergé, de la Noblesse & du Tiers-État ».

Ensuite dudit rapport, M. le comte d'Antraigues a fait lecture du Mémoire dont il y est parlé, & en a remis une copie sur le bureau, pour être annexée au présent procès-verbal. (*Voyez le N°. 1 des pieces annexées à la suite de la présente séance.*) Différentes réflexions faites en conséquence du rapport ci-dessus ont amené la motion de savoir; si les commissaires de l'Ordre du Tiers-État, ayant annoncé le dessein de dresser procès-verbal des conférences tenues & à tenir chez M. le Garde-des-Sceaux, Ordre de la Noblesse autoriseroit ses commissaires à signer ces procès-verbaux; sur quoi ayant été aux voix par oui ou par non, l'affirmative a été adoptée, à la pluralité de cent quatre-vingt-dix-neuf voix, contre trente-cinq.

On a ensuite agité la question de savoir comment & en quels termes cette autorisation seroit conçue ; & la matière, après avoir été discutée, ayant été soumise à la délibération, il a été pris, à la pluralité de cent seize voix, contre quatre-vingt-dix-neuf, l'arrêté suivant : « L'Ordre de la Noblesse autorise ses commis-
» saires aux conférences à laisser signer par le plus ancien d'en-
» tr'eux les procès-verbaux qu'ils jugeront convenables, pourvu
» que la qualification de *Communes* n'y soit pas donnée à l'Ordre
» du Tiers-État ».

Quelques-uns de Messieurs les députés ont lu à l'Assemblée des déclarations, dont ils ont remis copie sur le bureau, & il a été décidé qu'elles seroient annexées au procès-verbal des séances de la chambre. (*Voyez les numéros 2, 3 & 4 des pièces annexées à la présente séance.*)

Ce fait, la chambre a levé sa séance, & indiqué sa prochaine Assemblée à demain neuf heures du matin.

Signé, Montboissier, *Président*, & le Carpentier de Chailloué, *Secrétaire*.

Pièces annexées à la dix-neuvième séance.

N°. 1. *Mémoire sur la vérification des pouvoirs, lu à la première conférence chez Monseigneur le Garde-des-Sceaux, par le comte d'Antraigues, & à la Chambre le Mercredi 3 Juin 1789.*

L'Ordre du Tiers-État a demandé aux deux premiers Ordres, que la *vérification des pouvoirs* fût faite en commun.

L'Ordre de la Noblesse a jugé que cette vérification devoit être faite dans sa chambre, & y a procédé.

L'Ordre du Clergé ne s'étant pas constitué, a cru ne devoir procéder qu'à des vérifications provisoires.

L'Ordre du Tiers-État a prétendu ne devoir point vérifier ses pouvoirs en l'absence des deux premiers Ordres : il les a attendus pour y procéder. De cette attente, & de la volonté de l'Ordre de la Noblesse de se vérifier séparément, est née l'inaction des États-Généraux.

On a voulu la faire cesser. Le Clergé a proposé des commissaires conciliateurs : la Noblesse les a agréés, ainsi que le Tiers-État. Ils ont été nommés & réunis.

Avant cette réunion, la Noblesse a chargé des commissaires d'annoncer à l'Ordre du Tiers, que la presque totalité des cahiers autorisoit les députés à renoncer aux priviléges pécuniaires, mais que l'Ordre du Tiers, ainsi que celui de la Noblesse, ne pouvant s'occuper d'impôts que lorsqu'ils auront rétabli la conſtitution, on ne pouvoit lui offrir le décret de cette renonciation, & il ne pouvoit l'accepter qu'à cette époque.

Mais l'Ordre de la Nobleſſe a cru, qu'en faiſant annoncer les diſpoſitions impératives de ſes mandats, il préparoit les moyens de conciliation à ſes commiſſaires; & que ces premières paroles d'attachement, d'intérêt commun, de deſir de la paix, contribueroient à l'aſſurer à jamais.

Les commiſſaires de la Nobleſſe ſe ſont acquittés, à cet égard, de leurs honorables fonctions.

La ſuite de ces conférences, où les queſtions ſur la vérification des pouvoirs ont été débattues, n'a point amené la réunion.

Pluſieurs moyens conciliatoires ont été propoſés par la Nobleſſe; quelques-uns ont été propoſés par le Clergé.

Celui d'un des MM. du Clergé a été propoſé à la chambre de la Nobleſſe; ſon dernier terme étoit la réunion en aſſemblée générale; il a été rejeté.

La Nobleſſe en a agréé un autre, conçu en ces termes:

« Il a été convenu que, pour cette tenue d'Etats-Généraux,
» les pouvoirs ſeront vérifiés ſéparément, & que l'examen des
» inconvéniens ou des avantages qui pourroient exiſter dans la
» forme actuelle, ſeroit remis à l'époque où les trois Ordres
» s'occuperoient des formes à obſerver pour l'organiſation des
» prochains États-Généraux ».

Le Roi a deſiré que les conférences euſſent lieu & fuſſent repriſes ſous les yeux de ſes commiſſaires. Les trois Ordres ont ſouſcrit avec reconnoiſſance à tous les deſirs du Roi.

Il s'agit maintenant d'expliquer quels furent les motifs de l'Ordre de la Nobleſſe, quand il ſtatua par ſes décrets que la vérification des pouvoirs ſeroit faite dans ſon Ordre.

Il ſe fonda ſur l'autorité des faits & ſur la raiſon.

Il crut avoir fait ce qu'il devoit faire ; il croit qu'il ne pouvoit faire que ce qu'il a fait.

Les procès-verbaux des États-Généraux de 1560, 1576, 1588 & 1614, portent le témoignage authentique que la vérification des pouvoirs y fut faite dans chaque Ordre. A l'autorité de ces États se joint celle des États antérieurs.

On objecte que dans les procès-verbaux qui nous restent de 1560, il n'y est pas fait mention de la vérification des pouvoirs.

MM. de l'Ordre du Tiers-État s'appuient de ce qu'il fut délibéré par tête aux États de 1483, pour en conclure que la vérification y fut faite en commun. De même, comme il est hors de doute qu'en 1560 on délibéra constamment par Ordre, on peut en conclure que la vérification des pouvoirs fut faite séparément par chaque Ordre.

On a prétendu que les États de 1483 avoient approuvé une vérification commune, & bien que cette vérification commune ne soit pas énoncée, on croit pouvoir la prouver, parce que ces États paroissant avoir délibéré par tête, on induit de cette forme de délibération que la vérification a été faite en commun.

Je remarque, puisque l'occasion s'en présente, que ceux qui, maintenant asservis à leurs mandats qui exigent le maintien de l'opinion par Ordre, se sont refusés à une vérification commune, comme amenant la délibération par tête, ont eu grande raison ; puisque l'on conclut de ce qu'il paroît qu'il fut délibéré par tête aux États de 1483, que la vérification y fut faite en commun, comme l'une devant être nécessairement la suite de l'autre.

Pour revenir aux États de 1483 & à l'autorité que l'on veut y trouver, comme cette autorité n'est appuyée que parce qu'il paroît qu'il y fut délibéré par tête, il s'agit de prouver qu'il est au moins très-douteux qu'il y ait été délibéré par tête, pour affoiblir leur témoignage.

Masselin est le seul qui nous ait laissé un verbal détaillé de ces États. Il nous apprend qu'ils furent divisés en six nations; mais il nous dit aussi que ce partage ayant paru offrir des inconvéniens, « il parut qu'il conviendroit que les voix fussent » prises par tête, & non suivant l'usage observé jusques à cet » instant; ce qui fut rejeté, parce que cette nouveauté parut » captieuse ».

Ce seul passage affoiblit l'autorité des États de Tours sur la délibération par tête.

Mais la composition de ces États ôte à l'exemple qu'on en voudroit tirer toute sa valeur.

Masselin dit précisément que le Tiers-État n'avoit qu'un nombre de représentans égal à l'un des Ordres.

Regulariter verò quisque Ballivatus singulos singulorum statuum Legatos, nec plures habebat.

Dès-lors le Tiers n'avoit pas, sur les vérifications des pouvoirs contestés, l'influence qu'il auroit aujourd'hui, où sa représentation, égale à celle des deux premiers Ordres, le rendroit souvent le juge suprême des pouvoirs de la Noblesse.

Si des États de 1483, on remonte à ceux de 1356,

On trouve dans les deux verbaux de ces États (1) qu'il y est dit:

« Qu'après l'ouverture de ces États, les autres séances furent » tenues aux Cordeliers, & qu'en trois divers lieux se retirèrent » les trois Ordres, chacun en son État ».

D'ailleurs, il paroît prouvé que jusqu'en 1483, les Nobles hauts barons siégeoient aux États en vertu d'un droit personnel. Ce n'est que dans les États postérieurs que fut établie la représentation de la Noblesse. Ainsi, il est à présumer que ce n'est qu'en 1483 & dans les États postérieurs, que fut établie la vérification des pouvoirs. Or, il est prouvé que depuis 1560

---

(1) Voyez bibliothèque du Roi. *Manuscrits de Brienne.*

jufqu'en 1614, cette vérification fut faite dans chaque Ordre ; & il n'eſt nullement prouvé qu'en 1483 elle ſe ſoit faite en commun.

Telles ont été les inſtructions qu'a priſes l'Ordre de la Nobleſſe, avant de procéder à une vérification dans ſon Ordre.

Il a donc ſuivi les anciens uſages ; il a ſuivi la loi qu'il ne peut jamais abandonner, celle qui établit la ſéparation des Ordres, puiſqu'il a enviſagé cette vérification ſéparée comme une ſuite de cette loi.

On lui a objecté enſuite ces mêmes uſages des États dont il invoque l'autorité, pour lui dire : « Si ces uſages vous guident, » il faut vous aſſervir à tous ces mêmes uſages ».

Or, pendant ces tenues d'États-Généraux, lorſqu'il y avoit une difficulté ſur l'admiſſion d'une députation, le Roi, en ſon conſeil, la jugeoit.

Lors de la convocation des États de 1614, les Nobles, poſſeſſeurs de fiefs, furent ſeuls convoqués, & électeurs des députés aux États-Généraux.

Nous avons répondu à cette première objection, que, ſi en quelques occurrences, le Roi, en ſon conſeil, avoit jugé les députations conteſtées, les États avoient fortement réclamé contre ces ſortes de jugemens : qu'ils avoient revendiqué l'autorité ſuprême de chaque chambre ſur les membres qui la compoſent ; que les États de 1588, nommément, avoient vivement inſiſté à cet égard ; que le Roi y avoit ſouſcrit, en renvoyant pluſieurs particuliers ſe pourvoir auxdits États (1).

Que s'il avoit jugé la députation des ſieurs de *Sanzay* &

---

(1) Journal de la chambre de la Nobleſſe aux ſeconds États de Blois, par *Guyencourt*, député de Paris, dans le *Recueil de pièces originales & authentiques, concernant la tenue des Etats-Généraux*, par deux Conſeillers au Châtelet. Tome IV, No. 67, pag. 111.

Reuilly, il avoit déclaré que ce seroit sans tirer à conséquence (1).

Que le verbal de la chambre du Tiers-État des États de 1588 offroit plusieurs réclamations de ce genre.

Que même l'orateur de ces États, parlant en leur nom au Roi, lui avoit dit :

« Que ses prédécesseurs laissèrent *les jugemens des dépu-
» tations aux chambres de ces États, chacune en son regard;
» qu'ils le supplioient faire le semblable, & n'en vouloir pas
» prendre aucune connoissance* (2) ».

Que malgré la réponse du Roi, qui se refusoit à ces réclamations, l'Ordre du Tiers, nommément, prononça plusieurs jugemens dans sa chambre, & non de simples arbitrages.

Qu'ainsi ces réclamations prouvoient le pouvoir suprême de chaque chambre sur ses membres, & que nous userions en cela de l'exemple des États de 1588, & de leur autorité, qui étoit la nôtre.

Quant à la convocation des seuls possesseurs de fiefs, pour l'envoi des députés de la Noblesse aux États, le fait n'est aucunement établi.

Les lettres de convocation des différens États sont les loix en cette matière. Elles ne distinguent point entre les Nobles & les possesseurs de fiefs; elles opposent simplement à l'Ordre du Tiers celui de la Noblesse & celui du Clergé.

Les assignations données par les baillis aux possesseurs des fiefs, ne font pas preuve, parce que, outre les assignations particulières, il y a une autre forme de citation par affiches & proclamation, commune aux Nobles, comme aux possesseurs des fiefs.

---

(1) *Ibidem*, pag. 116-118.
(2) No. 68, Journal du Tiers-État, pag. 50.

Enfin, parce qu'il n'eſt pas vrai que les aſſignations n'aient été données qu'aux poſſeſſeurs des fiefs.

Il n'y a que trois exemples en France, où, à l'époque des précédens États-Généraux, les aſſignations ont été données aux ſeuls poſſeſſeurs des fiefs. On a procédé en cette forme à Auxerre, à Troyes, à Paris, avec pluſieurs modifications particulières à chaque pays.

A ces trois exemples iſolés, on oppoſe tous les autres uſages, qui prouvent que tous Nobles, ſans exception, furent aſſignés ; ainſi l'univerſalité, qui ſeule pourroit établir l'exception, lui eſt contraire (1).

La liſte des députés de l'Ordre de la Nobleſſe, en 1614, a pu faire croire que les ſeuls poſſeſſeurs de fiefs étoient députés, parce que les députés y ſont preſque tous qualifiés de Seigneurs de tel ou tel lieu.

Cependant le député de Saint-Pierre-le-Moutier, n'ayant aucun titre de ſeigneur de fief, & le ſecond député de Marſeille, y ſont qualifiés d'*Écuyers*, ſans autre titre.

Dans la liſte des députés du Tiers, pluſieurs y portent même le titre de ſeigneurs de fief, ſans que l'on puiſſe en induire qu'ils y étoient admis en vertu de leurs ſeigneuries. Il en eſt

---

(1) Voyez une ſentence du Lieutenant-Général de Tours, du 21 Juillet 1614, qui prouve que tous les Eccléſiaſtiques & Nobles du Bailliage furent aſſemblés. Une ordonnance du même officier, en date du 15 Mai 1651, prouve la même choſe.

Une commiſſion du bailli de Sens, du 26 Juin 1614, porte en propres termes : « Vous mandons *aſſigner* pardevant nous . . . . . , au palais royal
» de cette Ville & Cité de Sens, ſiége principal & capital du Bailliage
» de Sens.

» *Toutes les perſonnes Eccléſiaſtiques, Nobles & Gentilshommes* demeurant
» audit lieu, & au-dedans du reſſort deſnotredit Bailliage, pour procéder,
» &c. &c. »

de même dans le procès-verbal des États de 1588, & dans celui de 1576.

D'après cet exposé, l'Ordre de la Noblesse a donc cru devoir suivre les usages de 1560, & ceux des États postérieurs.

Il se seroit cru dans l'impossibilité de les changer.

Pour les changer, il eût fallu une délibération & un décret, qu'il ne pouvoit prendre avant d'être constitué; il ne pouvoit se constituer que par la vérification de ses pouvoirs; il étoit compétent, avant la vérification, pour suivre les loix & usages transmis par les précédens États-Généraux; il étoit incompétent pour les altérer.

Ainsi il a donc bien agi; il ne pouvoit agir autrement.

Maintenant, abandonnant l'autorité des faits, & s'autorisant & des circonstances & de la raison, Messieurs de l'Ordre du Tiers nous disent que l'objet qu'ont en vue les États-Généraux de 1789, différant absolument de celui des anciens États, de nouveaux motifs doivent aussi amener de nouveaux usages.

Que les précédens États-Généraux, assemblés en des temps de trouble, n'avoient point fait de leur puissance l'usage convenable; qu'ils s'étoient contentés, en accordant des subsides, de compiler des cahiers de doléances, dont on retrouvoit les vestiges dans les bibliothèques, & non dans l'exécution des loix qu'ils demandoient.

Qu'ils avoient peu fait pour la législation, moins encore pour en assurer la permanence.

Que ceux de 1789, assemblés dans un siècle de lumières, avoient à établir une constitution, à former des loix, à assurer la liberté publique.

Que s'ils opinoient par tête, dès-lors la vérification commune étoit nécessaire.

Si, par Ordre, elle étoit encore indispensable; car, chaque Ordre ayant le droit de résistance, il importoit de savoir si chacun de ceux qui contribueroient à exercer ce droit, en avoit reçu légalement le pouvoir.

Nous avons répondu :

Que nous n'avions certainement que la même puissance qui avoit toujours appartenu aux États-Généraux.

Que si les précédens en avoient mal usé, nous devions en faire un meilleur usage, & ne pas faire de simples doléances, sur-tout après avoir accordé l'impôt ; qu'assurément nous étions éloignés de nous rendre coupables d'une pareille faute.

Mais que, pour faire mieux que n'avoient fait les États-Généraux, la vérification commune n'étoit pas nécessaire.

Qu'elle le deviendroit, si *l'opinion par tête* étoit établie ; & que c'étoit par cette raison que ceux qui étoient chargés de maintenir *l'opinion par Ordre*, devoient s'y opposer.

Qu'il est vrai qu'il importoit à chaque Ordre de s'assurer que chacun de ceux qui composoient cet Ordre, en avoit reçu le pouvoir légal.

Mais que cette parfaite connoissance leur étoit donnée par la communication du travail des commissaires chargés dans chaque Chambre de la vérification des pouvoirs ; & par la communication des jugemens portés sur le pouvoir d'un député, s'il étoit contesté.

Que, lors même de la vérification commune, les commissaires des trois Ordres en feroient seuls le travail, pour les pouvoirs qui n'étoient susceptibles d'aucune contestation ; & qu'il étoit injuste de refuser à l'assentiment unanime de tout un Ordre, une foi qu'on accorderoit à des commissaires.

Qu'à la vérité le Tiers auroit plus d'influence qu'aucun Ordre sur les pouvoirs contestés, & que c'est précisément cette influence provenue du nombre de ses représentans ; qui rendoit sa demande inadmissible.

Qu'il falloit d'ailleurs diftinguer le titre & jugement d'un député, de celui d'une députation.

Que le député feul contefté, pouvoit être jugé par fon Ordre.

Que la députation entière offroit plus d'obftacles ; qu'alors c'étoit le cas de trouver un moyen de conciliation, en nommant des commiffaires pour faire l'examen en commun, afin que d'un rapport uniforme, fait enfuite à chaque Ordre, naquît un décret femblable.

A ces raifons nous avons ajouté, que notre miffion n'étoit pas d'établir une nouvelle conftitution, mais de rétablir la conftitution ; & que le mandat qui nous enjoignoit de voter par Ordre, fuivant la conftitution de 1355, en étoit la preuve.

Qu'ainfi, la vérification des pouvoirs faite féparément, n'offroit aucun obftacle à l'exercice de notre puiffance nationale, ne mettoit aucune entrave à l'objet de nos travaux ; qu'il étoit poffible, par ce moyen, que chaque Ordre connût légalement les membres de chaque Ordre ; & qu'ainfi les raifons tirées des circonftances actuelles n'avoient pas dû nous autorifer à abandonner les anciens ufages.

Que s'il exiftoit un moyen de faire part de nos vérifications à l'Orde du Tiers, qui lui agréât davantage, pourvu qu'il n'altérât pas nos ufages, nous ferions difpofés à l'adopter & à nous prêter, en toute occafion, en toute occurrence, à une conciliation utile à tous, defirée par tous, & dont les principes étoient dans nos cœurs.

N°. 2. Je fouffigné déclare, au nom de la Nobleffe de la fénéchauffée de Chatelleraud, que je demande acte de la proteftation que je fais à la chambre, fur la double repréfentation accordée au Tiers-État, comme contraire aux anciennes formes de convocation, adoptées & confacrées par le vœu & l'ufage national, & à laquelle il ne pouvoit être apporté aucun changement provisoire, sans le concours des parlemens. Fait en la chambre de la Noblesse, le 30 mai 1789. *Signé*, le comte François D'ESCARS.

N°. 3. La Noblesse du bailliage de Cotentin, convaincue qu'en droit public, elle n'a nul pouvoir de rien changer aux bases fondamentales de la constitution françoise ; que les droits qui assurent la distinction des Ordres dans la monarchie étant la plus sacrée de toutes les propriétés, elle ne peut en aucune manière y déroger, en se conformant, pour cette fois seulement, au règlement annexé aux lettres de convocation du 24 janvier 1789, a voulu rendre une obéissance provisoire aux ordres du Roi ; mais elle a ordonné à ses députés, de réclamer & protester devant les États-Généraux, contre l'atteinte portée par ce règlement au droit inaltérable d'une représentation égale & légale de chaque Ordre.

Les députés du Cotentin demandent acte de la déclaration & de la protestation qu'ils font en conséquence, ce 3 juin 1789. *Signé*; le baron DE JUIGNÉ, BEAUDRAP DE SOTTEVILLE, ACHARD DE BONVOULOIR, ARTHUR DE LA VILLARMOIS.

Les députés de l'Ordre de la Noblesse soussignés déclarent adhérer, chacun pour leurs commettans, à la protestation de Messieurs les députés du bailliage de Cotentin. *Signé*, LE CARPENTIER DE CHAILLOUÉ, député d'Alençon ; le marquis DE VRIGNY, MALARTIC.

N°. 4. Nous soussignés, députés de la Noblesse de Poitou, inviolablement attachés au maintien de la monarchie, rangés sous l'abri des formes antiques & constitutionnelles, & obligés par le mandat formel de nos commettans, déclarons que l'admission du Tiers-État dans les assemblées nationales en nombre égal à celui des deux premiers Ordres réunis, est insolite, inadmissible pour l'avenir, & ne pouvant tirer à conséquence dans la circonstance actuelle. Nous requérons la chambre de prendre en considération notredite déclaration, de l'insérer dans son procès-verbal, & de nous en donner acte pour nous servir au besoin. Fait à Versailles dans la chambre de la Noblesse, à 11 heures du matin, le 3 juin 1789. *Signé*, CLAUDE, vicomte de la CHASTRE, seigneur de Mons, député du Poitou ; MONTMORENCY LUXEMBOURG, le marquis de VILLEMORT, CRUSSOL D'AMBOISE, le comte DE LAMBERTY, le chevalier DE LA COUDRAYE, le comte D'IVERSAY.

VINGTIÈME SÉANCE.

Jeudi 4 Juin 1789.

LE jeudi quatre juin mil sept cent quatre vingt-neuf, l'assemblée de MM. les députés de l'Ordre de la Noblesse aux États-Généraux, étant formée, il a été donné lecture du procès-verbal de la dernière séance.

Un de Messieurs ayant proposé, à l'occasion de la mort de M. le Dauphin, arrivée la nuit dernière, de députer au Roi & à la Reine, pour offrir à leurs Majestés les respectueuses condoléances de l'Ordre de la Noblesse, & la proposition ayant été agréée par une acclamation unanime, la chambre a invité M. le Président à s'assurer du jour & du lieu où il plairoit à leurs Majestés de recevoir la députation de l'Ordre de la Noblesse.

Messieurs les commissaires aux conférences conciliatoires ayant pris le bureau, ont rendu compte, ainsi qu'il suit, de la conférence d'hier.

« MESSIEURS,

» Notre seconde conférence, en présence des mêmes commissaires du conseil, a eu lieu hier, à six heures du soir. La lecture du procès-verbal de la première séance, rédigée par un des membres du Tiers-État, conformément à l'arrêté dont nous avions présenté le projet, a été notre première opération : quoiqu'il ne dût être que sommaire, suivant les termes mêmes de l'arrêté, il avoit été rédigé dans le plus grand détail, & comprenoit au moins quinze ou seize pages de grand papier. Une première lecture, qui en a été faite rapidement, ne nous a pas permis de distinguer parfaitement s'il contenoit tout ce qui avoit été dit réellement ; mais, comme nous y avons remarqué, d'une manière à ne pouvoir nous y méprendre, que tous les dires du Tiers-État avoient été au moins embellis & classés méthodiquement par un travail adroitement combiné, tandis que les nôtres étoient restés dénués même des citations historiques dont nous les avions appuyées, & qu'ils avoient laissées en blanc ; nous nous sommes crus permis d'accuser cette rédaction de partialité & même d'inexactitude, en n'y retrouvant pas les propositions faites par nous, de la communication réciproque des premiers rapports faits aux chambres, ainsi que les offres de traiter cette affaire par écrit, pour éviter les embarras de la rédaction d'un procès-verbal. Celui rédigé par eux ne nous ayant pas paru convenable par sa rédaction, nous nous sommes crus d'autant moins permis d'en consacrer l'authenticité par notre signature, que le mot *Communes* s'y trouve répété plus de quarante fois, j'oserois même dire avec affectation.

» Sur notre refus de le signer, un membre du Tiers-État nous a proposé de nous en fournir copie, afin que nous puissions y faire plus librement nos observations, & que les réflexions que nous pourrions être dans le cas de proposer, ne retardassent pas la suite de notre conférence : mais désavoué aussi-tôt par plusieurs de ses collègues, l'honnêteté de sa proposition a été sans effet, & il nous a été assuré que l'impérieuse impatience de la chambre du Tiers ne lui avoit pas laissé voir, sans les plus grands murmures, ses commissaires reparoître devant elle sans lui présenter ce procès-verbal revêtu de toutes les signatures prescrites par sa délibération ; que l'arrêté même convenu devant MM. les commissaires du conseil avoit été une excuse insuffisante auprès d'elle, & qu'ils n'osoient pas répondre de ce qui leur arriveroit, s'ils se présentoient encore devant elle, sans le lui rapporter consacré par toutes les formalités ordonnées par elle.

» Le danger qu'ils prétendoient courir ne nous a pas effrayés, Messieurs ; mais, après beaucoup de débats pour rectifier tout de suite le procès-verbal, ce qui a été refusé par nous, tant à cause du mot *Communes*, qu'à cause de la difficulté de rétablir une rédaction aussi longue & aussi susceptible d'observations, on nous a proposé de le présenter demain à la chambre du Tiers-État, en disant que nous avions refusé d'en consacrer l'authenticité par deux raisons : la première, à cause du mot *Communes*, employé par eux, & la seconde, à cause de la manière dont nos moyens avoient été rédigés ; & on nous a offert ensuite de nous le remettre pour l'examiner plus à loisir. Nous avons cru ne devoir pas contredire cette proposition, afin de ne pas donner même le prétexte de nous accuser d'apporter le moindre retard à la suite de la conférence.

» Avant d'en venir à cette proposition, il s'étoit élevé une dissertation assez longue sur le mot *Communes*. M. le garde-des-Sceaux, sur notre première représentation relative à cette expression, les avoit engagés en vain à ne point insister davantage sur ce mot que le Roi n'avoit pas adopté : vainement il leur avoit dit que toutes innovations étoient difficiles à admettre ;

& que d'innovation en innovation, on se laissoit aisément entraîner au-delà du but : il n'avoit pu les persuader ; & pour justifier cette expression, ils nous ont dit que Philippe-le-Bel avoit établi le premier les Communes ; qu'avant lui le Clergé & les possesseurs de fiefs étoient seuls libres, & que les autres citoyens, serfs alors, avoient obtenu successivement, soit du Roi, soit des seigneurs, même à prix d'argent, des chartes d'affranchissement & d'établissement en Communes ; que ce nom avoit été consacré dès cette époque ; & que, de même que le Clergé & la Noblesse, indépendamment de la dénomination de premier & second Ordre, avoient encore celle du Clergé & de la Noblesse, de même le troisième Ordre devoit avoir un autre nom, lequel ne pouvoit être que celui de *Communes*.

» Il leur a été répondu, que le mot de *Communes*, dans sa signification actuelle, annonçoit une assemblée de propriétaires & de bourgeois dans les villes & même dans les campagnes, lesquels, en raison de leurs propriétés ou de leurs habitations, composoient l'assemblée connue sous ce nom, sans avoir égard à l'Ordre auquel ils pouvoient appartenir ; & que les assemblées dans lesquelles ils avoient reçu leurs pouvoirs n'ayant pas été formées par Communes, puisque les Ecclésiastiques & les Nobles avoient été convoqués d'une autre manière, n'avoient pas pris ce titre & ne l'avoient pas donné à leurs cahiers, qu'elles avoient intitulé : *Cahiers du Tiers-État*, d'où il résultoit qu'ils ne pouvoient pas se donner un nom qui n'avoit pas été pris par leurs commettans. Nous leur avons cité les exemples de tous les États du Royaume dans lesquels les représentans du troisième Ordre s'appellent Tiers-État, & non députés des Communes. Nous leur avons exposé que ce mot, propre aux représentans de l'Angleterre, puisque leur assemblée étoit composée de membres de tous les Ordres, ne pouvoit pas convenir à la leur, composée d'un seul Ordre. M. le Directeur-général lui-même a relevé cette comparaison ; mais tous nos efforts ont été inutiles pour les persuader. Quelques mots, lâchés à ce sujet par M. le Garde-des-Sceaux, lui ont attiré le reproche d'être le défenseur des prétentions de la Noblesse ; & enfin, les membres du Tiers-État nous ont assuré qu'ils consentoient à recevoir nos protestations sur ce mot, mais qu'ils ne pouvoient nous en faire le sacrifice.

» M. le Garde-des-Sceaux, inculpé par ce reproche, a répondu qu'il n'entendoit approuver personne, mais que, comme chef de la justice, il pouvoit combattre un mot non approuvé par le Roi ; & que le Roi a dit qu'il seroit plus sage de leur part de ne pas l'employer, d'après les représentations de la Noblesse & du Clergé, ou au moins, d'après le silence de cet Ordre.

» Un membre du Clergé a assuré qu'il n'avoit aucune mission relativement à ce mot. Un autre a repris que le silence de sa part ne pouvoit être envisagé comme un acquiescement ; & interpellé par un autre de ses collégues, qui lui déclaroit que c'étoit son vœu sans doute & non celui de sa chambre qu'il articuloit, il a répliqué que sa chambre avoit déclaré, dans sa délibération, que c'étoit sans approbation de ce mot.

» M. le Garde-des-Sceaux a cru devoir proposer d'en référer au Roi : sur quoi il lui a été répondu que, le Roi n'entendant pas gêner la discussion par la présence de ses commissaires, rien ne devoit lui être référé, & qu'ils devoient se borner à entendre les dires respectifs, & à en être les témoins.

» M. le Garde-des-Sceaux a répliqué que ce n'étoit pas gêner la liberté, que de proposer de s'en référer au Roi sur une innovation qu'il pourroit trouver mauvaise, ne l'ayant pas approuvée ; que le rôle des commissaires du conseil ne devoit pas se borner au rôle passif & muet, & que leur devoir étoit de proposer lors des difficultés.

» Un autre commissaire du conseil a demandé qu'il ne fût pas question, dans le procès-verbal, des dénominations de Clergé, Noblesse & Tiers-État, & que les Ordres n'y fussent désignés que par premier, second, & troisième. Cette proposition n'a pas encore été acceptée ; un membre du Tiers-État a déclaré que sa chambre avoit consacré le mot *Communes*, & qu'il se retireroit personnellement, si l'on supprimoit cette dénomination adoptée par elle.

» Après cette discussion de mots, nous avons cherché à reprendre la conférence.

» Nous avons proposé de nouveau au Tiers-État de nous fournir ses moyens par écrit : il nous a encore été assuré que le Roi nous avoit invités à nous rassembler pour conférer, & non pour écrire ; nous avons donc repris la discussion verbale.

» Un membre du Tiers-État nous a posé pour base, que notre prétention à la vérification séparée des pouvoirs ne s'appuyoit que sur les quatre États-Généraux tenus depuis 1569 à 1614, c'est-à-dire, dans un espace de cinquante-quatre ans, réduit, selon lui, à trente-huit ans, attendu que rien n'indiquoit que cette marche eût été suivie en 1560, tandis qu'eux prouvant par la citation de Masselin, orateur des États de 1483 ; que ces États avoient travaillé en commun & toujours réunis, ce qui démontroit que cela étoit l'état habituel des États antérieurs, ils avoient en leur faveur une possession bien plus considérable & bien plus longue ; enfin il nous a ajouté que les circonstances détruisoient les faits & ne prouvoient plus rien ; que les trois derniers États n'ayant présenté que des doléances, il n'existoit pas un grand intérêt à la vérification des pouvoirs ; mais qu'il n'en étoit pas de même en 1789 ; que les présens États, appelés à la législation par le Roi lui-même, avoient par conséquent le plus grand intérêt à connoître les pouvoirs respectifs de tous les députés, qui n'ayant qu'un intérêt commun, devoient tous faire la chose ensemble, & non séparés. Nous lui avons répondu qu'il étoit très-commode d'écarter ainsi des faits qui étoient contre leurs prétentions, & d'annuller la possession favorable pour nous des quatre derniers États-Généraux, pour nous reporter à ceux de 1483 & de-là à ceux encore plus reculés dans la nuit des temps, & dans lesquels il n'y avoit pas de vérification de pouvoirs, puisque le Clergé & la Noblesse y venoient individuellement & en vertu d'un droit personnel. Nous avons prouvé, par ces passages de Masselin même, qu'il étoit très-problématique de savoir s'ils avoient opiné par Ordre ou par tête; que, quoique réunis, ils avoient fort bien pu délibérer par Ordres séparés, ainsi que cela se pratique en Artois; mais que, quand même leur réunion auroit été aussi complette qu'ils le disoient, les circonstances, d'après leur propre dire, détruisoient les faits, attendu que Masselin nous apprenoit encore que les États ayant été divisés en six nations, on avoit observé avec soin que, dans la composition de chacune, il n'entrât pas plus de députés d'un Ordre que d'un autre, tandis qu'aujourd'hui la double représentation, qui leur avoit été accordée, détruisoit tout équilibre dans une vérification à faire en commun, puisque leur double influence les rendoit maîtres de tous les jugemens des députés des autres Ordres.

» Sur la déclaration ci-dessus faite par eux, que les États de 1483 indiquoient, par leur réunion, l'état habituel des États antérieurs; après leur avoir cité la réponse de François I à l'assemblée des Notables de 1527, c'est-à-dire, quarante-trois ans après les États, par laquelle il dit que l'ancienne forme est de délibérer par Ordre, nous leur avons objecté la loi de 1355, établissant, de la manière la plus positive, la séparation & l'indépendance des Ordres; mais il nous a été répondu que cette loi n'étoit relative qu'aux délibérations sur l'impôt, & il nous a été ensuite déclaré par un membre, qu'il faisoit peu de cas des procès-verbaux des États-Généraux & des faits historiques, attendu qu'ils étoient souvent en contradiction avec la raison, laquelle doit seule être consultée lorsqu'il s'agit de poser les bases d'une constitution.

» Sur cette assertion attaquant notre constitution, un de nous, Messieurs, a cru devoir la défendre, & a lu en conséquence un Mémoire qui prouve que la nôtre est même plus ancienne que la Monarchie : M. le baron de Pouilly aura l'honneur de le mettre sous vos yeux. Quelques expressions ont éprouvé des contradictions : un membre du Tiers-État a prétendu que le mot *proceres*, inféré dans un passage cité, ne vouloit pas dire nobles, mais sages *seniores*, & que dans les commencemens de notre Monarchie, il n'existoit pas de distinctions d'Ordres, ce qui étoit prouvé par nos premières loix, lesquelles, en prononçant les différences de peines à infliger à un Barbare, à un Romain, à un Franc, n'admettoient pas de distinction entre ces derniers.

» Après cette réponse faite au Mémoire, nous avons desiré revenir sur la double représentation accordée au Tiers-État en 1789, laquelle détruisoit par le fait les inductions qu'on vouloit tirer des États de 1483. Notre observation étoit restée jusque-là sans réponse. C'est un acte de justice rigoureuse, nous a-t-on dit : une représentation plus forte étoit due, en raison d'une augmentation plus considérable des hommes libres.

» Nous avons demandé si cette innovation ne pouvoit pas être mise au rang des doctrines nouvelles. Il nous a été répondu que le Tiers-État, en 1483, avoit été plus nombreux que la Noblesse. C'est encore le passage de Masselin, ci-dessus cité, qui nous a servi à combattre cette assertion.

» Il nous a été ajouté ensuite que lorsque Philippe-le-Bel avoit admis les représentans des Communes dans l'assemblée de le Nation, c'étoit une nouveauté, mais que cette nouveauté, dictée par la raison, étoit bien aussi forte que celle que nous attaquions ; que les Nobles & les Barons avoient eu beau protester, s'indigner contre cette innovation, elle n'en avoit pas moins eu son effet. Nous avons dit ne pas savoir si les Nobles & les Barons avoient protesté contre l'admission d'un Ordre appelé uniquement afin de lui faire supporter, à leur décharge, une partie des charges publiques qui ne portoient pas sur lui.

» Enfin, Messieurs, il nous a été objecté que notre plus fort raisonnement avoit été de dire : Cela est ainsi, cela a dû être. Nous nous sommes résumés en disant que nous prouvions le droit des vérifications séparées par quatre États-Généraux subséquens & certains, tandis qu'eux ne fournissant aucun exemple d'une vérification commune, cherchoient à tirer des inductions d'États-Généraux incertains, & sur lesquels il existoit peu de lumières.

» Le droit que le conseil du Roi s'étoit attribué presque toujours de prononcer sur les contestations, nous a encore été objecté ; mais comme un droit qui ne pouvoit pas avoir d'effet dans l'Assemblée actuelle, plus instruite de ses prérogatives.

» Un membre du conseil du Roi a relevé cette assertion, & a prétendu que MM. du Tiers-État posoient en principe ce qui pouvoit tout au plus être mis en question, & a assuré que le Roi ne convenoit pas d'avoir abandonné sans retour le droit de juger les pouvoirs contestés.

» Les membres du Tiers-État ont prétendu que les États-Généraux seroient illusoires, si le Roi pouvoit influer sur les pouvoirs des députés ; & qu'ils étoient d'autant plus fondés à croire qu'il avoit renoncé à ce droit, que M. le Garde-des-Sceaux, dans son discours à l'ouverture des États, avoit semblé prononcer cette renonciation & cet abandon.

» M. le Garde-des-Sceaux a rétabli le véritable sens de son discours.

» MM.

» MM. les commissaires du Tiers-État ont prétendu ensuite que nous avions nous-mêmes accusé d'erreur le droit que le Roi s'étoit réservé souvent de prononcer sur les contestations des pouvoirs. Nous avons rétabli pareillement la phrase dans toute son intégrité ; & rappelé que nous avions dit, que si ce droit étoit une erreur, elle avoit pris sa source dans l'usage ancien & habituel de procéder à la vérification des pouvoirs avant l'ouverture des séances des États-Généraux, époque à laquelle les députés n'ayant pas encore été mis en activité, ne pouvoient se considérer comme membres des États, mais seulement comme censés habiles à les composer ; & nous avons encore répété, ainsi que nous l'avions avancé hier, que dans le cas où la Chambre de la Noblesse ne pourroit pas juger seule les députés, elle aimeroit mieux reconnoître le jugement de l'autorité royale qu'elle est accoutumée à respecter, que celui d'une autre Chambre, laquelle, par sa double représentation, acquerroit une trop grande influence dans des jugemens communs.

» Un membre du Clergé a appuyé cette crainte, en disant combien il étoit intéressant, pour les deux Ordres, que le Tiers-État, au moyen de sa double influence, ne pût pas conduire à sa volonté ceux des députés des autres Ordres, de la nomination desquels il pourroit n'être pas satisfait; mais désavoué par un autre de ses collègues, lequel trouvoit qu'il n'exprimoit que ses sentimens particuliers, il s'est vu réduit au silence.

» Un autre membre du Clergé a annoncé qu'il avoit à proposer un plan de conciliation; mais un membre du Tiers-État a prétendu qu'il avoit encore à discuter les principes, & qu'il ne pouvoit entendre de plan de conciliation avant la fin de cette discussion.

» Voilà, Messieurs, le résultat fidèle de notre dernière conférence. Nous avons cru qu'il étoit de notre devoir de suivre pas à pas les différens dires prononcés de part & d'autre : daignez nous excuser si cet ordre, plus méthodique, présente quelquefois des longueurs & des répétitions ».

MM. les commissaires-vérificateurs ont ensuite, & en exécution de l'arrêté de la chambre, du 25 mai dernier, fait de nouveau le rapport de la difficulté élevée à l'occasion de la double députation de l'Ordre de la Noblesse du Bailliage d'Amont. Après lequel rapport, MM. de l'une & l'autre députation ont été entendus en la chambre, dans la discussion de leurs moyens respectifs. Eux retirés, MM. les commissaires-vérificateurs ont dit: Que leur avis avoit été de rejeter la première députation, comme nulle & illégale, & d'admettre la seconde, comme étant la seule régulière & en forme.

La matière a d'abord été soumise à la discussion, dans le cours de laquelle l'un de Messieurs a remis sur le bureau une réclamation écrite & signée de lui, à l'occasion de quelques phrases insérées dans un Mémoire imprimé pour MM. de la seconde députation, sous le titre d'*Observations*.

La discussion finie, on a été aux voix sur la question de savoir, si la Chambre adoptera, oui ou non, l'avis de MM. les commissaires vérificateurs ; & l'affirmative ayant passé à la pluralité de cent vingt-sept voix, contre soixante-dix, dont douze ont déclaré n'avoir point d'avis, il a été passé outre à la vérification des pouvoirs de MM. le prince de Beauffremont, marquis de Mouthier, & président de Vezet, composant la seconde députation de l'Ordre de la Noblesse du Bailliage d'Amont.

M. le Président a fait part à la chambre, qu'ayant écrit à M. le Grand-Maître des cérémonies pour l'engager à mettre sous les yeux du Roi l'arrêté pris par l'Ordre de la Noblesse, au commencement de cette séance, & à prendre en conséquence les ordres de Sa Majesté, M. le Grand-Maître venoit de lui répondre, qu'ayant eu l'honneur de faire part au Roi, de l'arrêté qu'avoit pris la chambre de la Nobleſſe, d'envoyer une députation au Roi & à la Reine pour les complimenter ſur la mort de M. le Dauphin, le Roi lui avoit dit qu'il étoit ſenſible à la démarche de la chambre de la Nobleſſe, mais que l'état de chagrin dans lequel il eſt, ne lui permettant pas de donner ſes ordres dans ce moment-ci, Sa Majeſté l'avoit chargé de lui mander qu'elle feroit ſavoir ſa réponſe.

La Chambre ayant levé ſa ſéance en ce moment, a indiqué la prochaine aſſemblée à demain neuf heures du matin.

Signé, MONTBOISSIER, *Préſident*, & LE CARPENTIER DE CHAILLOUÉ, *Secrétaire*.

VINGT-UNIÈME SÉANCE.

Vendredi 5 Juin 1789.

LE vendredi cinq juin mil ſept cent quatre-vingt-neuf, l'aſſemblée de Meſſieurs les députés de l'Ordre de la Nobleſſe aux États-Généraux étant formée, il a été fait lecture du procès-verbal de la ſéance du jour d'hier.

M. le Préſident a dit enſuite, que M. le Dauphin reſteroit neuf jours expoſé à Meudon; qu'il eſt d'uſage en pareil cas, que les princes, les cours ſouveraines, aillent jeter de l'eau bénite; & a propoſé à la chambre de l'autoriſer d'écrire à M. le Grand-Maître des cérémonies, à l'effet de demander au Roi la permiſſion d'envoyer une députation de l'Ordre de la Nobleſſe à Meudon, pour remplir cette triſte cérémonie.

Cette propoſition a été accueillie unanimement & par acclamation.

Enſuite, & pour l'exécution de l'arrêté de la chambre, du

trois de ce mois, il a été procédé, par la voie du scrutin, à la nomination de quatre commissaires pour la révision des procès-verbaux des séances de la chambre : Messieurs le prince de Beauffremont, le comte de Failly, le marquis de Vaudreuil, & le comte de Trye, ayant été nommés scrutateurs.

Après avoir fait placer une urne sur le bureau devant M. le Président, on a procédé à l'appel de ceux de Messieurs les députés dont les pouvoirs sont vérifiés ; & chacun d'eux est venu déposer successivement dans l'urne la liste contenant les noms des quatre commissaires qu'il entendoit nommer ; Messieurs les Secrétaires tenant note, chacun séparément, du nombre de ceux de Messieurs les députés qui sont venus déposer leur liste dans l'urne du scrutin.

Vérification faite du résultat de leurs notes, qui se sont trouvées conformes, le nombre s'est trouvé être de deux cents trente-sept ; & l'urne ayant été fermée est restée sur le bureau devant M. le Président.

Messieurs les commissaires aux conférences tenues chez M. le Garde-des-Sceaux, ont fait le rapport du résultat de celle qui fut tenue hier, & ont annoncé que les Ministres du Roi avoient proposé un plan conciliatoire qu'ils leur avoient remis par écrit, & dont l'un d'eux a donné lecture.

Rapport de Messieurs les commissaires conciliateurs.

« MESSIEURS,

» Notre troisième conférence a eu lieu hier. Des réflexions en général sur la rédaction du procès-verbal à en tenir & sur la manière d'en constater l'authenticité, ont été les questions préliminaires traitées par nous. Nous avons déclaré que, conformément à votre arrêté, l'ancien d'entre nous étoit autorisé à le signer, si nous le trouvions convenable, pourvu que l'expression *Communes*, au lieu de celle de Tiers-État, ne fût point insérée dans sa rédaction ; mais que, comme ce mot s'y trouvoit souvent répété, nous étions sans qualité, non-seulement pour le signer, mais encore pour souffrir qu'il le fût comme pièce authentique, même après notre examen, par aucun secrétaire, à moins qu'il n'y fît, en notre nom, la déclaration que c'étoit sans aucune approbation de la part de l'Ordre de la Noblesse.

» On a fort discuté pour savoir si nous ne devions pas nous borner simplement au refus d'approbation du mot *Communes*, dans le cas où ce procès-verbal, après avoir été été examiné & retouché par nous, contiendroit l'exacte vérité, présenteroit nos dires & nos moyens dans toute leur force & intégrité, & n'offriroit d'autre objection à faire de notre part que sur le mot *Communes*. Nous n'avons pas cru devoir pousser plus loin les difficultés ; & comme le point intéressant étoit, qu'il ne pût être rendu public avant d'avoir été retouché par nous, nous avons consenti à faire entre nous, & dans le silence du cabinet, nos observations sur le procès-verbal de la conférence de samedi ; mais comme nous avons persisté à déclarer que nous ne le signerions pas, & qu'il ne pouvoit pas être déclaré authentique par aucune des parties, on a proposé à M. le Garde-des-Sceaux de nommer à cet effet un de ses secrétaires. Nous n'avons pas cru devoir nous y opposer d'une manière formelle, & nous nous sommes contentés de nous réserver le degré d'approbation que nous pourrions lui laisser donner, selon la manière dont il se trouveroit rédigé après notre examen.

» Les membres du Tiers-État, pendant cette première discussion, ont interpellé ceux du Clergé, pour déclarer le parti qu'ils vouloient prendre relativement à leur manière de constater l'authenticité de ce procès-verbal ; mais, quoiqu'il leur ait été reproché par le Tiers-État, qu'ils étoient expectans & non médiateurs, les commissaires du Clergé se sont toujours renfermés dans l'arrêté pris en conséquence par leur chambre, lequel porte qu'ils se conduiront pour la signature de ce procès-verbal ainsi qu'il sera convenu par les deux autres Ordres réunis ; & ils se sont servis de cet arrêté même pour démontrer qu'ils ne veulent jouer que le rôle de médiateurs, attendu que s'ils ne l'étoient pas, ils auroient pris certainement, ont-ils dit, un parti suivant leur opinion particulière.

» On a procédé ensuite à la lecture du procès-verbal de la conférence précédente. Nous ne pouvons que rendre justice à son exactitude apparente ; mais nous pourrions encore, comme le précédent, l'accuser d'un peu de partialité dans le développement des dires du Tiers-État, si l'honnêteté de son rédacteur ne nous avoit pas prévenus, en nous déclarant qu'il étoit prêt à travailler avec nous, pour y faire toutes les additions, extensions ou modifications dont nous le trouverions susceptible, ainsi que le précédent.

» Après cette lecture que nous avons, en conséquence de cette déclaration, interrompue par peu de réflexions, M. le Garde-des-Sceaux nous a dit que le but principal devoit être à présent de parvenir à des moyens de conciliation ; que nous penserions sans doute que le rôle des commissaires du Roi étoit de nous en proposer; qu'ils s'en étoient occupés, & qu'ils alloient nous communiquer un plan qu'ils avoient concerté ensemble, & qu'ils desireroient pouvoir être convenable aux trois Ordres.

» Un membre du Tiers-État a observé qu'avant de passer à des moyens de conciliation, il leur restoit encore quelques observations à faire sur la partie des raisonnemens. Cela est indispensable, a ajouté un autre : après les faits, les plus forts moyens sont le bon sens, l'équité & la justice ; mais le développement de ces moyens de raisonnement à fournir par eux, a été remis, après la lecture du plan de conciliation proposé par les Ministres de Sa Majesté : elle nous a été faite aussi-tôt : nous allons vous présenter le Mémoire qui le contient, tel qu'il nous a été remis par eux. Faits pour le soumettre à votre examen, nous n'avons pas cru devoir nous permettre aucune observation, & nous nous sommes bornés à dire que nous vous le soumettrions ce matin. Je vais avoir l'honneur de vous en faire la lecture.

» *Ouverture faite par MM. les commissaires du Roi, à MM. les députés des trois Ordres, à la conférence tenue chez M. le Garde-des-Sceaux, le 4 Juin 1789.*

» Les anciens faits prouvent évidemment que le conseil est intervenu dans toutes les questions qui ont occasionné des débats relatifs à la validité des élections, & à la vérification des pouvoirs.

» Il seroit donc de toute justice que Sa Majesté examinât, sous le rapport de ses propres droits, les difficultés qui s'élèvent en ce moment ; & lorsque chacun des Ordres est activement occupé des prérogatives qui peuvent lui appartenir, il paroîtroit naturel que Sa Majesté fixât elle-même son attention sur celles dont la Couronne a constamment joui. Mais Sa Majesté, fidèlement attachée aux principes de modération qui peuvent hâter l'accomplissement du bien public, permet constamment à ses Ministres de considérer d'abord sous ce point de vue le plus grand nombre des affaires.

» Les Ordres ne s'éloigneroient pas vraisemblablement de confier à des Commissaires choisis dans les trois chambres, l'examen préliminaire des difficultés relatives à la validité des pouvoirs & des élections ; mais en cas de division d'avis, la chambre du Tiers demanderoit que la détermination décisive fût remise à l'Assemblée des trois Ordres réunis. L'Ordre de la Noblesse s'y refuse absolument, & veut que chaque chambre soit arbitre en dernier ressort.

» Il est sûr que les Ordres ont un intérêt à prévenir qu'aucun des trois n'abuse de son pouvoir pour admettre ou pour rejeter avec partialité les députés qui viennent prendre séance dans les États-Généraux ; & cet intérêt commun existeroit, soit que les Ordres eussent à délibérer réunis, soit qu'ils restassent constamment séparés ; puisque, dans cette dernière supposition, les personnes qui seroient appelées à décider par leurs opinions, d'un *veto* ou d'un empêchement quelconque, acquerroient le droit d'influer directement sur le sort général de la Nation.

» En même temps il est naturel & raisonnable que les deux premiers Ordres fixent leur attention sur la supériorité des suffrages assurée à l'Ordre du Tiers. Car, s'il est vrai que tous les députés aux États-Généraux, sans distinction, sont intéressés à l'impartialité des vérifications des pouvoirs, il est également certain que dans une circonstance où les esprits sont divisés, chaque Ordre a des motifs personnels pour desirer d'éloigner des autres chambres les députés dont les sentimens ne seroient pas favorables à ses opinions.

» Ces motifs personnels sont égaux, dira-t-on, entre les Ordres ; ainsi, en les admettant à délibérer en commun sur la régularité des élections, aucun n'a droit de se plaindre. Ce raisonnement ne seroit pas juste ; car, si les motifs de partialité sont les mêmes, les moyens d'agir, conformément à ces motifs, ne sont point égaux, puisque le Tiers-État, par la grande supériorité de ses suffrages, auroit un avantage décisif, si le jugement final sur les pouvoirs contestés appartenoit à l'Assemblée des trois Ordres réunis.

» On ne pourroit pas combattre cette opinion, en rappelant que les deux premiers Ordres ensemble sont en nombre égal au Tiers-État ; car ces deux premiers Ordres, réunis par leurs privileges pécuniaires, ne le font pas de même dans les considérations relatives à l'examen des élections. Enfin, ces privileges ne forment qu'une union paſſagère, dans un moment où leur prochaine ſuppreſſion paroît aſſurée.

» On dira peut-être encore que, la ſupériorité de ſuffrages du Tiers-État une fois admiſe, il doit lui être permis d'en faire uſage pour une affaire commune; mais la ſupériorité de ſuffrages, appliquée aux déciſions ſur la validité des pouvoirs & des élections des trois Ordres, n'eſt pas un ſimple uſage de cette ſupériorité ; c'eſt encore un moyen d'en accroître l'avantage ; une telle faculté, un tel emploi de la ſupériorité de ſuffrages ſeroit un ſupplément de conceſſion, une force nouvelle, qui dérangeroit, dans une meſure quelconque, l'équilibre établi par le Souverain, lorſqu'il a fixé le nombre reſpectif des députés de chaque Ordre.

» Le pouvoir de juger en dernier reſſort de la régularité des élections ne pourroit donc être attribué avec équité, ni aux trois Ordres réunis, ni à chacun d'eux en particulier : ce pouvoir ne doit pas appartenir à chaque Ordre en particulier, parce qu'ils ont tous intérêt à ce qu'un ſeul n'abuſe pas de ſon influence ; il ne peut pas appartenir non plus aux trois Ordres réunis, puiſque ce ſeroit l'attribuer eſſentiellement aux repréſentans du Tiers-État, vu la ſupériorité de leurs ſuffrages, & le Roi ne leur a pas accordé cette ſupériorité de ſuffrages, pour en augmenter la puiſſance, & leur aſſurer une influence prépondérante dans la formation même de l'Aſſemblée.

» C'eſt donc au Roi que ſemble appartenir en raiſon & en équité, le jugement final ſur toutes les conteſtations relatives aux élections. Ce principe eſt une ſuite, une dépendance du réglement ſouverain qui a déterminé pour cette fois le nombre reſpectif des députés aux États-Généraux ; ainſi les trois Ordres qui ſe ſoumettent à la fixation établie par Sa Majeſté, feroient une exception minutieuse, s'ils répugnoient à la prendre pour juge dans le très-petit nombre de contestations qui pourroient s'élever sur la vérification des pouvoirs : l'intérêt de Sa Majesté, le seul qui la dirige, c'est l'amour de l'union ; & elle mériteroit encore d'être votre arbitre, quand vous ne voudriez pas du Monarque pour juge.

» Ce seroit le Roi seul qui en cette occasion feroit une cession de ses prérogatives, puisque de simples particuliers appeloient autrefois au Souverain, de la décision d'un Ordre relative à la vérification des pouvoirs ; & que Sa Majesté se réservoit seulement de juger les questions sur lesquelles les Ordres seroient divisés d'opinion.

» Il paroît donc que tous les motifs de justice, de raison, d'équité & de convenances réciproques, doivent déterminer les Ordres à adopter ce moyen de conciliation. Voici donc, d'après ces idées, la marche qu'on proposeroit.

» Les trois Ordres, par un acte de confiance libre & volontaire, s'en rapporteroient les uns aux autres, pour la vérification des pouvoirs sur lesquels aucune difficulté ne s'éleveroit; & ils se communiqueroient leurs actes de vérifications, pour en faire un examen rapide.

» Ils conviendroient de plus :

» Que les contestations, s'il en survenoit, seroient portées à l'examen d'une commission composée des trois Ordres.

» Que ces commissaires se réuniroient à une opinion.

» Que cette opinion seroit portée aux chambres respectives.

» Que si elle y étoit adoptée, tout seroit terminé.

» Que si au contraire les décisions des Ordres étoient en opposition sur cet objet, que si encore elles ne paroissoient pas susceptibles de conciliation, l'affaire seroit portée au Roi, qui rendroit un jugement final.

» Qu'on ajoute encore, si l'on veut, que ces conventions sur la vérification des rapports, n'auroient aucune liaison avec la grande question de la délibération par tête ou par Ordre ; que l'on ajoute encore que la marche adoptée pour cette tenue d'États, seroit reprise dans le cours de la session, afin de considérer si un meilleur ordre de choses devroit être adopté pour l'avenir.

» Enfin, qu'on joigne au fond de cette proposition les précautions qui paroîtront convenables, mais qu'on adopte enfin ce moyen de conciliation ou tout autre, & que le Roi ne reste pas seul, au milieu de sa Nation, occupé sans relâche de l'établissement de la paix & de la concorde. Quels véritables citoyens pourroient se refuser à seconder les intentions du meilleur des Rois ? & qui voudroit charger sa conscience de tous les malheurs qui pourroient être la suite de la scission qui se prépare, au premier pas que vous faites, Messieurs, dans une carrière où le bien de l'État vous appelle, où la Nation est impatiente de vous voir aller en avant, & où les plus grands dangers nous environnent ? Ah Messieurs ! lors même que vous pourriez arriver à ce bien par la division des cœurs & des opinions, il seroit trop acheté ! Le Roi donc vous invite à prendre en considération sa proposition, & il vous presse de tout son amour, de l'accepter & de lui donner ce contentement ».

Ce rapport & cette lecture ont donné lieu à plusieurs réflexions successivement discutées, qui ont amené la motion de savoir si la chambre accepteroit purement & simplement le plan de conciliation proposé par les commissaires du Roi, ou s'il ne convenoit pas d'y apporter quelques explications ou amendemens ; sur quoi ayant été aux voix, il a passé à la pluralité de 158 voix contre 76, qu'il convenoit d'apporter au plan proposé des explications ou amendemens.

Ce fait, la chambre a levé sa séance & indiqué sa prochaine assemblée à demain neuf heures du matin. Le vase dans lequel étoient déposés les billets du scrutin, a été transporté par l'un des Huissiers de la chambre, en présence de Messieurs les Secrétaires, dans l'un des bureaux du secrétariat, où il a été renfermé sous la clef, qui a été remise à l'un de Messieurs les Secrétaires.

Signé, MONTBOISSIER, *Président*, & LE CARPENTIER DE CHAILLOUÉ, *Secrétaire*.

VINGT-DEUXIÈME SÉANCE.

Samedi 6 Juin 1789.

LE samedi six juin mil sept cent quatre-vingt-neuf, l'Assemblée de Messieurs les députés de l'Ordre de la Noblesse aux États-Généraux étant formée, il a été donné lecture de la séance du jour d'hier.

Messieurs les commissaires scrutateurs ont rendu compte du résultat du scrutin fait hier, pour la nomination des quatre commissaires que la chambre avoit arrêté de nommer pour la révision & la rédaction des procès-verbaux de ses séances, & donné lecture du procès-verbal qu'ils en ont dressé, duquel il résulte que les commissaires nommés sont :

Messieurs

de Grosbois, ayant obtenu 140 voix.
de Sérent, 133.
de Digoine, 123.
de la Rouzière, 121.

Messieurs les commissaires-vérificateurs ont dit qu'ils venoient de vérifier les pouvoirs de M. le comte de Macaye, député par l'Ordre de la Noblesse de la sénéchaussée d'Ustaritz, les ayant trouvés réguliers & en forme.

Messieurs les commissaires aux conférences ont observé que la chambre ayant fixé la durée de leurs pouvoirs à quinze jours, à dater du jour où les conférences seroient commencées, leur mission se trouvoit expirée, pourquoi il convenoit que l'Ordre de la Noblesse procédât à une nouvelle élection de commissaires.

On a ensuite repris en considération l'arrêté du jour d'hier, portant qu'il seroit apporté des explications ou amendemens au plan de conciliation proposé par Messieurs les commissaires du Roi. La matière ayant été soumise à la discussion, il a été proposé par plusieurs de Messieurs, différens projets d'explications, dont le premier étoit conçu en ces termes:

« L'Ordre de la Noblesse, aussi empressé à donner au Roi des témoignages de son amour, de son respect & de sa confiance dans ses vertus personnelles, que de prouver à la Nation entière le désir d'une conciliation prompte & durable, & fidèle en même temps aux principes dont il n'a jamais cru devoir s'écarter, reçoit avec la reconnoissance la plus respectueuse les ouvertures que Sa Majesté a bien voulu lui faire communiquer par ses Ministres. En conséquence, sans adopter quelques principes du préambule, il a chargé ses commissaires de rappeler à la prochaine conférence, que la Noblesse avoit arrêté précédemment qu'elle vérifieroit dans son sein ses pouvoirs, prononceroit sur les contestations qui surviendroient sur leur validité, lorsqu'elles n'intéresseroient que ses députés particuliers, & en donneroit une connoissance officielle aux autres Ordres.

» Quant aux difficultés survenues ou à survenir sur des députations entières, pendant la présente tenue d'États-Généraux seulement, chaque Ordre chargera, conformément au désir du Roi, ses commissaires de les discuter avec ceux des autres Ordres, pour que, sur le rapport, il puisse y être statué, d'une manière uniforme, dans les trois chambres séparées; & au cas que l'on ne pût y parvenir, le Roi sera supplié d'être leur arbitre ».

Après avoir entendu la lecture de ces différens projets, il a été arrêté d'aller aux voix sur chacun d'eux; en conséquence le premier projet ci-dessus & de l'autre part, ayant été soumis à la délibération, a été adopté, à la pluralité de cent soixante-deux voix contre quatre-vingt-six.

L'huissier de la chambre étant venu avertir en cet instant qu'une députation de l'Ordre du Clergé demandoit à entrer, huit de Messieurs sont allés la recevoir en dehors de la chambre; & Messieurs les députés du Clergé qui étoient

Messieurs

l'évêque de Montauban,	le curé d'Aon.
l'évêque de Luçon.	dom Chevreuse.
l'abbé Maury.	le recteur de Dol.
le curé de Bonneuil.	le curé de Chalet.

étant entrés & assis à la droite de M. le Président, M. l'évêque de Montauban portant la parole, ont dit, qu'ils apportoient à la chambre le résultat d'une délibération qui venoit d'être prise par les membres du Clergé, dont ils ont remis une copie écrite & non signée, qui contenoit :

« Les membres du Clergé assemblés, délibérant sur le plan qui a été proposé à leurs commissaires au nom de Sa Majesté, relativement à la vérification & au jugement des pouvoirs, & voulant donner à Sa Majesté un nouveau témoignage de la respectueuse reconnoissance dont ils sont pénétrés pour ses sollicitudes paternelles, sont convenus d'accéder à ce projet provisoire

DE LA NOBLESSE.

de conciliation, & de manifester aux deux autres Ordres le vœu qu'ils forment d'en suivre les dispositions ».

Messieurs les députés du Clergé étoient à peine retirés, ayant été reconduits avec le cérémonial ordinaire, que l'huissier de la chambre est venu avertir qu'une députation de l'Ordre du Tiers-État demandoit à entrer. Deux de Messieurs sont allés à l'instant la recevoir à la porte de la chambre & en dehors d'icelle. Cette députation composée de

Messieurs

Viguier.	Vieillard.
le Bois d'Aiguais.	Grené de Beauregard.
du Cerf.	Lavenu.
Moutier.	Simon.

a pris séance dans le parquet, en face de M. le Président, & étant assise, M. Viguier portant la parole, a dit :

« Les députés des Communes ont pris hier la résolution de ne délibérer sur l'ouverture faite par les commissaires du Roi, qu'après la clôture du procès-verbal des conférences dont la continuation est fixée à six heures du soir chez Monsieur le Garde-des-Sceaux, & auxquelles les commissaires des Communes se rendront exactement »

Messieurs les députés du Tiers étant retirés, il a été arrêté, à la pluralité des voix, d'envoyer à l'instant une expédition en forme de la délibération de la chambre, relative à l'ouverture faite par les commissaires du Roi, à l'Ordre du Clergé, par

Messieurs

le comte de Clermont-Tonnerre.	de Richier.
le marquis de Mortemart.	le baron de Poissac.

Messieurs

le président de la Vie.
le comte d'Apchier.

le c.^{te}. de Choiseuil d'Aillecourt.
le marquis de Monspey.

Et à l'Ordre du Tiers par

Messieurs

le marquis de Bouthillier.
le comte Charles de Lameth.
le duc de Caylus.

le duc de Castries.
le marquis de Fournés.
le vicomte de Mirabeau.

Messieurs les députés nommés n'étoient pas encore partis, lorsque l'huissier de la chambre est venu avertir qu'une nouvelle députation de l'Ordre du Clergé se présentoit pour entrer en la chambre. Cette députation composée comme la précédente, à l'exception de M. l'évêque de Montauban, qui étoit remplacé par M. l'évêque d'Auxerre, a été reçue avec le cérémonial accoutumé ; & M. l'évêque d'Auxerre, portant la parole, a dit, que le Clergé a cru devoir donner communication à l'Ordre de la Noblesse, d'une délibération dont il a donné lecture, & a laissé copie sur le bureau.

Ladite délibération conçue en ces termes :

« Les membres du Clergé assemblés, sensiblement touchés de la misère du peuple & de la cherté des grains, qui affligent les différentes contrées du royaume, croient ne pouvoir mieux se conformer aux vues paternelles de Sa Majesté, ni mieux remplir leur devoir le plus cher, qu'en s'empressant de nommer une commission composée de députés des Gouvernemens & principales divisions du royaume, pour prendre en considération un objet aussi essentiel, en profitant de tous les mémoires qui seront

remis

remis à ladite commission, & en invitant les deux autres Ordres à s'occuper également du même objet, pour vérifier les causes différentes de la cherté du pain, & pour aviser aux remèdes les plus prompts qu'on pourroit apporter en maintenant ou rétablissant la confiance, & en assurant par les mesures les plus sages & les plus dignes de l'approbation de Sa Majesté, la subsistance de ses sujets dans toutes les parties du royaume. M. le cardinal de la Rochefoucauld a été chargé par l'Assemblée de rendre compte au Roi de la présente délibération ».

La députation du Clergé retirée, Messieurs les députés nommés par la chambre pour aller porter sa délibération aux Ordres du Clergé & du Tiers-État, sont sortis pour aller s'acquitter de leur mission : revenus quelques instans après, Messieurs les députés ont dit qu'ils s'étoient acquittés de la mission dont l'Ordre de la Noblesse les avoit chargés.

Un de Messieurs, à l'occasion du discours prononcé par Messieurs les députés du Tiers-État, a renouvellé la réserve par lui faite, le dix-neuf du mois dernier, sur l'expression de députés des *Communes*, dont Messieurs les députés de l'Ordre du Tiers-État s'étoient servis ; & Messieurs ont adhéré à cette réserve.

Un autre de Messieurs a dit qu'il avoit, depuis mercredi dernier, demandé la parole pour soumettre à la chambre quelques idées relatives à un moyen conciliatoire qui pourroit convenir aux principes des différens Ordres, & qu'il le présenteroit à la chambre quand elle le lui ordonneroit.

Conformément à l'observation faite au commencement de cette séance par Messieurs les commissaires aux conférences, on a procédé par la voie du scrutin, & dans la forme ci-devant décrite, à une nouvelle élection de huit commissaires ; & il est résulté des feuilles tenues par Messieurs les Secrétaires & vérifiées par Messieurs le comte de Failly, le marquis de Vaudreuil, le comte de Crecy & le duc de Villequier, scrutateurs nommés; que le nombre des listes portées successivement au scrutin, étoit de deux cent vingt-cinq.

Messieurs les scrutateurs se sont saisis à l'instant de l'urne dans laquelle les listes avoient été déposées, & se sont retirés pour aller procéder à la vérification du scrutin. La chambre a levé la séance, & indiqué sa prochaine assemblée à lundi dix heures du matin.

Signé, MONTBOISSIER, *Président*, & LE CARPENTIER DE CHAILLOUÉ, *Secrétaire*.

VINGT-TROISIÈME SÉANCE.

Lundi 8 Juin 1789.

LE lundi huit juin mil sept cent quatre-vingt neuf, l'Assemblée de Messieurs les députés de l'Ordre de la Noblesse aux États-Généraux étant formée, il a été donné lecture du procès-verbal de la dernière séance.

Messieurs les scrutateurs ont rendu compte du résultat du scrutin fait dans la même séance pour l'élection des commissaires conciliateurs: le procès-verbal qu'ils en ont dressé, constate que les commissaires nommés sont:

Messieurs

le duc de Mortemart, par la pluralité de 184 voix,
le marquis de Bouthillier, par celle de 183,
le duc de Luxembourg, par celle de 172,
de Bressey, par celle de 172,

Messieurs

le baron de Pouilly, par celle de 171.
le marquis de la Queuille, par celle de 164.
le comte d'Antraigues, par celle de 162.
de Cazalès, par celle de 156.

M. le Président a donné lecture de deux lettres qu'il a reçues de M. le marquis de Brezé, en date des 6 & 7 de ce mois, & conçues en ces termes :

« Monsieur le marquis de Brezé a l'honneur de présenter son respectueux hommage à M. le comte de Montboissier & celui de lui mander que la pièce préparée pour recevoir Messieurs les députés à Meudon sera prête, lundi huit, à midi & demi : ces Messieurs y trouveront des manteaux nécessaires pour la cérémonie. »

» *Versailles*, 6 juin 1789 ».

« Le Roi & la Reine m'ont ordonné, Monsieur, de témoigner de nouveau de leur part à l'Ordre de la Noblesse, que leurs Majestés étoient très-sensibles à l'empressement qu'il a marqué de les complimenter sur la perte qu'elles viennent de faire ; mais ayant résolu de ne recevoir les révérences, ni de la Cour, ni d'aucun Corps, elles m'ont aussi donné l'ordre de faire savoir à la chambre de la Noblesse qu'elles ne verront pas la députation qu'elle avoit desiré envoyer à leurs Majestés.

» Je suis avec respect, Monsieur le comte,
Votre très-humble & très-obéissant serviteur,
Signé, le marquis de Brezé.

» *Versailles*, le 7 juin au soir 1789 ».

Monsieur le Président a nommé Messieurs le duc de Mortemart, le marquis de la Valette-Parizot, le comte de Bournazel, le marquis de Paroy, le comte de Tessé, de Froment, le comte de Croix, le marquis de Fournés, le marquis de Montesquiou, le comte de Miremont, le comte de Dieusie & le baron d'Haramburcs, pour la députation qui doit se rendre à Meudon.

Messieurs les députés de St.-Domingue ont demandé l'entrée de la chambre, & ont remis sur le bureau un paquet cacheté, à l'adresse de Nosseigneurs les États-Généraux, avec cette souscription : *Requête des habitans de St.-Domingue.*

Messieurs les commissaires conciliateurs ont ensuite rendu compte de ce qui s'étoit passé dans la conférence tenue samedi six, chez M. le Garde-des-Sceaux, ainsi qu'il suit :

« MESSIEURS,

» Notre conférence de samedi dernier a commencé par la demande qui a été faite par M. le Garde-des-Sceaux aux commissaires des trois Ordres, des résolutions prises par leurs chambres respectives, relativement aux ouvertures de conciliation qui nous avoient été communiquées par Messieurs les commissaires du conseil.

» Un membre du Clergé a annoncé que ce plan avoit été agréé avec reconnoissance par sa chambre, & a fait part aussitôt de l'arrêté qu'elle avoit pris en conséquence.

» Un de nous a pareillement fait lecture de votre délibération à ce sujet ; & en en déposant copie sur le bureau de M. le Garde-des-Sceaux, il a ajouté que l'Ordre de la Noblesse ayant cru devoir, pour la conservation entière de ses principes, rappeler les arrêtés qu'il avoit pris précédemment, donner quelqu'explication à quelques mot du plan proposé au nom de Sa Majesté, fin d'éviter des discussions ultérieures, & faire en même temps quelques réserves sur quelques principes du préambule qu'il ne pouvoit adopter en leur entier, avoit pensé pareillement, qu'il étoit plus conforme au respect & à la reconnoissance qu'il doit à Sa Majesté, de les lui présenter par forme de déclaration & d'instruction à ses commissaires, que de les consigner dans un arrêté ; & que ses sentimens lui avoient dicté la forme qu'il avoit cru devoir adopter.

» Un membre du Tiers-État à son tour a rendu compte aussi de l'arrêté pris par sa chambre, & a déclaré qu'elle avoit renvoyé toute délibération au sujet des ouvertures faites par Sa Majesté, après la clôture des conférences & la signature du procès-verbal ; & que comme il étoit à penser que cette signature alloit s'effectuer, elle pourroit vraisemblablement s'en occuper dans la séance de lundi prochain.

» Un de nous, Messieurs, a cru devoir prier M. le Garde-des-Sceaux & les autres commissaires du Roi d'observer que la demande du procès-verbal avoit été faite uniquement par le Tiers-État ; que cette chambre seule en avoit imposé l'ordre à ses commissaires ; qu'elle leur avoit même prescrit de le faire signer par les deux autres Ordres ; que les commissaires de la Noblesse, lors de cette première demande, n'ayant reçu aucune instruction de leur chambre, n'avoient pu s'y prêter, mais que desirant en même temps de n'apporter aucun retard aux conférences par des difficultés n'ayant que des formes pour objet, ils n'avoient pas cru devoir se refuser à la proposition qui avoit été faite, d'en faire constater l'authenticité par un secrétaire commun ; qu'après cette première conférence, ils en avoient rendu compte à leur chambre, laquelle les avoit autorisés à laisser signer ce procès-verbal par l'ancien d'entr'eux, lorsqu'ils le jugeroient convenable, pourvu que le mot *Communes* ne fût point employé dans sa rédaction pour désigner le Tiers-État, & qu'ils avoient fait part de cet arrêté de la chambre de la

Noblesse, dans la conférence suivante. Il les a priés d'observer en outre que Messieurs du Tiers-État, après avoir exigé pour condition de leur présence aux conférences, la rédaction d'un procès-verbal qui n'avoit été demandé par aucun des autres Ordres ni par les commissaires de Sa Majesté, apportoient encore pour condition essentielle de leurs délibérations sur les ouvertures proposées au nom du Roi, la signature de ce procès-verbal, quoiqu'ils eussent su, de la manière la plus positive, que les commissaires de la Noblesse ne pourroient se prêter ni à le signer, ni à en laisser consacrer l'authenticité en leur nom, malgré la proposition qui leur avoit été faite d'y rétablir leurs dires dans toute leur intégrité, tant que le mot *Communes* y subsisteroit, & en répétant de nouveau le refus de consentir à cette signature & la déclaration de s'y opposer au nom de la Noblesse, il a fini par conclure qu'il étoit bien à craindre que ces difficultés de forme, mises par conditions impératives, n'annonçassent pas dans Messieurs du Tiers-État un desir aussi vif de leur part d'adopter les moyens conciliatoires que Sa Majesté daignoit nous offrir.

» Un membre du Tiers-État a paru étonné de ce refus de notre part de nous prêter à une chose convenue & arrêtée, disoit-il, dans la première conférence, relativement au secrétaire qui en constateroit l'authenticité en notre nom, sur laquelle il n'y avoit point eu de réclamation dans la deuxième séance, & qui avoit paru adoptée de nouveau dans la troisième, par l'admission de M. Hébert, secrétaire de la chancellerie, nommé à cet effet.

» Nous lui avons répondu que le moyen de faire constater l'authenticité de ce procès-verbal par un secrétaire, d'après le refus de le signer, fait par nous dans la première séance, comme n'y étant pas autorisés par notre Ordre, ne pouvoit être regardé que comme une proposition, & non comme un arrêté définitif, ce qui auroit excédé les pouvoirs attribués ordinairement à des commissaires qui n'ont que le droit de conférer & non de statuer ; que nous vous en avions référé le lendemain ; que quoique peut-être autorisés, par le droit, à ne pas vous prêter à un procès-verbal que vous n'aviez pas provoqué, vous aviez pris malgré cela, & par un desir de conciliation, l'arrêté de le laisser signer par l'ancien d'entre nous, mais à votre tour, sous la condition d'en proscrire le mot *Communes* ; qu'à la seconde séance, nous leur avions communiqué cet arrêté, mais que nous n'avions pas cru devoir insister plus long-temps sur de pareilles minuties, dans l'espérance que référant à leur tour à leur chambre, de notre détermination relative à ce mot *Communes*, elle consentiroit à en faire le sacrifice, comme nous avons consenti à la signature d'un procès-verbal non demandé par nous ; mais que voyant à la troisième séance, que ce mot subsistoit encore, nous avions cru, en déclarant de la manière la plus positive que nous nous refuserions à toute authenticité qu'on pourroit vouloir lui donner en notre nom, devoir néanmoins consentir à l'admission du secrétaire, ainsi que M. le Garde-des-Sceaux avoit paru le desirer, attendu que la déclaration de notre refus, insérée dans ce procès-verbal & motivée, ainsi qu'il avoit été convenu, 1°. sur le mot *Communes* que nous ne pouvions approuver, & 2°. sur l'exposition partiale de nos dires respectifs, dans le cas où nous n'aurions pas pu les rétablir dans toute leur intégrité, nous paroissoit suffisante pour ôter toute idée d'approbation de notre part à la signature du secrétaire.

» M. le Garde-des-Sceaux prenant alors la parole, a dit que, quoique les commissaires de la Noblesse ne se fussent point refusés au procès-verbal, dans la première conférence, ils étoient néanmoins dans le cas d'en référer à leur chambre, ce qu'ils avoient fait ; mais que le mot *Communes* étant le seul obstacle, & des protestations devant suffire pour s'y opposer, il feroit à desirer que rien ne pût mettre obstacle au degré d'authenticité nécessaire à lui donner, puisque cette authenticité pouvant seule être constatée par l'approbation générale des trois Ordres, étoit indispensable pour éclairer le Roi sur le résultat des conférences.

» Nous avons répondu à M. le Garde-des-Sceaux, que s'il avoit pensé ce procès-verbal nécessaire à cet effet, il auroit dû être en ce cas le premier à en faire la demande; & qu'alors sans doute, comme il auroit chargé quelqu'un de désintéressé d'en faire la rédaction, d'après audition des dires respectifs, il ne pourroit être suspect à aucune des parties; qu'il avoit au contraire été exigé par le Tiers-État seul, rédigé par un de ses membres; que tout l'avantage de la rédaction étoit en leur faveur; & que, quelqu'attention que nous pussions apporter à rétablir nos dires dans toute leur intégrité, l'avantage resteroit encore de leur côté, par les talens de celui chargé par eux de cette rédaction.

» Nous avons proposé ensuite aux commissaires du Roi de leur remettre les rapports que nous avons eu l'honneur de vous faire : nous avons demandé que le Clergé en fît autant, en assurant que la réunion de ces rapports avec le procès-verbal rédigé par le Tiers-État, suffisant pour constater l'exacte vérité, pourroit les mettre en état de faire à Sa Majesté le rapport le plus fidèle de ces conférences dont ils avoient été témoins : mais M. le Garde-des-Sceaux ayant dit que trois rapports seroient trop volumineux, nous n'avons pu nous empêcher de lui rappeler nos raisons déjà dites, pour nous refuser à consacrer l'authenticité de ce procès-verbal, & de gémir en sa présence du peu d'espérance de conciliation que nous pouvions avoir, puisque Messieurs du Tiers-État tenant si fort à une dénomination nouvelle, exigeoient, pour condition impérative de leur examen des moyens conciliatoires, une signature & une approbation qu'ils savent bien que nous ne pouvons pas donner.

» Celui des membres du Tiers-État, chargé de la rédaction de ce procès-verbal, nous a répété de nouveau, avec toute l'honnêteté dont il est capable, la demande de lui remettre nos notes, nos observations, & l'offre de travailler avec nous à leur rédaction, dans la forme qui pourroit nous convenir. Nous avons cru ne pouvoir nous y refuser; & nous lui avons dit que, comme commissaires de la Noblesse, nous ne pouvions consacrer l'authenticité d'un procès-verbal que notre chambre nous avoit défendu d'approuver, mais que comme individus, nous serions enchantés de coopérer avec lui a l'exactitude d'un ouvrage dont il étoit chargé; & nous lui avons offert nos dires, nos notes & nos observations, en déclarant cependant qu'après y avoir ainsi concouru individuellement, afin de mieux instruire Sa Majesté, nous persisterions toujours dans les déclarations ci-devant faites par nous, ce qui a été accepté par lui.

» Un membre du Tiers-État a répliqué qu'ils ne pouvoient renoncer au mot *Communes* que leur chambre, par les plus fortes raisons, avoit cru devoir adopter; que des protestations de notre part devoient suffire; & il a invité le Clergé à signer ce procès-verbal, sinon comme commissaires, au moins comme particuliers témoins de la vérité.

» Ici, Messieurs, chaque individu de cet Ordre a cru devoir manifester ses intentions personnelles.

» Un d'entr'eux a dit que l'arrêté de leur chambre portoit qu'ils signeroient le procès-verbal, si les deux autres Ordres le signoient.

» Un autre a dit que lorsque le Clergé auroit communiqué ses dires, ils ne refuseroient pas de constater leur authenticité.

» Un troisième a gardé le silence.

» Les cinq autres ont dit successivement que, comme témoins, rien ne pourroit les empêcher de certifier la vérité.

» Cette matière paroissant suffisamment éclaircie, M. le

Garde-des-Sceaux a proposé de s'occuper de la suite des conférences.

» Le procès-verbal de la séance précédente a été lu : quelques omissions ou inexactitudes y ont été relevées ; mais la promesse de les rétablir, d'après la communication de nos notes & dires respectifs, nous a empêchés, ainsi que quelques-uns de Messieurs du Clergé qui en avoient fait la remarque, de pousser plus loin nos observations. Un membre du Clergé nous a interpellés ensuite pour nous demander quelques interprétations sur votre délibération, & pour savoir si elle étoit une adoption pure & simple du plan de conciliation proposé par Sa Majesté.

» Nous lui avons répondu qu'elle contenoit vos principes, que nous l'avions déposée sur le bureau de M. le Garde-des-Sceaux, que c'étoit à Messieurs les commissaires du Roi à nous demander cette explication, qu'ils pourroient l'examiner à loisir, & qu'ils ne trouveroient sans doute dans les principes de la Noblesse, rien de contraire au désir de conciliation qui l'animoit.

» Un membre du Tiers-État a prononcé ensuite un discours pour prouver que la Nation ne réside pas dans les Ordres considérés chacun séparément ; que le Clergé n'est pas la Nation ; que la Noblesse ne peut pas se considérer comme telle ; que le Tiers ne peut pas non plus avoir cette prétention ; que le tribunal national n'est pas dans chaque chambre séparée ; & que l'œuvre des députés devant être l'œuvre de la Nation, ils ne peuvent être jugés que dans le tribunal national, c'est-à-dire, dans celui composé des trois Ordres réunis, dans lequel seul réside le droit de juger ; que tous les députés devant concourir à une œuvre nationale, avoient intérêt de se connoître, soit qu'on opinât par tête, soit qu'on opinât par Ordre, puisque dans ce dernier cas sur-tout, & en supposant les États-Généraux composés de douze cents personnes, un seul député, qui seroit peut-être sans pouvoirs, pourroit, par sa voix seule jointe à cent cinquante autres, faisant moitié de son Ordre, faire prononcer un *veto* qui rendroit nulle la volonté unanime de mille quarante-neuf autres.

» Il a ajouté ensuite que tous les faits qu'on pourroit opposer à ces raisonnemens, étoient sans conséquence ; que ces anciens États-Généraux ne connoissoient pas les droits de la Nation ; & qu'il avoit fallu le règne d'un Roi citoyen, pour l'instruire de ses véritables droits : il a passé ensuite à l'examen des États de 1614 : il a cherché à prouver que, bornés à présenter des requêtes & doléances séparées, ils étoient sans connoissance de leurs droits, & n'avoient aucun intérêt à se connoître réciproquement ; mais qu'il n'en étoit pas de même aujourd'hui ; qu'appellés par le Roi à concourir avec lui au grand ouvrage de la législation & de la restauration de l'État ; instruits de nos droits nationaux, dans un siècle plus éclairé, nous devions en profiter, & par conséquent nous connoître avant de chercher à en faire usage. Enfin, il a ajouté que les faits cités par nous cessoient d'être applicables ; & que nous nous bornions toujours à en invoquer la lettre, tandis que nous en récusions l'esprit ; & qu'au surplus, si on suivoit à la lettre ce qui s'étoit pratiqué en 1614, aucun des Nobles qui étoient ici ne s'y trouveroit peut-être pas, puisqu'alors l'Ordre de la Noblesse n'étoit composé que des seuls possesseurs de fiefs.

» Un membre du Clergé a relevé cette assertion, en lui disant que ce qu'il disoit pouvoit s'appliquer aux États-Généraux antérieurs à ceux de 1483 ; mais que depuis cette époque, les lettres de convocation faisoient preuve qu'indépendamment des possesseurs de fiefs assignés au manoir de leur fief, les autres Nobles avoient été convoqués à son de trompe & par affiches.

» Un de nous lui a objecté qu'en adoptant même ce qu'il disoit à ce sujet, si l'on avoit suivi les usages de 1614, il pourroit bien ne pas se trouver non plus député à cette assemblée, attendu que, suivant cet ancien usage, le Tiers-État n'auroit pas eu une représentation double, ainsi qu'il l'avoit obtenue pour cette tenue-ci; & un autre de nous a encore ajouté que cette inversion des anciens usages, en détruisant les anciens principes, étoit cause de tous les malheurs qui nous environnoient.

» M. le Directeur-général a repris que cette inversion des anciens usages, relativement aux formes de convocation usitées en 1614, avoit été le vœu des Notables.

» Nous n'avons pu nous empêcher de lui observer, que s'il avoit été suivi en quelques points, il en étoit aussi d'autres des plus importans dans lesquels celui de leur majorité avoit été contrarié.

» Un de nous, en résumant le discours du membre du Tiers-État, a montré que de tous temps la Nation avoit eu le même droit dans les assemblées; que c'étoit la faute des anciens États-Généraux, s'ils n'avoient pas su en mieux profiter; & que cette erreur venoit du malheur des temps dans lesquels ils avoient été rassemblés & non de leur organisation; que les députés de 1614 avoient les mêmes pouvoirs que ceux de 1789; qu'aucun motif, fondé sur la raison, ne pouvoit engager à repousser d'anciens usages; & que la seule différence de la double influence du Tiers-État, suffisoit pour anéantir tous les raisonnemens, puisque cette double influence anéantiroit elle-même l'équilibre des pouvoirs, si nécessaire à maintenir dans une monarchie.

» Un membre du Tiers-État a répliqué que l'innovation faite d'appeler dans la Noblesse d'autres Nobles que ceux possesseurs de fiefs, justifioit l'innovation faite en faveur du Tiers-État, lequel devoit acquérir une augmentation de représentans, en raison de celle du nombre de ses représentés, & une augmentation d'influence, en raison de la consistance qu'il avoit acquise dans l'État.

» Après l'avoir fait convenir que l'un & l'autre étoient une innovation, nous avons posé pour principe, que toute innovation étoit une doctrine nouvelle, & nous en avons tiré pour conséquence, que si on en admettoit une dans les États-Généraux de 1789, il n'y avoit pas de raison pour que chacun des États-Généraux suivans en admît une convenable aux prétentions des individus qui les composeroient ; & que de doctrines nouvelles en doctrines nouvelles, nous serions conduits insensiblement à l'anarchie & à la confusion, effet presque toujours certain des changemens subits & fréquens, malheureusement trop adoptés depuis quelque temps.

» Enfin, Messieurs, le cahier du hameau de Madon étoit sous nos yeux. La page 26 nous offroit une phrase qu'un de nous a trouvé convenir parfaitement au développement des principes établis dans le discours que nous venions d'entendre, & il s'en est servi pour y répondre en ces termes :

» Qu'il est plus commode & plus expéditif de balayer les questions avec des formes oratoires, qu'avec des faits & des principes.

» Un membre du Clergé a pris ensuite la parole, & dit, que toutes les difficultés existantes dans ce moment, ne venoient que de la manière exagérée dont on envisageoit la vérification des pouvoirs, & de l'importance chimérique qu'on y attachoit ; il a cherché à les réduire à leur simple valeur, & a démontré que les bailliages seuls avoient intérêt à en contester la validité, & à examiner si celui qui étoit porteur de leurs mandats avoit véritablement leur vœu ; & que, quant à nous, tout notre examen devoit se borner à constater s'ils étoient véritablement les mandataires des bailliages.

» Un de nous a dit ensuite que l'intérêt de connoître les pouvoirs, ne pouvoit pas donner la qualité de juge ; que chaque individu devoit, conformément à toutes les anciennes lois, être jugé par ses pairs ; & que par conséquent chaque chambre de voit seule juger ceux qui devoient la composer par leur réunion ; & qu'au surplus le Roi avoit un intérêt pareil à connoître les députés, puisqu'ils étoient les mandataires de son peuple, chargés de traiter avec lui.

» Les principes déja exposés ci-dessus, l'intérêt commun & national, lequel exige que des députés appellés à la confection de l'œuvre de la régénération de la Nation, soient jugés dans le tribunal qui la représente, nous ont été répétés de nouveau : nous n'avons pas cru devoir y répondre, pour ne pas nous rejeter dans des répétitions déja trop fréquentes dans le cours de ces conférences. Comme il étoit tard, M. le Garde-des-Sceaux a levé la séance, & l'a indiquée à aujourd'hui, dans le cas où le procès-verbal, au moyen des notes & observations respectivement communiquées, se trouveroit rédigé dans un état d'exactitude & de vérité suffisant pour être déclaré authentique.

» Ainsi s'est terminée cette quatrième séance : celle d'aujourd'hui sera probablement la dernière, n'ayant pour objet que la lecture & la signature du procès-verbal.

» Après vous avoir rendu compte de la conférence, nous devons aussi mettre sous vos yeux quelques conversations particulières qui en ont été la suite. Plusieurs commissaires du Roi, interprétant mal sans doute votre délibération prise par forme de déclaration & d'instructions à vos commissaires, relativement aux ouvertures de conciliation proposées au nom de Sa Majesté, ont cherché à en tirer induction, que cette résolution de l'Ordre de la Noblesse n'étoit pas définitive, & que vous pouviez en modifier les dispositions. Nous leur avons détaillé les raisons principales qui vous avoient dicté chacune de vos expressions ; nous leur avons prouvé que c'étoit le desir d'une conciliation prompte qui vous avoit déterminé à adopter aussitôt ce moyen, & celui d'une conciliation durable, qui vous avoit décidé à interpréter, conformément aux intentions même annoncées au nom de Sa

Majesté, des articles douteux & incertains, susceptibles par différens sens qu'ils présentoient, d'occasionner des incertitudes & même des discussions ultérieures, que vous aviez cru devoir prévenir; nous les avons suppliés de vouloir bien lire attentivement votre délibération, & d'y remarquer que vous y déclariez les arrêtés pris précédemment par vous, ce qui établissoit par conséquent une chose arrêtée & non douteuse; enfin, nous les avons assurés que, fermes pour l'avenir dans vos principes, vous ne seriez pas moins constans dans vos déterminations passées.

» Il nous reste encore, Messieurs, à vous rendre compte de notre travail, relativement au procès-verbal des conférences. Quoique comme commissaires, nous ne puissions pas, d'après vos ordres, en constater l'authenticité, à cause du mot *Communes*, ainsi que nous l'avons déclaré, néanmoins nous avions pensé qu'il étoit intéressant, même pour nous, qu'il fût dressé avec toute l'exactitude possible; & en conséquence nous avions consenti, ainsi que nous vous en avons rendu compte ci-dessus, à remettre toutes nos notes & observations à celui chargé de le rédiger.

» Nous avons fait plus, Messieurs: toute notre journée d'hier a été employée, conjointement avec lui, à travailler sa rédaction; & nous pouvons à présent vous certifier son exactitude & son intégrité, parfaitement conforme aux rapports que nous avons eu l'honneur de vous faire. Le mot de *Communes*, dont nous n'avons pu obtenir le sacrifice, devient à présent le seul obstacle qui puisse nous empêcher de le reconnoître authentique.

» Donnez-nous vos ordres en conséquence?

» L'ancien d'entre nous, conformément à votre arrêté, peut-il le signer, en faisant toutes les protestations nécessaires relativement à cette expression nouvelle?

» Doit-il refuser sa signature, & le laisser signer par le secrétaire, en y déclarant seulement que, quoique reconnu exact

& véritable par les commissaires de la Noblesse, ils s'y sont refusés à cause du mot *Communes*, lequel leur Ordre ne peut ni ne veut approuver pour désigner le Tiers-État?

» Ou doit-il, en refusant la signature, ce qui n'empêcheroit pas celle du secrétaire nommé à cet effet, faire déclarer dans ce procès-verbal, que les commissaires de la Noblesse ont refusé absolument d'en reconnoître l'authenticité?

» Daignez, Messieurs, nous tracer la marche que nous avons à suivre.

» Après la lecture du rapport, Messieurs les commissaires conciliateurs ont fait la proposition suivante :

» L'Ordre de la Noblesse autorise-t-il les commissaires à laisser signer le procès-verbal des conférences, par le secrétaire nommé à cet effet, en y déclarant seulement que, quoique reconnu exact & véritable par eux, ils se sont refusés à le signer, à cause du mot *Communes*, expression nouvelle, que l'Ordre de la Noblesse ne peut & ne veut approuver pour désigner l'Ordre du Tiers-État.

Cette proposition a été acceptée & approuvée par acclamation.

Il a été donné lecture d'une demande formée & signée par Messieurs les députés élus par la Noblesse de la première assemblée du bailliage d'Amont, ladite demande tendant à obtenir une expédition en forme & motivée de l'arrêté pris par la chambre, qui les a déclarés non admissibles, afin qu'elle puisse leur servir de décharge envers leurs commettans.

Un de Messieurs ayant ensuite demandé la parole, a lu un discours relatif à la conciliation des Ordres, &c. contenant trois motions qui ont pour but de mériter à la chambre la confiance des autres Ordres, & de lui assurer l'estime générale. Ce discours signé a été remis par son auteur sur le bureau.

Messieurs les députés nommés au commencement de la séance, sont partis pour aller à Meudon s'acquitter de la mission qu'ils
son

font chargés de remplir au nom de l'Ordre de la Noblesse. Ils ont prié la chambre de vouloir bien, malgré leur absence, continuer à s'occuper de l'affaire importante du Dauphiné, dont Messieurs les commissaires vérificateurs alloient rendre compte.

En ce moment un des huissiers de la chambre est venu avertir que les députés du Clergé & des Gentilshommes réclamans du Dauphiné demandoient à entrer : ils ont été introduits ; & suivant l'arrêté du 20 mai dernier, ils ont pris séance à la barre de la chambre.

Messieurs les commissaires vérificateurs ont donné lecture de leurs rapports & des différentes pièces justificatives, à l'appui de cette longue discussion dont ils étoient chargés. Messieurs les réclamans & Messieurs les députés du Dauphiné, après avoir été respectivement entendus dans leurs défenses, réponses, répliques réitérées, se sont retirés : sur la demande qu'ils ont faite, qu'il leur fût permis de produire demain un nouveau Mémoire, la chambre y a adhéré, & leur a promis de s'occuper, sans discontinuer, de l'examen & de la décision de cette affaire.

Messieurs les députés, de retour de Meudon, ont rendu compte de la mission qu'ils venoient de remplir, & ont mis sur le bureau le procès-verbal du cérémonial observé dans leur députation.

Messieurs les députés de la Noblesse ont été introduits en arrivant dans un salon tendu de blanc, & où ils ont trouvé les manteaux nécessaires pour la cérémonie. Un moment après, un huissier est venu les avertir. Ils ont trouvé, à la porte du vestibule, M. le grand-Maître & Messieurs les Maîtres des cérémonies, qui les ont conduits dans la salle des Gardes, où ils ont été annoncés par l'huissier. Les Hérauts d'armes sont venus dans cette pièce au devant d'eux. En entrant dans l'antichambre, ils ont été de nouveau annoncés. Messieurs les sous-Gouverneurs sont venus au-devant d'eux ; & tous ensemble ils sont entrés dans la Chapelle ardente ; ils y ont trouvé des carreaux sur lesquels ils se sont mis à genoux, en face du catafalque, au pied duquel étoit M. le duc de Harcourt, Gouverneur de M. le Dauphin, d'un côté, & M. le cardinal de Montmorenci, grand-Aumônier de France, de l'autre. M. le grand-Aumônier a entonné le *Dé Profundis*, après lequel les Hérauts d'armes ont présenté le goupillon à Messieurs les députés, qui tous, l'un après l'autre, ont jeté de l'eau-bénite sur le corps ; après quoi ils se sont retirés & ont été reconduits avec les mêmes cérémonie

Un de Messieurs a ensuite proposé de prendre en considération le dernier arrêté que l'Ordre du Clergé a fait communiquer à la chambre, & d'aviser, ainsi qu'un des membres de la chambre l'avoit proposé il y a quinze jours, aux moyens de remédier aux maux qui résultent de la rareté des grains & de la cherté du pain. Deux de Messieurs ont appuyé cette motion ; mais plusieurs personnes ayant observé que les deux autres Ordres n'étant pas encore constitués, on ne pouvoit guère délibérer sur cet objet, la chambre en a renvoyé la discussion à une autre séance ; elle a prorogé celle de ce jour, à demain matin neuf heures.

Signé, MONTBOISSIER, *Président* ; LE CARPENTIER DE CHAILLOUÉ, *Secrétaire*.

VINGT-QUATRIEME SÉANCE.

Mardi 9 Juin 1789.

LE mardi neuf juin mil sept cent quatre-vingt-neuf, l'Assemblée de Messieurs les députés de l'Ordre de la Noblesse aux

États-Généraux, étant formée, il a été fait lecture du procès-verbal de la séance du jour d'hier.

Messieurs les commissaires nommés pour revoir les procès-verbaux de la chambre, ont commencé le rapport de leur travail. La lecture de la séance du jeudi 14 mai a donné lieu à une observation de la part de Messieurs les députés de la gouvernance d'Arras, que la chambre a réservé de prendre en considération.

M. le député du bailliage de Bugey & ceux de la sénéchaussée de Beaucaire & Nîmes, ont rappelé à la chambre, que le même jour ils avoient eu l'honneur de lui observer que les instructions de leurs commettans leur recommandoient impérativement de demander que toutes les délibérations de la chambre fussent imprimées avec les motifs des délibérans, tant pour que contre ; que les occupations de la chambre ne lui ayant pas permis, pour le moment, de mettre cet objet en délibération, ils la supplient de ne le pas perdre de vue. Les actes de cette réquisition ayant été remis sur le bureau, Messieurs les députés ont demandé qu'il leur en fût accordé acte, &, que Messieurs les secrétaires fussent autorisés à leur en délivrer expédition en forme ; ce qui a été accordé par la chambre. (*Voyez N.º 1 & 2 des pièces annexées à la suite de la présente séance*).

Il a été fait lecture ensuite d'un Mémoire présenté par MM. le marquis de Toulongeon, le chevalier d'Esclans & Bureaux de Puzy, dont l'objet étoit de demander qu'il leur fût délivré copie en forme & motivée de l'arrêté pris par la Noblesse, relativement à la double députation du bailliage d'Amont, & que la chambre voulût bien leur faire connoître si elle s'opposoit à ce qu'ils continuassent de prendre séance parmi ses membres, à l'effet de lui porter les cahiers dont ils étoient chargés, jusqu'à ce que l'Assemblée des États-Généraux eût pris connoissance de la question. Cette lecture entendue, il a été dit simplement que

Messieurs les secrétaires étoient autorisés à délivrer expédition en forme de la décision portée par la chambre sur la double députation du bailliage d'Amont.

Messieurs les commissaires vérificateurs ont terminé leur rapport de l'affaire relative à la députation de la province de Dauphiné, en faisant connoître à la chambre le résultat de leur détermination.

La question, après avoir été profondément discutée, a été réduite à savoir si cette députation seroit admise dès-à-présent, ou si la difficulté à laquelle elle avoit donné lieu, seroit préalablement soumise à l'examen des commissaires des trois Ordres; & délibération prise, il a été décidé, à la pluralité de 128 voix contre 99, dont 13 ont déclaré n'avoir pas d'avis, que cette affaire sera préalablement soumise à l'examen de commissaires des trois Ordres.

Ce fait, la chambre a levé la séance, & indiqué sa prochaine assemblée à demain neuf heures du matin.

Signé, MONTBOISSIER, *Président*; & LE CARPENTIER DE CHAILLOUÉ, *Secrétaire*.

PIÈCES annexées à la vingt-quatrième Séance.

N°. 1. A la demande de Messieurs les députés de la sénéchaussée de Beaucaire & Nîmes, & d'après un arrêté de leur verbal, aussi obligatoire que leur mandat, ils demandent que la chambre veuille bien délibérer par *oui* ou *non*, pour savoir :

S'il sera tenu un registre imprimé dans lequel on couchera les motions agréées ou rejetées, avec l'avis de chaque membre favorable ou contraire.

Il a été dit de renvoyer à délibérer sur cette motion, après la vérification des pouvoirs.

M. le marquis de Fournés s'est levé hier pour réclamer sur ce que l'on avoit omis dans le verbal du 14 mai la réclamation des députés de la sénéchaussée de Nîmes. Ils adhèrent à la demande de M. de Clermont Mont St. Jean, & demandent acte comme lui. *Signé*, le marquis DE FOURNÉS, LA LINIÈRE, le baron DE MARGUERITTE, le baron D'AIGALLIERS.

N°. 2. J'ai l'honneur d'observer à la chambre qu'il n'est point fait mention dans le procès-verbal, de la motion que j'ai faite au nom du bailliage du Bugey, à la séance du 14 mai dernier, & dont j'avois demandé acte.

J'ai, Messieurs, rappelé cette motion à la séance où l'on a délibéré sur l'impression du procès-verbal : je prends la liberté de la renouveler encore à la chambre, & de la prier de vouloir bien la prendre en considération.

Motion du 14 mai.

Messieurs, je suis impérativement chargé par mes cahiers de demander que toutes les délibérations prises & arrêtées par la chambre soient imprimées, motivées, & signées de tous les membres qui y auront adhéré ; que les motifs des opposans soient également imprimés, motivés & signés d'eux, afin que chaque commettant puisse connoître le vœu qu'aura porté son représentant. Les occupations de la chambre ne lui permettant pas de mettre dans le moment cet objet en délibération, je la supplie de vouloir bien ne pas le perdre de vue, & d'autoriser M. le Président & Messieurs les secrétaires de me donner acte de ma demande. *Signé*, le marquis DE CLERMONT MONT ST. JEAN, député du Bugey.

VINGT-CINQUIÈME SÉANCE.

Mercredi 10 juin 1789.

Le mercredi dix juin mil sept cent quatre-vingt-neuf, l'Assemblée de Messieurs les députés de l'Ordre de la Noblesse aux États-Généraux étant formée, il a été fait lecture du procès-verbal de la séance du jour d'hier.

Messieurs les commissaires aux conférences ont rendu compte de celle qui fut tenue hier au soir chez M. le Garde-des-Sceaux, & ont dit :

« Notre séance d'hier au soir chez M. le Garde-des-Sceaux a été ouverte par la lecture du procès-verbal de la conférence du samedi 6, à la rédaction duquel nous avions travaillé préliminairement, ainsi qu'aux corrections de ceux des conférences précédentes ; & elle a été terminée par la lecture de celui de cette dernière conférence, & par la signature des commissaires du Clergé, de ceux du Tiers-État, & du secrétaire de la chancellerie, à la clôture de tous ces procès-verbaux.

» Quelques observations, sur des mots seulement, faites par quelques-uns des commissaires des trois Ordres, pendant le cours de cette lecture, ne méritent pas la peine de vous être rapportées. Des déclarations respectives, relativement aux signatures, sont les seuls objets dont nous ayons à vous rendre compte.

» Les commissaires du Clergé ont dit qu'ils étoient autorisés par leur chambre à signer le procès-verbal des conférences, lorsqu'il auroit été reconnu exact par les commissaires des trois

Ordres, sans que, des qualités énoncées dans ledit procès-verbal, on puisse induire des conséquences qui préjudicieroient à aucun droit, ou en conféreroient aucun.

» Nous avons pareillement fait notre déclaration, & avons dit que, quoiqu'avouant & reconnoissant l'exactitude & la fidélité du présent procès-verbal, nous devions néanmoins nous refuser à y donner aucune approbation par nos signatures personnelles, à cause du mot *Communes* employé dans sa rédaction, pour y désigner le Tiers-État, expression nouvelle que l'Ordre de la Noblesse, en protestant contre toute innovation d'usages, de principes & même de mots qui pourroient conduire à l'un ou à l'autre, ne peut ni ne doit approuver.

» Les commissaires du Tiers-État ont cru devoir faire suivre cette déclaration d'une espèce de contre-protestation contre nos réserves relatives au mot *Communes*; & ont dit qu'après les principes établis par eux pour justifier cette dénomination, & qu'après leur réponse aux reproches d'innovation, les protestations ci-dessus leur paroissent entièrement sans objet.

» Voilà, Messieurs, le résultat & la clôture de cette conférence, la dernière relativement aux vérifications des pouvoirs. La décision que prendra le Tiers-État sur les ouvertures de conciliation proposées au nom de Sa Majesté, pourra seule vraisemblablement en occasionner de nouvelles; & M. le Garde-des-Sceaux se chargera de vous en prévenir lorsqu'elles devront recommencer. Instruits alors des résolutions respectives des deux autres Ordres, vous voudrez bien nous tracer ultérieurement la marche que nous aurons à suivre.

» Toutes les minutes des procès-verbaux des conférences tenues chez M. le Garde-des-Sceaux, ont été remises entre les mains du sieur Hébert, secrétaire du sceau, pour être déposées par lui aux archives de la chancellerie, & en délivrer une copie en forme à chacun des trois Ordres. Lorsque celle de ce volumineux procès-verbal nous aura été expédiée, nous aurons l'honneur de la mettre sous vos yeux.

» Dans le courant des conférences, les commissaires du Tiers-État ont dit que la Nation ne pouvoit être réellement représentée que par la réunion des trois Ordres qui la composent; que le Clergé seul n'étoit pas la Nation, que la Noblesse seule n'étoit pas la Nation, que le Tiers-État seul n'étoit pas la Nation; & que leur réunion seule pouvoit organiser l'Assemblée Nationale. Cette déclaration de leur part, consignée dans le procès-verbal des conférences, pourroit devenir précieuse ultérieurement : nous avons cru en conséquence devoir vous la rappeler, en terminant le compte que nous avions à vous rendre de la mission dont vous nous avez honorés ».

Sur l'observation faite par l'un de Messieurs les députés, qu'il importoit à la chose publique, à l'honneur & au devoir de l'Ordre de la Noblesse, que la chambre se mît en état de s'occuper au plutôt des grands intérêts qui lui ont été confiés, & de commencer en conséquence par arrêter le réglement qui doit déterminer sa police intérieure, le nombre de ses officiers, la nature & la durée de leurs fonctions; Messieurs les commissaires rédacteurs du réglement ont pris le bureau & fait lecture du titre XI du réglement par eux projeté, concernant le nombre des officiers, la nature & la durée de leurs fonctions.

D'après plusieurs réflexions, le nombre des officiers a été déterminé à un Président, un vice-Président & cinq secrétaires.

Relativement à la durée des fonctions de ces officiers, on a agité la question de savoir si le Président & le vice-Président qui seroient d'abord élus, resteroient en place pendant la tenue des présens États-Généraux, ou si la durée de leurs fonctions ne seroit pas limitée à un temps déterminé. La matière, après avoir été discutée, ayant été soumise à la délibération, il a été décidé, à la pluralité de 177 voix contre 63, dont deux ont déclaré n'avoir point d'avis, que la durée de leurs fonctions feroit limitée à un temps déterminé.

Dans le cours de la discussion, Messieurs les députés de la sénéchaussée de Périgueux ont observé :

Que pour la conservation des droits de la Noblesse, & d'après le texte formel de leur mandat qui leur enjoignoit de s'opposer soigneusement à toute préféance ou distinction qui pourroient compromettre la dignité & l'égalité essentielles de la Noblesse Françoise, qui ne peut être distinguée en plusieurs classes, ils se croyoient autorisés à supplier la chambre d'arrêter définitivement :

Qu'au cas où la pluralité des suffrages décerneroit la présidence à l'un des pairs qui pourroient se trouver dans l'assemblée, jamais la pairie ne pût se faire un droit ni même tirer aucun avantage de l'élection libre & momentanée qu'on auroit faite de l'un de ses membres, & que nul titre que celui de gentilhomme ne pourroit jamais prévaloir pour avoir droit à la présidence.

Et ont requis que leur motion fût insérée au procès-verbal.

On a ensuite été aux voix sur la question de savoir si la durée de leurs fonctions feroit limitée à un mois ; oui ou non ; & la négative ayant passé, à la pluralité de 123 voix contre 118, on a mis en délibération si cette durée feroit fixée à deux mois ; oui ou non ; & l'affirmative a passé, à la pluralité de 152 voix contre 84.

La même question s'étant élevée relativement à la durée des fonctions des cinq secrétaires, M. le Président, après avoir réduit la question en ces termes : Les fonctions des secrétaires seront-elles permanentes ou à terme, a proposé à la chambre de la décider par assis ou levé, en invitant ceux de Messieurs les députés qui seroient pour la permanence des fonctions, à rester assis ; & ceux qui seroient d'avis contraire, à se lever. La proposition ayant été acceptée, & la question faite dans les termes auxquels elle avoit été réduite par M. le Préfident, la très-grande majorité de Meſſieurs les députés, en reſtant aſſiſe, à décidé que les fonctions des cinq ſecrétaires ſeront permanentes.

Tous les articles du ſecond titre du règlement ayant été lus ſucceſſivement, ont été adoptés, les uns purement & ſimplement, les autres, avec quelques amendemens dont Meſſieurs les commiſſaires rédacteurs ont tenu note.

M. le Préſident, après avoir rendu compte à la chambre qu'il venoit d'être informé par M. le grand-maître des cérémonies, que Sa Majeſté devant aſſiſter demain, jour de la Fête-Dieu, à la proceſſion du St. Sacrement, elle verroit avec plaiſir que l'Ordre de la Nobleſſe y envoyât douze députés, a nommé, pour aller à cette proceſſion,

Meſſieurs

le prince de Robecq.   le duc d'Havré.
le marquis de Thiboutot.   le vicomte de la Châtre.
le duc de Praſlin.   le marquis de Syllery.
le comte de Plas de Tanne.   d'Isbergue.
le comte de Beauchamp.   le marquis d'Avarey.
le marquis de Culant.   le marquis de Lancoſme.

Ce fait, la chambre a levé ſa ſéance & indiqué ſa prochaine aſſemblée à vendredi prochain 10 heures du matin.

Signé, MONTBOISSIER, *Préſident*, & LE CARPENTIER DE CHAILLOUÉ, *Secrétaire*.

VINGT-SIXIÈME SÉANCE.

Vendredi 12 Juin 1789.

LE vendredi douze juin mil sept cent quatre-vingt-neuf, l'Assemblée de Messieurs les députés par l'Ordre de la Noblesse aux États-Généraux étant formée, il a été fait lecture du procès-verbal de la séance du dernier jour.

Plusieurs de Messieurs les députés ont successivement fait & donné lecture de différentes motions : elles ont donné lieu à des discussions, qui n'étoient pas encore finies, lorsque l'huissier de la chambre est venu avertir M. le Président qu'une députation de l'Ordre du Tiers-État demandoit à entrer.

Deux de Messieurs les députés, nommés par M. le Président, ont été recevoir cette députation à la porte de la chambre & en dehors d'icelle, & l'ont introduite avec le cérémonial ordinaire : elle étoit composée de

Messieurs

Camus.
Boëry.
Peruel.
Millanois.
Pison du Galand.

Reubell.
Enjubault de la Roche.
Houssier.
Meynier des Sallinelles.
d'Abbaye.

Lesquels étant assis dans le parquet en face de M. le Président : M. Meynier des Sallinelles, l'un d'eux, portant la parole, a dit :

« Du 10 juin, l'assemblée des Communes, délibérant sur l'ouverture de conciliation proposée par Messieurs les commissaires du Roi, a cru devoir prendre en même temps en considération l'arrêté que les députés de la Noblesse se sont hâtés de faire sur la même ouverture : elle a vu que Messieurs de la Noblesse, malgré l'acquiescement annoncé d'abord, établissent bientôt une modification qui le rétracte presqu'entièrement ; & qu'ainsi leur arrêté à cet égard ne peut être regardé que comme un refus positif. Par cette considération, & attendu que Messieurs de la Noblesse ne se sont pas même désistés de leurs précédentes délibérations, contraires à tout projet de réunion, les députés des Communes pensent qu'il devient absolument inutile de s'occuper davantage d'un moyen qui ne peut plus être dit *conciliatoire*, du moment qu'il a été rejeté par l'une des parties à concilier.

» Dans cet état des choses, qui replace les députés des Communes dans leur première position, l'Assemblée juge qu'elle ne peut plus attendre dans l'inaction les classes privilégiées, sans se rendre coupable envers la Nation, qui a droit sans doute d'exiger d'elle un meilleur emploi de son temps ; elle juge que c'est un devoir pressant pour tous les représentans de la Nation, quelle que soit la classe de citoyens à laquelle ils appartiennent, de se former, sans autre délai, en Assemblée active, capable de commencer & de remplir l'objet de leur mission.

» L'Assemblée charge Messieurs les commissaires qui ont suivi les différentes conférences, dites *conciliatoires*, d'écrire le récit des longs & vains efforts des députés des Communes, pour tâcher d'amener les classes privilégiées aux vrais principes. Elle les charge d'exposer les motifs qui la forcent de passer de l'état d'attente à celui d'action ; enfin, elle arrête que ce récit & ces motifs seront présentés au Roi & imprimés ensuite, à la tête de la présente délibération.

» Mais puisqu'il n'est pas possible de se former en Assemblée active, sans reconnoître au préalable ceux qui ont droit de la composer, c'est-à-dire, ceux qui ont qualité pour voter comme représentans de la Nation, les mêmes députés des Communes croient devoir faire une nouvelle tentative auprès de ceux de Messieurs du Clergé & de la Noblesse qui annoncent la même qualité, & qui néanmoins ont refusé jusqu'à présent de se faire reconnoître. Au surplus, l'Assemblée ayant intérêt à constater les refus des députés de ces deux classes, dans le cas où il persisteroient à vouloir rester inconnus, elle juge indispensable de faire une dernière invitation qui leur sera portée par des députés chargés de leur en faire lecture, & de leur en laisser copie dans les termes suivans :

» Messieurs, nous sommes chargés par les députés des Communes de France, de vous prévenir qu'ils ne peuvent différer davantage de satisfaire à l'obligation imposée à tous les représentans de la Nation. Il est temps assurément que ceux qui annoncent cette qualité, *reconnoissent*, par une vérification commune, leurs pouvoirs, & commencent enfin à s'occuper de l'intérêt national, qui seul, & à l'exclusion des intérêts particuliers, se présente comme le grand but auquel tous les députés doivent tendre d'un commun effort. En conséquence, & dans la nécessité où sont tous les représentans de la Nation de se mettre en activité, sans autre délai, les députés des Communes vous prient de nouveau, Messieurs, & le devoir leur prescrit de vous faire une dernière invitation, tant collectivement qu'individuellement, à venir dans la salle des États, pour assister, concourir & vous soumettre comme eux à la vérification commune des pouvoirs : nous sommes en même temps chargés de vous déclarer que l'appel général de tous les bailliages convoqués se fera dans le jour, & que, faute de se présenter, il sera procédé à cette vérification, tant en présence qu'en l'absence des députés des classes privilégiées.

M. le Préfident a répondu : « L'Ordre de la Nobleffe vient d'entendre, Meffieurs, la propofition de l'Ordre du Tiers-État : il en délibérera dans fa chambre, & aura l'honneur de vous faire favoir fa réponfe ».

Meffieurs les députés du Tiers-État fe font retirés en laiffant par écrit, non figné, la propofition dont ils venoient de donner la lecture, & ont été reconduits de la même manière qu'ils avoient été introduits.

Après quelques motions relatives à ce que venoient de dire Meffieurs les députés de l'Ordre du Tiers-État, il a été propofé de nommer des commiffaires pour rédiger la réponfe qu'il conviendroit de faire ; & la propofition ayant été agréée, on a été aux voix fur la queftion de favoir fi l'on chargeroit ou non de cette rédaction Meffieurs les commiffaires aux conférences ; & l'affirmative a paffé, à la pluralité de 186 voix contre 70, dont 4 ont déclaré n'avoir point d'avis.

Meffieurs les commiffaires s'étant retirés à l'inftant, pour s'occuper du travail qui venoit de leur être confié, on a propofé, & il a été accepté, de procéder à l'inftant, par la voie du fcrutin, à la nomination du Préfident.

L'urne ayant été apportée & placée fur le bureau devant M. le Préfident, on a fait l'appel de Meffieurs les députés dont les pouvoirs font vérifiés ; & chacun d'eux eft venu fucceffivement dépofer fon billet dans le vafe à ce deftiné, fous l'infpection particulière de Meffieurs le prince de Beauffremont, le comte de   , le marquis de Vaudreuil, & le comte de Trie, fcrutateurs nommés ; Meffieurs les fecrétaires tenant note des billets fucceffivement dépofés. L'appel étant fini, on a été avertir Meffieurs les commiffaires, qui font entrés un inftant à la chambre, & en font fortis pour reprendre la fuite de leur travail, après avoir dépofé chacun leur billet. Vérification faite des feuilles de Meffieurs les fecrétaires, qui fe font trouvées conformes, il en eſt réſulté que le nombre des billets portés au ſcrutin étoit de 251.

Meſſieurs les ſcrutateurs, après avoir fait le recenſement des billets étant dans le vaſe, en préſence de toute la chambre, & trouvé leur nombre également correſpondant à celui indiqué par les feuilles de Meſſieurs les ſecrétaires, ont procédé à l'ouverture des billets du ſcrutin, & à l'appel ſucceſſif, & à voix haute, du nom inſcrit ſur chacun d'eux; Meſſieurs les ſecrétaires tenant les feuilles d'inſcription.

L'appel fini, & vérification faite des feuilles de Meſſieurs les ſecrétaires, qui ſe ſont trouvées conformes, il en eſt réſulté que M. le duc de Luxembourg avoit obtenu 145 voix, & ſe trouvoit conſéquemment élu & nommé Préſident de l'Ordre de la Nobleſſe.

A l'inſtant tous Meſſieurs les députés ont unanimement, & par acclamation, adreſſé leurs remerciemens à M. le comte de Montboiſſier, qui a, de ſon côté, témoigné à la chambre ſa ſenſible reconnoiſſance.

M. le duc de Luxembourg, qui étoit à travailler avec MM. les commiſſaires, ayant été averti de ſon élection, s'eſt rendu à la chambre où il a été reçu avec acclamation; & ayant pris la place & ſéance du Préſident, il a adreſſé ſes remerciemens à tous Meſſieurs les députés.

Alors on a procédé, en la forme & manière ci-devant décrite, à un nouveau ſcrutin pour la nomination d'un Vice-Préſident; & vérification faite de ſon réſultat, il s'eſt trouvé que perſonne n'avoit obtenu le nombre de voix ſuffiſant pour être élu.

A l'inſtant où l'on ſe diſpoſoit à procéder à un ſecond ſcrutin, Meſſieurs les commiſſaires nommés pour rédiger l'arrêté à prendre en conſéquence de la propoſition apportée à la chambre par les députés de l'Ordre du Tiers-État, ſont entrés, & ayant pris le bureau, ont fait lecture du projet qu'ils avoient arrêté.

Les discussions auxquelles il a donné lieu, n'étant pas encore finies à quatre heures & demie de relevée, il a été arrêté d'en renvoyer la continuation à demain, & de faire prévenir par une députation Messieurs du Tiers-État, de l'impossibilité dans laquelle se trouvoit l'Ordre de la Noblesse de leur faire savoir sa réponse. M. le Président a nommé députés pour aller remplir cette mission.

Messieurs

Lambert de Frondeville.   le vicomte de la Châtre.
Saint-Maixent.   Foucault de l'Ardimalie.
le duc de Villequier.   Montesquiou.

Ce fait, la chambre a levé sa séance, & indiqué sa prochaine assemblée à demain neuf heures du matin.

Signé, le duc DE MONTMORENCY-LUXEMBOURG, *Président*; & LE CARPENTIER DE CHAILLOUÉ, *Secrétaire*.

VINGT-SEPTIEME SÉANCE.

Samedi 13 Juin 1789.

LE samedi treize juin, mil sept cent quatre-vingt-neuf, l'Assemblée de Messieurs les députés de la Noblesse aux États-Généraux étant formée, il a été fait lecture du procès-verbal de la séance précédente.

Messieurs les commissaires nommés pour rédiger le projet d'arrêté à prendre par la chambre, en conséquence de la proposition apportée hier par les députés de l'Ordre du Tiers-État, ont pris le bureau. Ils ont soumis à un nouvel examen le projet d'arrêté d'arrêté qu'ils avoient présenté hier, & auquel ils avoient été chargés d'apporter quelques changemens, d'après les observations qui leur avoient été indiquées par la discussion qui avoit déjà eu lieu à cet effet. Elle a recommencé de nouveau : plusieurs autres projets de réponses & plusieurs amendemens ont été proposés successivement.

Après un tour d'opinions motivées, pour savoir lequel de ces Projets devoit être accepté, celui de Messieurs les commissaires ayant la priorité, la question a été ainsi posée : « Acceptera-t-on le projet présenté par Messieurs les commissaires, avec ou sans amendement? »

Les voix ayant été appelées, il a été décidé, à la pluralité de 126 voix contre 73, que le projet de réponse seroit accepté avec amendement.

La lecture des différens amendemens ayant été faite dans l'ordre dans lequel ils avoient été proposés, on a été aux voix successivement sur chacun : les uns ont été acceptés ; les autres ont été rejetés. Enfin, à la pluralité de 116 voix contre 110, la réponse à faire à l'Ordre du Tiers-État a été arrêtée définitivement, ainsi qu'il suit :

Arrêté de l'Ordre de la Noblesse, pour la réponse à faire à l'Ordre du Tiers-État.

La proposition de l'Ordre du Tiers-État nécessite, de la part de l'Ordre de la Noblesse, le développement des principes qui l'ont dirigé ; il doit cet hommage à la Nation ; il doit cet égard à l'Ordre du Tiers-État.

Les députés de l'Ordre de la Noblesse, réunis dans leur chambre avant d'avoir vérifié leurs pouvoirs, ont dû suivre, pour cette vérification, les usages des précédens États-Généraux : ils les ont suivis. Ces usages étoient une conséquence nécessaire de la loi conſtitutive de la ſéparation des Ordres & de leur mutuelle indépendance ; loi que la Nobleſſe a toujours conſidérée comme conſervatrice du trône, de la liberté & des propriétés des citoyens.

L'Ordre du Tiers-État n'a point adopté la même marche ; lorſqu'il a deſiré que la vérification ſéparée des pouvoirs fût convertie en une vérification commune. L'Ordre de la Nobleſſe a dû expoſer ſes raiſons pour y procéder ſéparément ; il les a expoſées par l'organe de ſes commiſſaires-conciliateurs, en les chargeant d'énoncer préalablement que la preſque-totalité des cahiers de ſes députés les autoriſoit à la renonciation aux priviléges pécuniaires ; il a dû croire que ce préalable terminoit à l'inſtant pluſieurs difficultés, & facilitoit les moyens de mettre en activité les États-Généraux.

Dans l'eſpoir d'une conciliation, l'Ordre de la Nobleſſe a encore propoſé que lorſqu'on s'occuperoit de l'organiſation des États-Généraux, on examinât les inconvéniens ou les avantages d'une vérification ſéparée ou commune, afin qu'il y fût ſtatué pour l'avenir.

Enfin, le Roi fait propoſer un plan de conciliation : Sa Majeſté demande *que ce plan ſoit accepté, ou tout autre*. L'Ordre de la Nobleſſe délibère à l'inſtant : il accepte le plan propoſé par les commiſſaires du Roi ; & d'après leur vœu, *réunit au fond de la propoſition les précautions qui lui paroiſſent convenables.*

En conſéquence, il charge ſes commiſſaires conciliateurs de rappeler à la conférence, que la Nobleſſe avoit arrêté précédemment qu'elle vérifieroit ſes pouvoirs dans ſon ſein, & prononceroit ſur les conteſtations qui ſurviendroient lorſqu'elles n'intéreſſeroient que ſes députés particuliers, & qu'elle en donneroit une connoiſſance officielle aux autres Ordres.

Quant aux autres difficultés ſurvenues ou à ſurvenir ſur les députations entières, pendant la présente tenue d'États-Généraux seulement, l'Ordre de la Noblesse a proposé que chaque Ordre chargeât ses commissaires, conformément au desir du Roi, de les discuter avec ceux des autres Ordres, pour que, sur leur rapport, il y fût statué, d'une manière uniforme, s'il étoit possible, dans les trois chambres séparées ; & que dans le cas où l'on ne pourroit y parvenir, le Roi seroit supplié d'être leur arbitre.

Maintenant la Nation peut juger si elle doit imputer à la Noblesse l'inquiétante inertie des États-Généraux.

Dans ce moment où la France entière attend le rétablissement de sa constitution, où la dette publique exige des sacrifices, l'Ordre de la Noblesse croit n'avoir à répondre, sur la proposition de l'Ordre du Tiers-État, qu'en l'invitant à ne pas rejeter l'arbitrage du Roi pour tous les pouvoirs actuellement contestés & non jugés, à ne pas se refuser plus long-temps aux moyens de conciliation qu'a proposés Sa Majesté, & dont l'adoption doit accélérer la marche des trois Ordres vers ces grands objets qui intéressent essentiellement la Nation.

L'Ordre de la Noblesse, fidèle à ses commettans, déclare qu'il va s'en occuper sans relâche.

La chambre a levé ensuite sa séance, à cinq heures & demie du soir, & la prochaine assemblée a été indiquée à lundi prochain, 15 juin, à neuf heures du matin.

Signé, MONTMORENCY, duc DE LUXEMBOURG, *Président*; & LE CARPENTIER DE CHAILLOUÉ, *Secrétaire*.

VINGT-HUITIÈME SÉANCE.

Lundi 15 Juin 1789.

LE lundi quinze juin mil sept cent quatre-vingt-neuf, l'Assemblée de Messieurs les députés pour l'Ordre de la Noblesse aux États-Généraux étant formée, il a été donné lecture du procès-verbal de la dernière séance.

Il a été proposé à la chambre de délibérer si elle enverroit aux deux autres Ordres l'arrêté qu'elle a pris dans sa dernière séance. Cette proposition ayant été acceptée, il a été décidé, par l'unanimité des voix, que le dernier arrêté pris par la chambre seroit porté aux deux Ordres du Clergé & du Tiers-État par une députation nommée à cet effet : en conséquence M. le Président a nommé

Messieurs

le marquis de Mortemart.   le marquis d'Avaray.
le duc de Mailly.   le vicomte de Lautrec.
de Bousmard.   le vicomte de Noailles.
d'André.   le président Lavie.

Pour la députation au Clergé;

& Messieurs

de Bressey.   le baron de Flachslanden.
le duc de Luynes.   le duc de Croy.
le marquis de Thiboutot.   le comte de la Galissonnière.

Pour la députation à l'Ordre du Tiers-État.

M. le Préfident a rendu compte à la chambre, que la Reine l'avoit fpécialement chargé de lui faire part de toute fa fenfibilité au vif intérêt que l'Ordre de la Nobleffe lui avoit témoigné.

Un de Meffieurs les députés a propofé l'arrêté fuivant, & a demandé que la chambre voulût bien y délibérer.

« L'Ordre de la Nobleffe a arrêté que M. le Préfident fe retirera par devers le Roi, dans la forme accoutumée, pour préfenter à Sa Majefté la délibération de la chambre, prife le 13 de ce mois, & en même temps copie de l'arrêté de l'Ordre du Tiers-État; & fuppliera le Roi, comme confervateur des droits de la Nation & de l'indépendance mutuelle des Ordres, de vouloir bien les prendre en confidération, & les pefer dans fa fageffe. »

Après une difcuffion préalable, on a été aux opinions fur cet arrêté; & conformément à l'article du nouveau réglement adopté, l'appel de Meffieurs les députés a commencé par la ville & vicomté de Paris, hors les murs ».

Le tour des opinions étant fini, M. le Préfident a donné lecture de deux lettres qu'il venoit de recevoir : la première, de M. le comte de Founeau, gentilhomme de la province de Normandie, qui a annoncé quelques projets & mémoires relatifs aux États-Généraux; la feconde, de quelques gentilshommes de Franche-Comté, réclamant contre la députation du bailliage d'Aval. Meffieurs les députés du bailliage d'Aval ont répondu à cette réclamation, par la déclaration fuivante.

« La chambre de la Nobleffe étant conftituée, les pouvoirs qu'elle a vérifiés & fanctionnés font indeftructibles; & les députés qu'elle a admis, font inconteftablement les repréfentans de la Nation aux États-Généraux: leur titre eft facré : rien ne peut l'affoiblir, & fur-tout l'annuller : ils font inamovibles; & ils doivent exifter auffi long-temps que les États-Généraux exifteront eux-mêmes.

» Par ces principes, qui font ceux que la chambre de la Nobleffe a confacrés, nous déclarons que nous croyons ne devoir ni pouvoir nous mettre en caufe, quelles que foient les réclamations qu'on veuille faire contre notre admiffion, dont il nous eft cependant fi facile de juftifier avec évidence la légitimité; & que ne devant, en qualité d'hommes nationaux, nous regarder comme jufticiables d'aucun tribunal, nous ne pouvons être deftitués, qu'autant qu'on nous fera perfonnellement notre procès. *Signé*, le marquis DE LEZAY-MARNEZIA, le vicomte DE TOULONGEON ».

En cet inftant, Meffieurs les députés envoyés à l'Ordre du Tiers-État font rentrés, & ont dit qu'après avoir été reçus dans la chambre de l'Ordre du Tiers-État, avec les cérémonies accoutumées, ils avoient rempli la miffion dont la chambre leur avoit fait l'honneur de les charger; qu'ils avoient lu & laiffé enfuite fur le bureau la copie de l'arrêté pris par l'Ordre de la Nobleffe, dans la féance du 13 de ce mois; que M. le Doyen du Tiers-État leur avoit répondu :

« MESSIEURS,

» Vous nous voyez occupés de l'exécution de la délibération
» prife le 10 de ce mois, & que nous avons eu l'honneur de
» vous communiquer le 12; nous efpérons toujours que vous
» vous réunirez à nous pour y concourir ».

Meffieurs les députés envoyés à l'Ordre du Clergé ont également rendu compte qu'après avoir été reçus dans la chambre du Clergé avec les cérémonies accoutumées, & après y avoir rempli la miffion dont ils étoient chargés, M. le Préfident de l'Ordre du Clergé leur avoit répondu en fubftance, que l'Ordre du Clergé prendroit en confidération l'arrêté que l'Ordre de l

Noblesse vouloit bien lui communiquer, & qu'il fera connoître à l'Ordre de la Noblesse la délibération qu'il prendra sur cet objet.

On a ensuite repris le premier objet mis en discussion, & déja soumis aux opinions dans le commencement de la séance.

On a été aux voix pour savoir si on enverroit au Roi l'arrêté pris dans la séance du 13. L'affirmative a été décidée par la pluralité de 184 voix contre 55, dont quatre n'ont point donné d'avis.

On a ensuite proposé cette question : Enverra-t-on cet arrêté purement & simplement, oui ou non ? Il a été décidé par la pluralité de 221 voix contre 15, que l'arrêté seroit envoyé purement & simplement.

M. le Président a donné lecture d'une lettre qui venoit de lui être remise de la part de Messieurs les réclamans des États de Provence, contre la nomination des députés de cette province. Ils prient M. le Président de leur indiquer le jour où l'Ordre de la Noblesse voudra bien statuer sur leurs réclamations & les motifs consignés dans les mémoires qu'ils ont déja eu l'honneur de lui remettre dans la séance du

On a ensuite procédé, suivant la forme ordinaire, par la voie du scrutin, à la nomination d'un vice-Président. Tous les billets du scrutin ayant été déposés dans l'urne, en présence de MM. le prince de Beauffremont, le vicomte de Quesnoy, le comte de Tessé, & le baron d'Harembure, scrutateurs nommés, le nombre des billets s'est trouvé être de 239. Recensement fait des billets, il s'est trouvé conforme au nombre qui devoit exister. Messieurs les scrutateurs en ayant fait l'ouverture, & nommant à haute voix ceux que lesdits billets désignoient, il est résulté du rapport des feuilles tenues par Messieurs les secrétaires, que M. le duc de Croy étoit élu vice-Président, ayant obtenu 160 voix.

La chambre a prorogé sa séance cejourd'hui, à 7 heures précises du soir.

Signé, le duc DE MONTMORENCY-LUXEMBOURG, *Président;* & LE CARPENTIER DE CHAILLOUÉ, *Secrétaire.*

Et avenant l'heure ci-dessus indiquée, Messieurs les députés de l'Ordre de la Noblesse ayant pris leurs places, M. le duc de Croy, élu vice-Président dans la séance de ce matin, a présidé l'Assemblée, en l'absence de M. le duc de Luxembourg, Président, qui s'est retiré par devers le Roi à Marly, pour porter à Sa Majesté la délibération prise par l'Ordre de la Noblesse, le 13 de ce mois.

On a procédé, suivant la forme ordinaire, par la voie du scrutin, à la nomination successive des cinq secrétaires proposés. M. le Président a nommé Messieurs le baron de Juigné, Pouilly, le marquis de Digoine, le duc de Praslin, pour scrutateurs. Tous les billets du scrutin ayant été, en leur présence, déposés dans l'urne, leur nombre s'est trouvé être de 200, & a été le même après le recensement qui en a été fait. Ouverture faite desdits billets, & les noms qu'ils contenoient ayant été prononcés à haute voix, il est résulté de la comparaison des feuilles tenues par Messieurs les secrétaires, que M. le marquis de Bouthillier étoit élu secrétaire, comme ayant eu 139 voix. On a ensuite procédé à la nominaiton du second secrétaire, dans la même forme que ci-dessus. Le nombre de billets mis dans l'urne, ne s'est trouvé être que de 184 : mais, après le recensement & l'ouverture des billets, aucun des sujets désignés n'ayant réuni la moitié des voix, il a été décidé de procéder à un second scrutin.

Les billets pour ce second scrutin ont été déposés dans l'urne, suivant la forme ci-dessus : leur nombre n'a été que de 144. Recensement fait desdits billets, ouverture faite, & les noms qu'ils contenoient ayant été lus à haute voix, il est résulté du rapport des feuilles tenues par Messieurs les secrétaires, que M. le président d'Ormesson avoit 117 voix, & conséquemment qu'il étoit élu secrétaire.

La chambre a levé sa séance, & indiqué celle de demain à neuf heures précises du matin.

Signé, le duc DE CROY, *vice-Président* ; BOUTHILLIER, D'ORMESSON, *Secrétaires*.

VINGT-NEUVIÈME SÉANCE.

Mardi 16 Juin 1789.

LE mardi seize juin mil sept cent quatre-vingt-neuf, l'Assemblée de Messieurs les députés de l'Ordre de la Noblesse aux États-Généraux étant formée, il a été donné lecture du procès-verbal de la séance du jour précédent.

L'arrêté proposé hier par un de Messieurs, relativement à l'envoi à faire au Roi, de la délibération prise dans la séance précédente, pour la réponse à faire au Tiers-État, ayant excité quelques réclamations, attendu que ce projet d'arrêté n'avoit pas été adopté par la chambre, il a été décidé, par assis & levé, qu'il n'en seroit pas fait mention dans le procès-verbal, & qu'il en seroit seulement rendu compte, en disant qu'un de Messieurs avoit proposé un arrêté particulier, pour accompagner l'envoi fait au Roi, de la délibération du 13 juin, mais qu'il avoit été décidé qu'elle lui seroit portée purement & simplement.

Cette décision de la chambre a donné lieu à une motion faite par un de Messieurs, pour la prier de prononcer si celles qui auroient été mises en délibération ne devoient pas être comprises dans le procès-verbal, quand bien même elles n'auroient pas été adoptées, & pour demander que toutes celles dans ce cas y fussent insérées, à compter de ce jour : mais les occupations de la chambre ne lui permettant pas de se livrer à cette discussion, elle a été retirée pour l'instant ; & il a été remis à délibérer à ce sujet, au moment où l'on feroit l'examen de la partie du réglement relative à l'ordre des motions.

M. le Président a rendu compte ensuite de la commission dont il avoit été chargé auprès du Roi, pour lui porter l'arrêté du 13 juin, en exécution de la délibération d'hier ; & il a communiqué en ces termes, le discours qu'il avoit adressé à Sa Majesté, & la réponse qu'il en avoit reçue.

Discours de M. le Président, au Roi.

« SIRE,

» L'Ordre de la Noblesse m'a chargé de porter à Votre Ma-
» jesté son arrêté relativement à l'invitation qui lui a été faite
» par la chambre du Tiers-État ; elle a desiré mettre sous les
» yeux de Votre Majesté sa conduite & les principes qui l'ont
» dirigée ».

Réponse du Roi.

« Je reçois, par égard pour la Noblesse, son arrêté ; mais
» il est d'usage qu'on en prévienne le Garde-des-Sceaux : je vous
» ferai connoître mes intentions ».

A l'instant un des membres de la chambre a observé que les droits de la Noblesse & de tous les Ordres, étant de communiquer directement avec Sa Majesté, toutes les fois que le bien du service du Roi & de l'intérêt public l'exigeoient, il lui paroissoit d'une grande conséquence d'insérer le récit de M. le Président dans le procès-verbal de la séance du jour, sans s'occuper sur-le-champ des précautions à prendre pour conserver le droit national & le rapport direct de la Noblesse avec le Monarque.

Il a ajouté que le droit de la Nation étoit indubitable; que la cour du Roi avoit toujours joui de la prérogative de faire passer directement au Souverain ses vœux ou ses arrêtés; que la Nation, conseil nécessaire du Roi, ne pouvoit être privée de l'usage de ce droit, sur-tout au moment où elle alloit s'occuper de tant d'objets importans, à la discussion desquels elle étoit appelée par Sa Majesté même.

Le même membre de la chambre a prié Messieurs de vouloir bien réfléchir, sous un autre rapport, à la réponse du Roi & à l'interposition projetée des offices de M. le Garde-des-Sceaux, au préjudice des droits de M. le Chancelier de France, dont le titre est une charge de la Couronne.

Sur cette réclamation, la chambre a arrêté qu'elle prendroit cet objet en considération, mais que pour l'heure, il seroit sursis à s'en occuper.

Un des députés de la gouvernance d'Arras a dit ensuite que, le 9 juin 1789, il avoit fait remarquer à la chambre quelques expressions du procès-verbal de la séance du 14 mai, lesquelles, en réservant les droits des États d'Artois, paroissent préjudicier à ceux de ladite province; qu'en conséquence il avoit demandé, ledit jour, que ces expressions fussent retranchées du procès-verbal; & que cédant avec respect aux difficultés que la chambre sembloit trouver à cette rédaction dans ce procès-verbal déjà approuvé par elle, il avoit cru qu'une protestation, conservatoire des droits de la province, produiroit le même effet en sa faveur; & que la proposition qu'il en avoit fait alors ayant été acceptée, il demandoit la permission de remettre sur le bureau la protestation qu'il alloit lire à l'Assemblée: la lecture en ayant été faite, il a été arrêté qu'il lui seroit donné acte de cette protestation, & qu'elle seroit annexée au procès-verbal. (*Voyez la pièce annexée*).

Les commissaires chargés de la révision des procès-verbaux ont profité de cette occasion pour prier la chambre de s'expliquer si toutes les pièces annexées devoient être imprimées en même temps que le procès-verbal; sur quoi, la question mise en délibération par assis ou levé, il a été décidé qu'elles seroient imprimées conjointement.

Un des membres de l'Assemblée a rappelé ensuite à la chambre que l'Ordre du Clergé, par sa délibération officiellement communiquée le 6 juin dernier, avoit invité l'Ordre de la Noblesse à nommer des commissaires, pour s'occuper, avec ceux qu'il choisiroit, des moyens de remédier à la cherté des grains & à la misère des peuples; & a demandé que la chambre s'occupât de cette nomination. Cette motion a été appuyée par plusieurs de Messieurs: quelques autres ont proposé d'autres moyens tendant également à concourir aux vues de bienfaisance qui avoient amené Messieurs du Clergé; d'autres auroient semblé craindre que les démarches des Ordres, à ce sujet, ne fussent attentatoires aux droits du pouvoir exécutif, auquel appartient incontestablement cette partie d'administration, sans la réponse faite au Clergé, par le Roi, par laquelle il semble inviter les Ordres à coopérer aux sages précautions prises par lui, en partageant ses sollicitudes paternelles: enfin, après plusieurs discussions, & un tour d'opinions motivées, la question a été ainsi posée. « Nommera-t-on des commissaires, conformément à l'invitation du » Clergé, oui ou non » ? Sur quoi il a été décidé, à l'unanimité des suffrages, que la chambre procéderoit incessamment à la nomination.

Cet arrêté nécessitoit la question de savoir si on en feroit part officiellement aux autres Ordres; & il a été décidé par assis & levé, qu'on le communiqueroit à Messieurs du Clergé; & les voix recueillies, il a été arrêté, à la pluralité de 191 contre 33, qu'il le feroit pareillement à Messieurs du Tiers-État; sur quoi M. le Président a nommé, pour députés au Clergé,

Messieurs.

de Beaumez.	le marquis d'Usson.
le prince de Beauffremont.	le chevalier de la Coudraye.
le chevalier de Vertamont.	le comte de Serent.
le duc de Lévis.	le vicomte de Toulongeon.

Pour députés au Tiers-État,

Messieurs

le duc du Châtelet.	le comte de la Marck.
le vicomte de Noailles.	le marquis de Digoine.
le prince de Broglie.	Desfossés.

M. le Président a rendu compte ensuite des instances qui lui avoient été faites par M. l'évêque de Rennes & M. le marquis de Boisgelin, présidens des deux premiers Ordres des États de Bretagne, pour engager la chambre à prendre en considération les raisons qui avoient empêché cette province de députer aux États-Généraux : il a déposé sur le bureau les pièces qu'ils lui avoient remises, concernant cette affaire; & il a proposé de nommer deux rapporteurs pour en faire l'examen & en rendre compte à la chambre. Messieurs les députés de la province du Périgord, chargés par leurs cahiers de réclamer pour les provinces dont les trois Ordres n'auroient point envoyé leurs députés aux États-Généraux, ont fortement appuyé cette proposition; & la chambre, partageant leurs fentimens à cet égard, a décidé unanimement, par affis & levé, que M. le Préfident feroit prié de nommer auffitôt les deux rapporteurs qu'il avoit propofé de charger de l'examen de cette affaire; & d'après fa nomination, les pièces en ont été remifes auffitôt à MM. Fréteau & le comte de Montcalm, fur leur récépiffé.

Un de Meffieurs les députés du Dauphiné a repréfenté enfuite à la chambre, que par le jugement rendu par elle, le 9 de ce mois, ils avoient été renvoyés pardevant des commiffaires des trois Ordres, chargés de prononcer fur la validité de leur députation; que ces commiffaires n'exiftoient pas encore, & qu'il étoit à craindre qu'ils ne fuffent pas dans le cas de fe raffembler auffitôt, pour ne pas laiffer pendant long-temps une grande province privée de repréfentans, & a demandé que la chambre voulût bien s'occuper au plus tôt des moyens de les faire juger définitivement.

Sa propofition ayant paru jufte & ayant été acceptée, il a été décidé, par affis & levé, que les arrêtés du 13 mai & 9 juin 1789, relatifs à la double députation du bailliage d'Auxerre, & à la députation du Dauphiné, feroient portés demain à l'Ordre du Clergé & à celui du Tiers-État, avec prière de s'expliquer immédiatement fur ces arrêtés, afin que ces commiffaires puiffent s'affembler fans délai, en cas d'acceptation; ou que l'Ordre de la Nobleffe puiffe prendre un parti ultérieur, en cas de refus.

Les députés envoyés à l'Ordre du Tiers-État étant rentrés, ont dit qu'ils n'avoient pu s'acquitter de leur miffion, la féance de cet Ordre étant déjà levée.

Ceux envoyés à l'Ordre du Clergé, ont rapporté que le Préfident avoit répondu, que le Clergé voyoit avec plaifir l'Ordre de la Noblesse se concerter avec lui pour les objets d'utilité & de soulagement public.

Plusieurs membres de l'Assemblée ont fait ensuite différentes motions, l'un pour demander que les suffrages fussent désormais énoncés nominativement dans les procès-verbaux. Les autres, (les députés d'Agenois, des sénéchaussées de Nîmes,) pour demander la publicité des séances, aussitôt qu'un local plus étendu pourra en fournir la possibilité; d'autres, (les députés de la ville de Paris,) pour demander la division de l'Assemblée en bureaux, à l'effet de s'occuper plus promptement des grands objets à traiter par l'Assemblée; d'autres enfin, pour demander qu'il ne fût plus possible de revenir sur les jugemens des pouvoirs des députés, lorsqu'ils auroient été admis & qu'ils auroient concouru à des délibérations. L'examen de toutes ces motions, numérotées & recueillies par les secrétaires, a été remis à un autre moment, attendu la nécessité dans laquelle la chambre se trouvoit de procéder à la nomination du restant de ses officiers.

On a procédé ensuite, par la voie du scrutin, à l'élection d'un des trois secrétaires restant à nommer, Messieurs le marquis de Digoine, le baron de Pouilly & le duc de Praslin, ayant été choisis pour scrutateurs, on a procédé à l'appel des députés; & leurs billets, au nombre de 233, ont été remis en leur présence dans le vase destiné à les recevoir.

Aucun de ceux qui avoient concouru n'ayant réuni la pluralité requise, le scrutin a été déclaré nul, & continué à l'après-dînée.

Monsieur le Président a rendu compte à la chambre, que M. le marquis de Janson, député par les États de Provence, lui faisoit demander le jour auquel la chambre pourroit s'occuper du jugement de leurs réclamations. Messieurs les commissaires vérificateurs ayant annoncé qu'ils étoient prêts à en faire le rapport, il a été arrêté que cette affaire seroit remise à demain, & que M. le Président seroit chargé d'en prévenir M. le marquis de Janson.

La séance a été renvoyée à ce soir 6 heures précises.

Signé, le duc DE MONTMORENCY-LUXEMBOURG, *Président*; BOUTHILLIER, D'ORMESSON, *Secrétaires*.

PIÈCE annexée à la vingt-neuvième séance.

LE 9 juin 1789, il a été procédé, dans l'Ordre de la Noblesse, à la lecture du procès-verbal de ses séances précédentes, à l'effet de livrer ce procès-verbal à l'impression; & lorsqu'on est parvenu à la séance du 14 mai, nous, députés de la province d'Artois, avons remarqué dans le procès-verbal de ladite séance, quelques expressions insérées pour réserver les droits des États d'Artois, expressions qui nous paroissent préjudicier à ceux de ladite province, contre l'intention manifeste de l'Ordre de la Noblesse, qui n'avoit voulu, par lesdites expressions, que prouver sa parfaite justice & son extrême impartialité; en conséquence, nous avons supplié la chambre de vouloir bien ordonner que les susdites expressions fussent retranchées du procès-verbal, ou réformées comme il suit:

Il a été observé, par un très-grand nombre de Messieurs les députés, que l'admission actuelle des députés de l'Artois ne pourroit rien préjuger sur la constitution de cette province, sur la composition de ses États, & sur les droits de la Noblesse de ce pays, relativement à l'entrée auxdits États; tous objets qui seroient pris dans la suite en considération.

La chambre, sans rejeter notre observation, nous a fait connoître que des objets majeurs réclamoient toute son attention, & ne lui permettoient pas de s'occuper alors de notre demande: nous l'avons suspendue, par respect pour des intentions & des motifs auxquels nous nous ferons toujours un devoir de nous conformer

conformer : mais nous l'avons reproduite, au commencement de la séance du lendemain 10 juin, & de celle du 12 du même mois ; & la chambre nous ayant encore fait connoître le même refus de prendre, quant à présent, en considération les représentations que nous avions à lui proposer, par les mêmes raisons qui l'en avoient empêchée précédemment ; nous avons pensé qu'il y auroit trop d'inconvénient à suspendre plus long-temps par notre opposition, l'impression du procès-verbal des premières séances de l'Ordre de la Noblesse, & que nous pourrions également conserver les droits de la province que nous avons l'honneur de représenter, par une protestation contre les expressions qui paroissent s'être glissées, sans dessein de rien préjuger contr'elle, dans le procès-verbal de la séance du 14 mai dernier, auquel effet avons protesté, comme nous protestons respectueusement contre les susdites réserves insérées audit procès-verbal, ainsi que contre toutes inductions qui pourroient en être tirées en faveur des États actuels de la province d'Artois, contre les droits de ladite province, qu'elle nous a spécialement chargés de défendre & de réclamer ; & nous avons supplié l'Ordre de la Noblesse de vouloir bien agréer ladite protestation, nous en donner acte, ordonner qu'elle sera annexée au procès-verbal de la séance de ce jour ; & que copie en forme nous en sera délivrée par le secrétaire de l'Ordre.

Fait à Versailles, en la chambre de l'Ordre de la Noblesse aux États-Généraux. *Signé*, BRIOIS DE BEAUMEZ, LE SERGEANT D'ISBERGUE, le comte DE CROY, & le comte Charles DE LAMETH.

Séance du soir, du Mardi 16 Juin 1789.

Le mardi seize juin mil sept cent quatre-vingt-neuf, à six heures du soir, l'Assemblée ayant pris séance, M. le duc de Croy, Président en l'absence de M. le duc de Luxembourg, a prié Messieurs les députés, choisis ce matin pour porter à l'Ordre du Tiers-État l'arrêté relatif à la nomination des commissaires, de se transporter à la salle de cet Ordre qui étoit rassemblé. A leur retour, M. le duc du Chatelet, qui avoit porté la parole, a rendu compte de la réponse à lui faite en ces termes, par le doyen du Tiers-État:

« Nous sommes également touchés des malheurs publics; &
» l'Assemblée ne tardera pas à prendre dans la plus sérieuse
» considération cet objet important ».

On a procédé ensuite, & en présence des mêmes scrutateurs, à trois scrutins successifs pour la nomination de trois secrétaires restant à nommer.

Le nombre des billets au premier scrutin a été de 158 ; & M. de Chailloué en ayant réuni 119, il a été nommé Secrétaire.

M. le comte de Serent ayant obtenu au second scrutin 116 voix, faisant plus de la moitié des 170 qui avoient concouru à sa nomination,

Et M. le marquis de Digoine en ayant aussi réuni 80 sur 153 billets déposés dans le vase du troisième scrutin, ont été l'un & l'autre proclamés secrétaires.

L'Assemblée a été indiquée à demain neuf heures précises du matin.

Signé, le duc DE CROY, *vice-Président*; BOUTHILLIER, LE CARPENTIER DE CHAILLOUÉ, D'ORMESSON, SERENT, DIGOINE, *Secrétaires*.

TRENTIÈME SÉANCE.

Mercredi 17 Juin 1789.

LE mercredi dix-sept juin mil sept cent quatre-vingt-neuf, l'assemblée de Messieurs les députés de l'Ordre de la Noblesse aux États-Généraux étant formée, il a été procédé à la lecture du procès-verbal des deux séances du jour précédent.

Après cette lecture, M. le Président a rappelé à la chambre l'arrêté pris par elle hier, relativement à l'invitation à faire au Clergé & au Tiers-État, pour la nomination des commissaires communs, & la nécessité de leur en donner d'autant plus promptement une connoissance officielle, qu'il existoit une grande province qui ne pouvoit voir admettre ses représentans qu'après le résultat de l'examen de ces commissaires. La chambre ayant approuvé cette proposition, il a nommé les députés destinés à porter cet arrêté ; savoir, au Clergé :

Messieurs

Duport.
le marquis de Cairon.
le marquis de Chambray.
le comte de la Tour-du-Pin.

le comte de Macaye.
le marquis de Vaudreuil.
de Comaserra.
le comte d'Helmstatt.

Et au Tiers-État,

Messieurs

le baron de Montboissier.
le marquis de Lancosme.
le marquis de Crussol.

le baron d'Aurillac.
le vicomte de Malartic.
le comte de Ruillé.

Un de Messieurs, conformément au vœu des cahiers dont il est porteur, a demandé qu'il soit adressé au Roi une députation solemnelle, pour lui offrir les hommages de respect & de reconnoissance de l'Ordre de la Noblesse, en ajoutant que cette démarche lui étoit prescrite aussitôt que la chambre de cet Ordre seroit complétement formée par la nomination de ses officiers. Cette proposition, conforme aux sentimens de tous Messieurs les députés, ayant été généralement adoptée, il a été arrêté que M. le Président feroit demander au Roi, dans la forme accoutumée, le jour & l'heure auxquels il voudroit bien recevoir cette députation solemnelle.

Un de Messieurs ayant rappelé à la chambre que depuis deux jours il lui avoit annoncé la proposition d'un plan de travail relatif à la constitution, un autre s'est levé aussitôt, & a rappelé pareillement que depuis plus de quinze jours, il en avoit proposé un, ayant le même objet, & de plus tendant à établir une conciliation entre les trois Ordres. Un troisième député a demandé en outre d'être entendu aussitôt, attendu l'importance de la motion qu'il avoit à faire, & la nécessité de la discuter promptement, deux heures de retard pouvant peut-être la rendre sans effet. Lecture faite de ces trois motions, il a été proposé à la chambre de décider laquelle des trois devoit obtenir la priorité de discussion. Les voix ayant été appelées, celle qui avoit été lue la première, a obtenu la préférence sur la seconde, à la pluralité de 184 voix contre 37, vingt-un députés n'ayant pas voulu prendre part à la délibération. Les députés envoyés à l'Ordre du Clergé étant rentrés, ont rendu compte de leur mission & de l'assurance qui leur avoit été donnée par cet Ordre, qu'il prendroit en considération l'arrêté qu'ils avoient été chargés de lui communiquer.

Les députés envoyés au Tiers-État étant aussi rentrés, ils ont rendu compte qu'ils n'avoient pu être admis, cet Ordre étant occupé d'une délibération importante qu'il n'avoit pu interrompre, & qu'il présumoit devoir durer encore au moins une heure & demie.

Les voix appelées de nouveau pour fixer aussi la priorité de la première motion sur la troisième, elle a été accordée à la première, à la pluralité de 156 contre 95, un député n'ayant pas voulu donner sa voix. Ces deux dernières motions ont été aussitôt remises aux secrétaires, & numérotées par eux pour prendre rang parmi les autres motions sur lesquelles il n'a pas encore été délibéré.

Lecture a été faite de nouveau de la première des trois motions ci-dessus annoncées, ainsi qu'il suit :

« On propose à l'Ordre de la Noblesse de s'occuper sans
» relâche de la constitution : en conséquence, il se partagera
» sur-le-champ en dix bureaux, formés par tous les députés de
» dix en dix. Chacun de ces bureaux élira dans son propre sein,
» au scrutin & par tête, trois députés. Les trente députés,
» ainsi élus, s'assembleront dans le jour & tous les jours suivans,
» à six heures du soir, pour conférer tous les cahiers, sur les
» objets de la Constitution seulement ; le travail achevé, ils en
» rendront compte, sans délai, à leurs bureaux respectifs, &
» ensuite à l'Ordre entier, qui procédera aussitôt à la rédaction
» du projet des loix constitutionnelles ».

Différentes opinions se sont élevées dans le courant de la discussion. Plusieurs de Messieurs préféroient la division de l'Assemblée par Gouvernemens : d'autres craignoient qu'en adoptant les trente commissaires proposés par la motion, l'Assemblée ne prît insensiblement l'habitude de faire faire son travail par commission ; d'autres enfin desiroient, pour accélérer cette importante opération, que chacun des dix bureaux se chargeât de traiter un point différent de la Constitution. La matière étant suffisamment discutée, la question a été ainsi posée : Adoptera-t-on l'arrêté tel qu'il a été proposé ; oui, ou non ? Les voix ayant été recueillies, il a été adopté en son entier, à la pluralité de 180 voix contre 61.

Messieurs les députés nommés ci-dessus pour porter 'arrêté au Tiers-État, s'y étant rendus de nouveau pendant le cours des discussions précédentes, & étant rentrés, ont rapporté la réponse qui leur avoit été faite par le Président de cet Ordre, ainsi qu'il suit :

« Messieurs, je suis chargé de vous répondre, au nom de l'Assemblée Nationale qui siége dans cette salle commune, que tous Messieurs les députés de la Noblesse ont été appelés & invités à la vérification commune des pouvoirs, & à se réunir à l'Assemblée Nationale ; elle ne cessera de desirer qu'ils viennent les présenter ; & elle le desire particulièrement pour délibérer en commun sur les moyens de soulager la misère publique.

Signé, BAILLY, Président élu provisoirement ».

Un des secrétaires a fait lecture de l'ordre de distribution de Messieurs les députés dans les différens bureaux. Ceux qui devoient les composer ont pris les arrangemens nécessaires pour se réunir après la séance, afin de nommer dans chacun les trois commissaires pour la conférence des cahiers ; & il a été convenu que ceux qui seroient choisis à cet effet, se rendroient à la salle ce soir, à six heures précises, pour y commencer leur travail.

M. le Président ayant fait part de l'invitation qu'il venoit de recevoir au nom du Roi, pour nommer une députation pour assister demain à la procession, a choisi à cet effet Messieurs le duc de Luxembourg, le vicomte de la Queuille, le marquis de Mesgrigny, le marquis de Crillon, le comte de Lambertye, le comte de la Galissonnière, le comte de Dieuzie, le comte de la Touche, de Phélines, le marquis de Monspey, le duc de Liancourt, le comte d'Egmont.

La réponse faite par le Tiers-État, relativement à la nomination des commissaires communs, ne laissant plus guère d'espérance de voir cette commission se réunir, un de Messieurs les députés de la province du Dauphiné a représenté que le renvoi de la vérification de leurs pouvoirs à ces commissaires communs, devant leur faire craindre de voir encore long-temps la province du Dauphiné sans représentans, ils supplient la chambre de vouloir bien les juger. Sa proposition ayant paru juste, la discussion a été aussitôt établie. Plusieurs de Messieurs ont prétendu que l'affaire n'étoit pas encore assez instruite pour être jugée. Quelques-uns ont soutenu qu'elle l'étoit suffisamment, puisque la question avoit été déjà agitée dans la chambre, après le rapport qui en avoit été fait pour savoir si les députés seroient jugés définitivement, ou s'ils seroient renvoyés à des commissaires des trois Ordres. D'autres ont conclu à leur admission pure & simple, puisque cette commission ne pouvoit plus avoir lieu ; d'autres enfin, ont persisté à penser, qu'aux termes mêmes de l'arrêté pris par l'Ordre de la Noblesse sur les ouvertures proposées au nom de Sa Majesté, le Roi seul pouvoit tenir lieu de cette commission ; & que les mêmes motifs qui avoient décidé à les renvoyer pardevant les commissaires, devoient les faire renvoyer à l'arbitrage du Roi.

Après une discussion suffisante, M. le vice-Président tenant la place de M. le Président, que des affaires avoient forcé d'aller chez M. le Garde-des-Sceaux, après avoir fait retirer Messieurs les députés du Dauphiné, a d'abord posé ainsi la question : Admettra-t-on la députation du Dauphiné, oui ou non ? Cette manière de l'établir ayant excité quelques réclamations, & plusieurs de Messieurs ayant paru desirer qu'elle fût ainsi proposée d'abord : La chambre jugera-t-elle ou renverra-t-elle au Roi ? M. le vice-Président a prié la chambre de décider par assis ou levé, laquelle de ces deux manières devoit être adoptée. Une très-grande majorité ayant été en faveur de la dernière, les voix ont été appelées : 151 voix ont été pour le renvoi de cette affaire au Roi, 70 pour la juger tout de suite ; 19 n'ont pas voulu prendre part à la délibération.

Messieurs les députés du Dauphiné ayant été rappelés, M. le vice-Président leur a annoncé que conformément à l'arrêté de la chambre, ils étoient renvoyés à se pourvoir pardevant le Roi.

M. le Président étant rentré, a fait part à la chambre qu'il venoit de recevoir une lettre du Roi, & toute entière de sa main, en réponse à l'arrêté de la chambre qu'il avoit été chargé de lui porter.

Il en a fait lecture ainsi qu'il suit :

Lettre du Roi au Président de la Noblesse, remise par M. le Garde-des-Sceaux, le 17 Juin.

« Mon cousin, j'ai examiné l'arrêté de l'Ordre de la Noblesse, que vous m'avez remis. J'ai vu avec peine qu'il persistoit dans les réserves & les modifications qu'il avoit mises au plan de conciliation proposé par mes commissaires. Plus de déférence de la part de la Noblesse auroit peut-être amené la conciliation que je desire. Sur ce je prie Dieu, mon cousin, qu'il vous ait en sa sainte & digne garde. *Signé*, LOUIS.

Marly, 16 Juin 1789. »

Et sur le dos de la lettre est écrit : A mon cousin le duc de Luxembourg, Président de l'Ordre de la Noblesse.

La chambre ayant entendu la lecture de cette lettre, n'a pas cru devoir délibérer aussitôt sur son contenu.

La séance a été indiquée au vendredi 19 juin 1789, à dix heures du matin.

Signé, le duc DE MONTMORENCY-LUXEMBOURG, *Président;* BOUTHILLIER, D'ORMESSON, SERENT, DIGOINE, LE CARPENTIER DE CHAILLOUÉ, *Secrétaires.*

TRENTE-UNIÈME SÉANCE.

Vendredi 19 Juin 1789.

LE vendredi dix-neuf juin mil sept cent quatre-vingt-neuf, l'Assemblée de Messieurs les députés de l'Ordre de la Noblesse aux États-Généraux étant formée, il a été fait lecture du procès-verbal de la séance précédente.

M. le Président a annoncé ensuite que conformément à l'arrêté du 17 juin, relativement à la députation à faire au Roi, il en avoit prévenu M. le grand-maître des cérémonies, qui prendroit à ce sujet les ordres de Sa Majesté, dont il auroit l'honneur de faire part à la chambre, aussitôt qu'ils lui seroient connus. Dans ces circonstances, & incertain du jour qui pourroit être donné par le Roi, il a cru devoir proposer de s'occuper du projet de discours à adresser à Sa Majesté dans cette députation : il en a en conséquence remis un, qui lui avoit été proposé par un de Messieurs les députés, pour être lu par le secrétaire à la chambre : ce qui a été exécuté à l'instant. Trois de Messieurs ont aussi successivement donné communication de ceux qu'ils avoient rédigés pour le même objet. Un de Messieurs les députés a fait une motion pour engager la chambre à exercer son droit de *veto* contre la constitution du Tiers-État en chambre nationale. Cette motion a été appuyée par une autre ayant le même objet; mais ces deux motions se trouvant postérieures au projet de discours, ainsi qu'une autre motion faite encore par un de Messieurs, relativement à un plan de travail par bureaux composés des trois Ordres réunis, déja proposé par lui dans la dernière séance, elles ont été renvoyées à un examen ultérieur.

Les quatre projets de discours à faire au Roi, étoient rédigés sur des bases différentes. Les uns ne comprenoient que de simples remerciemens ; d'autres, indépendamment des remerciemens, étoient analogues à la position de l'Ordre de la Noblesse relativement à l'Ordre du Tiers-État. Les avis paroissant partagés sur la nature du discours à prononcer à Sa Majesté, M. le Président a cru devoir connoître le vœu de la chambre à ce sujet. Avant de laisser entamer aucune discussion, il a établi la question de savoir si le discours à faire au Roi ne contiendroit que des remerciemens & que des assurances des sentimens respectueux de l'Ordre de la Noblesse, ou s'il comprendroit en outre l'expression de sa sensibilité relativement à la position actuelle des États-Généraux. Il a été annoncé que le *oui* signifieroit l'acceptation d'un discours analogue aux circonstances, & le *non*, la préférence donnée à celui qui ne renfermeroit que des remerciemens & des hommages. Les voix recueillies, il a été décidé, à la pluralité de 173 voix contre 74, trois de Messieurs n'ayant pas voulu prendre part à la délibération, que le discours à faire au Roi seroit relatif à la situation du moment.

En conséquence de cette décision, le premier discours proposé par M. le Président, après avoir été relu de nouveau, a été soumis à la discussion. Plusieurs de Messieurs les députés ont ouvert l'avis de le rejeter en entier, & même de protester contre, s'il passoit à la majorité. Presque tous avoient proposé des changemens, plus ou moins considérables, dans ses expressions ; un assez grand nombre enfin avoit pensé qu'il convenoit

DE LA NOBLESSE.

avant d'accepter ce difcours, de délibérer fur la motion faite par un de Meſſieurs, relativement au *veto* de l'Ordre de la Nobleſſe à prononcer contre les opérations du Tiers-État, ou au moins fur les oppoſitions à y former, ou proteſtations à faire en conféquence.

Dans cet état de difcuſſion, M. le vice-Préſident a fait lecture d'un nouveau projet de rédaction, qui lui avoit été remis par un de Meſſieurs. Dans le nouveau projet, on avoit cherché à conſerver toutes les parties du premier, qui n'avoient pas été attaquées dans la difcuſſion; on avoit adouci ou retranché tout ce qui avoit paru dangereux ou trop prononcé. Cette nouvelle rédaction ayant paru plus agréable à la chambre, M. le Préſident, après la difcuſſion finie, a poſé ainſi la queſtion : Acceptera-t-on cette nouvelle rédaction, amendement du difcours propoſé, oui ou non ?

Les voix ayant été recueillies, la majorité a décidé fon acceptation : il a été arrêté que M. le Préſident le prononceroit à Sa Majeſté, le jour de la députatio, & ainſi qu'il fuit :

« SIRE,

L'Ordre de la Nobleſſe peut enfin porter au pied du trône l'hommage ſolemnel de ſon reſpect & de ſon amour.

La bonté & la juſtice de Votre Majeſté ont reſtitué à la Nation des droits trop long-temps méconnus : qu'il eſt doux pour nous d'avoir à préſenter au plus juſte, au meilleur des Rois, le témoignage éclatant des ſentimens qui nous animent !

Interprètes de la Nobleſſe Françoiſe, nous jurons en ſon nom à Votre Majeſté une reconnoiſſance ſans bornes & une fidélité inviolable pour ſa perſonne ſacrée, pour ſon autorité légitime & pour ſon auguſte maiſon.

Ces ſentimens, Sire, ſont & ſeront éternellement ceux de l'Ordre de la Nobleſſe.

Pourquoi faut-il que la douleur vienne se mêler aux sentimens dont il est pénétré !

L'esprit d'innovation menaçoit la constitution : l'Ordre de la Noblesse a réclamé les principes ; il a suivi les loix & les usages.

Les ministres de Votre Majesté ont porté de sa part aux conférences un plan de conciliation. Votre Majesté a demandé que ce plan fût accepté, *ou tout autre* ; elle a permis d'y joindre les *précautions convenables*. L'Ordre de la Noblesse les a prises, Sire, conformément aux vrais principes : il a présenté son arrêté à Votre Majesté ; & c'est cet arrêté qu'Elle paroit avoir vu avec peine. Elle auroit desiré y trouver plus de déférence....
Ah ! Sire, c'est à votre cœur seul que l'Ordre de la Noblesse en appelle.... Sensiblement affectés, mais constamment fidèles, toujours purs dans nos motifs, toujours vrais dans nos principes, nous conserverons sans doute des droits à vos bontés : vos vertus personnelles fonderont toujours nos espérances.

Les députés de l'Ordre du Tiers-État ont cru pouvoir concentrer en eux seuls l'autorité des États-Généraux. Sans attendre le concours des deux autres Ordres & la sanction de Votre Majesté, ils ont cru pouvoir convertir leurs décrets en loix : ils en ont ordonné l'impression & l'envoi dans les provinces ; ils ont déclaré nulles & illégales les contributions actuellement existantes ; ils les ont consenties provisoirement pour la Nation, en limitant leur durée. Ils ont pensé sans doute pouvoir s'attribuer les droits réunis du Roi & des trois Ordres.

C'est entre les mains de Votre Majesté même, que nous déposons nos protestations & oppositions contre de pareilles prétentions.

Si les droits que nous défendons nous étoient purement personnels ; s'ils n'intéressoient que la Noblesse, notre zèle à les réclamer, notre constance à les soutenir auroient moins d'énergie. Ce ne sont pas nos intérêts seuls que nous défendons, Sire ;

ce sont les vôtres, ce sont ceux de l'État, ce sont enfin ceux du Peuple François.

Sire, le patriotisme & l'amour de leur Roi ont toujours caractérisé les gentilshommes de votre royaume. Les mandats qu'ils nous ont donnés, prouveront à Votre Majesté qu'ils sont héritiers des vertus de leurs pères. Notre zèle, notre fidélité à les exécuter leur prouveront, ainsi qu'à vous, Sire, que nous étions dignes de leur confiance. Pour la mériter de plus en plus, nous nous occupons & nous ne cesserons de nous occuper des grands objets pour lesquels Votre Majesté nous a convoqués : nous n'aurons jamais de désir plus ardent que celui de concourir au bien d'un peuple dont Votre Majesté fait son bonheur d'être aimée. »

Plusieurs de Messieurs qui avoient refusé d'accepter ce discours, ont déposé sur le bureau une déclaration à cet effet signée d'eux, & ont demandé qu'elle fût annexée au procès-verbal, & qu'il leur fût expédié acte de leur refus : ce qui leur a été accordé. (*Voyez la pièce annexée à la suite de la présente séance.*) Le temps ne permettant plus de s'occuper d'aucune affaire, M. le Président a renvoyé à demain la discussion de la motion faite par un de Messieurs, & redemandée par plusieurs, dans les opinions relativement au *veto* ou aux protestations & oppositions de l'Ordre de la Noblesse contre les arrêtés du Tiers-État.

La séance a été indiquée pour demain neuf heures.

Signé, le duc DE MONTMORENCY-LUXEMBOURG, *Président*; BOUTHILLIER, D'ORMESSON, SERENT, DIGOINE, LE CARPENTIER DE CHAILLOUÉ, *Secrétaires.*

PIÈCE annexée à la trente-unième Séance.

Le vendredi 19 juin 1789, les soussignés ayant été d'avis que, dans les circonstances présentes, la chambre devoit se borner à offrir à Sa Majesté l'hommage du respect, de l'amour & de la reconnoissance la plus profonde, & de l'attachement le plus inviolable pour sa personne sacrée, ils ont demandé acte du refus qu'ils ont fait d'adopter en entier le discours tel qu'il a été arrêté par la délibération de ce jour. Fait à Versailles, ce 19 juin 1789. *Au bas est la signature* de M. le comte Stanislas de Clermont-Tonnerre, & de plusieurs autres députés.

TRENTE-DEUXIÈME SÉANCE.

Mercredi 24 Juin 1789.

Le mercredi vingt-quatre juin mil sept cent quatre-vingt-neuf, l'Assemblée de Messieurs les députés de l'Ordre de la Noblesse aux États-Généraux, laquelle avoit été suspendue à cause des préparatifs de la séance royale, depuis le samedi 20 de ce mois, jour auquel elle avoit été indiquée, étant formée, il a été fait lecture du procès-verbal du vendredi 19 de ce mois.

M. le Président a ensuite annoncé que M. le grand-maître des cérémonies lui ayant fait part, samedi dernier, dans un moment où les séances étoient interrompues, que le Roi avoit fixé au lendemain, le jour auquel il recevroit la députation solemnelle

DE LA NOBLESSE.

arrêtée par l'Ordre de la Noblesse, il avoit nommé, pour la composer avec lui,

Messieurs

le duc de Croy, vice-Président.

le marquis de Bouthillier,
le président d'Ormesson,
de Chailloué,   } Secrétaires.
le comte de Serent.
le marquis de Digoine,

le marquis de Mirepoix.   le Cte. de Choiseul d'Aillecourt,
d'Éprémesnil.   le marquis d'Ambly.
de Bressey.   le baron de Noyelles.
le vicomte de Ségur-Cabanac.   le comte d'Antraigues.
le comte de Richier.   le comte de Toulouse-Lautrec,
de Cazalès.   le marquis de Crussol d'Amboise.
le comte d'Escars.   le comte de la Galissonnière.
le vicomte de la Queuille.   le comte de la Châtre.
le baron d'Allarde.   le marquis de Causans.
le baron de Coiffier.   le marquis de Saint-Maixant.
le marquis de Loras.   le marquis de Juigné.
le marquis d'Avarey.   le comte d'Estagniol.
le duc d'Havré.   le baron de Pouilly.
le duc de Villequier.   le comte de Montjoie.
le vicomte de Malartic.   de Comaferra.
le marquis de Saint-Simon.   le président de Grosbois.
le vicomte de Broves.   le vicomte du Hautoy.

Il a rendu compte enfin que cette députation solemnelle avoit été reçue, le dimanche 21 juin, à six heures du soir ; qu'il y avoit prononcé à Sa Majesté le discours arrêté par la chambre, le vendredi 19; & qu'elle y avoit répondu ainsi qu'il suit:

Réponse du Roi à la députation du Dimanche 21 Juin 1789.

« Le patriotisme & l'amour pour ses Rois ont toujours distingué la Noblesse Françoise. Je reçois avec sensibilité les nouvelles assurances qu'elle m'en donne.

» Je connois les droits attachés à sa naissance : je saurai toujours les protéger & les défendre. Je saurai également maintenir, pour l'intérêt de tous mes sujets, l'autorité qui m'est confiée; & je ne permettrai jamais qu'on l'altère.

» Je compte sur votre zèle pour la patrie, sur votre attachement à ma personne; & j'attends avec confiance de votre fidélité, que vous adopterez les vues de conciliation dont je suis occupé pour le bonheur de mes peuples. Vous ajouterez ainsi aux titres que vous aviez déjà à leur attachement & à leur considération ».

M. le Président a ensuite remis sur le bureau la copie des discours prononcés par Sa Majesté, & des deux Déclarations lues en sa présence, à la séance royale d'hier, laquelle venoit de lui être adressée par M. Laurent de Villedeuil, Secrétaire d'État, par lequel elle étoit certifiée véritable.

Lecture en a été faite aussitôt à la chambre, ainsi qu'il suit:

Discours prononcé par le Roi, & Déclaration du Roi lue en sa présence, à la séance royale du 23 Juin.

« Messieurs, je croyois avoir fait tout ce qui étoit en mon
» pouvoir pour le bien de mon peuple, lorsque j'avois pris la
» résolution de vous rassembler, lorsque j'avois surmonté toutes
» les difficultés dont votre convocation étoit entourée; lorsque
» j'étois

» j'étois allé, pour ainsi dire, au devant des vœux de la Nation,
» en manifestant à l'avance ce que je voulois faire pour son
» bonheur.

» Il sembloit que vous n'aviez qu'à finir mon ouvrage; & la
» Nation attendoit avec impatience le moment où, par le con-
» cours des vues bienfaisantes de son Souverain & du zèle
» éclairé de ses représentans, elle alloit jouir des prospérités
» que cette union devoit leur procurer.

» Les Etats-Généraux sont ouverts depuis près de deux mois;
» & ils n'ont point encore pu s'entendre sur les préliminaires
» de leurs opérations. Une parfaite intelligence auroit dû naître
» du seul amour de la patrie; & une funeste division jette
» l'alarme dans tous les esprits. Je veux le croire, & j'aime à
» le penser, les François ne sont pas changés. Mais pour éviter
» de faire à aucun de vous des reproches, je considère que le
» renouvellement des Etats-Généraux, après un si long terme,
» l'agitation qui l'a précédé, le but de cette convocation, si
» différent de celui qui rassembloit vos ancêtres, les restrictions
» dans les pouvoirs, & plusieurs autres circonstances, ont dû
» nécessairement amener des oppositions, des débats & des pré-
» tentions exagérées.

» Je dois au bien commun de mon royaume, je me dois à
» moi-même de faire cesser ces funestes divisions. C'est dans
» cette résolution, Messieurs, que je vous rassemble de nouveau
» autour de moi. C'est comme le père commun de tous mes
» sujets; c'est comme le défenseur des lois de mon royaume,
» que je viens vous en retracer le véritable esprit, & réprimer
» les atteintes qui ont pu y être portées.

» Mais, Messieurs, après avoir établi clairement les droits res-
» pectifs des différens Ordres, j'attends du zèle pour la patrie,
» des deux premiers Ordres; j'attends de leur attachement pour
» ma personne, j'attends de la connoissance qu'ils ont des maux

Introduction. Tome II.

» urgens de l'État, que dans les affaires que regardent le bien
» général, ils feront les premiers à propofer une réunion d'avis
» & de fentimens, que je regarde comme néceffaire dans la
» crife actuelle, & qui doit opérer le falut de l'État ».

Déclaration du Roi.

ARTICLE PREMIER.

Le Roi veut que l'ancienne diftinction des trois Ordres de l'État foit confervée en fon entier, comme effentiellement liée à la conftitution de fon royaume ; que les députés, librement élus par chacun des trois Ordres, formant trois chambres, délibérant par Ordre, & pouvant, avec l'approbation du Souverain, convenir de délibérer en commun, puiffent feuls être confidérés comme formant le corps des repréfentans de la Nation. En conféquence, le Roi a déclaré nulles les délibérations prifes par les députés du Tiers-État, le 17 de ce mois, ainfi que celles qui auroient pu s'enfuivre, comme illégales & inconftitutionnelles.

II.

Sa Majefté déclare valides tous les pouvoirs vérifiés ou à vérifier dans chaque chambre, fur lefquels il ne s'eft point élevé ou ne s'élevera point de conteftation ; ordonne Sa Majefté qu'il en fera donné communication refpective entre les Ordres.

Quant aux pouvoirs qui pourroient être conteftés dans chaque Ordre, & fur lefquels les parties intéreffées fe pourvoiroient, il y fera ftatué, pour la préfente tenue des États-Généraux feulement, ainfi qu'il fera ci-après ordonné.

III.

Le Roi caffe & annulle, comme anti-conftitutionnelles, contraires aux lettres de convocation, & oppofées à l'intérêt de l'État, les reſtrictions de pouvoirs, qui, en gênant la liberté des députés aux États-Généraux, les empêcheroient d'adopter les formes de délibérations priſes féparément par Ordre, ou en commun par le vœu diſtinctif des trois Ordres.

I V.

Si, contre l'intention du Roi, quelques-uns des députés avoient fait le ferment téméraire de ne point s'écarter d'une forme de délibération quelconque, Sa Majeſté laiſſe à leur conſcience de conſidérer ſi les diſpoſitions qu'Elle va régler s'écartent de la lettre ou de l'eſprit de l'engagement qu'ils auroient pris.

V.

Le Roi permet aux députés qui ſe croiront gênés par leurs mandats, de demander à leurs commettans un nouveau pouvoir ; mais Sa Majeſté leur enjoint de reſter en attendant aux États-Généraux, pour aſſiſter à toutes les délibérations ſur les affaires preſſantes de l'État, & y donner un avis conſultatif.

V I.

Sa Majeſté déclare que, dans les tenues ſuivantes d'États-Généraux, elle ne ſouffrira pas que les cahiers ou les mandats puiſſent être jamais conſidérés comme impératifs : ils ne doivent être que de ſimples inſtructions, confiées à la conſcience & à la libre opinion des députés dont on aura fait choix.

V I I.

Sa Majeſté ayant exhorté, pour le ſalut de l'État, les trois Ordres à ſe réunir, pendant cette tenue d'États ſeulement, pour délibérer en commun ſur les affaires d'une utilité générale, veut faire connoître ſes intentions ſur la manière dont il pourra y être procédé.

VIII.

Seront nommément exceptées des affaires qui pourront être traitées en commun, celles qui regardent les droits antiques & constitutionnels des trois Ordres ; la forme de constitution à donner aux prochains États-Généraux, les propriétés féodales & seigneuriales, les droits utiles & les prérogatives honorifiques des deux premiers Ordres.

IX.

Le consentement particulier du Clergé sera nécessaire pour toutes les dispositions qui pourroient intéresser la religion, la discipline ecclésiastique, le régime des ordres & corps séculiers & réguliers.

X.

Les délibérations à prendre par les trois Ordres réunis, sur les pouvoirs contestés & sur lesquels les parties intéressées se pourvoiroient aux États-Généraux, seront prises à la pluralité des suffrages ; mais, si les deux tiers des voix, dans l'un des trois Ordres, réclamoient contre la délibération de l'Assemblée, l'affaire sera rapportée au Roi, pour y être définitivement statué par Sa Majesté.

XI.

Si, dans la vue de faciliter la réunion des trois Ordres, ils desiroient que les délibérations qu'ils auront à prendre en commun, passassent seulement à la pluralité des deux tiers des voix, Sa Majesté est disposée à autoriser cette forme.

XII.

Les affaires qui auront été décidées dans les Assemblées des trois Ordres réunis, seront remises le lendemain en délibération ;

fi cent membres de l'Assemblée se réunissent pour en faire la demande.

XIII.

Le Roi désire que dans cette circonstance, & pour ramener les esprits à la conciliation, les trois chambres commencent à nommer séparément une commission composée du nombre de députés qu'elles jugeront convenable, pour préparer la forme & la distribution des bureaux de conférence, qui devront traiter les différentes affaires.

XIV.

L'Assemblée générale des députés des trois Ordres sera présidée par les présidens choisis par chacun des Ordres, & selon leur rang ordinaire.

XV.

Le bon ordre, la décence & la liberté même des suffrages exigent que Sa Majesté défende, comme Elle le fait expressément, qu'aucune personne, autre que les membres des trois Ordres composant les États-Généraux, puisse assister à leurs délibérations, soit qu'ils les prennent en commun ou séparément.

Je certifie la présente copie conforme à la grosse étant entre mes mains. Ce 23 juin 1789. Signé, LAURENT DE VILLEDEUIL.

Discours du Roi.

« J'ai voulu aussi, Messieurs, vous faire remettre sous les yeux les différents bienfaits que j'accorde à mes peuples : ce n'est pas pour circonscrire votre zèle dans le cercle que je vais tracer ; car j'adopterai avec plaisir toute autre vue de bien public qui sera proposée par les États-Généraux. Je puis dire, sans me faire illusion, que jamais Roi n'en a autant fait pour aucune Nation ; mais quelle autre peut l'avoir mieux mérité par ses sentimens, que la Nation Françoise ! Je ne craindrai pas de l'exprimer : ceux qui, par des prétentions exagérées, ou par des difficultés hors de propos, retarderoient encore l'effet de mes intentions paternelles, se rendroient indignes d'être regardés comme François ».

Déclaration des intentions du Roi.

Article premier.

Aucun nouvel impôt ne sera établi, aucun ancien ne sera prorogé au-delà du terme fixé par les loix, sans le consentement des représentans de la Nation.

II.

Les impositions nouvelles qui seront établies, ou les anciennes qui seront prorogées, ne le seront que pour l'intervalle qui devra s'écouler jusqu'à l'époque de la tenue suivante des États-Généraux.

III.

Les emprunts pouvant être l'occasion nécessaire d'un accroissement d'impôts, aucun n'aura lieu sans le consentement des États-Généraux, sous la condition toutefois qu'en cas de guerre ou d'autre danger national, le Souverain aura la faculté d'emprunter, sans délai, jusqu'à la concurrence d'une somme de *cent millions* ; car l'intention formelle du Roi est de ne jamais mettre le salut de son Empire dans la dépendance de personne.

IV.

Les États-Généraux examineront avec soin la situation des

finances ; & ils demanderont tous les renseignemens propres à les éclairer parfaitement.

V.

Le tableau des revenus & des dépenses sera rendu public, chaque année, dans une forme proposée par les États-Généraux, & approuvée par Sa Majesté.

V I.

Les sommes attribuées à chaque département seront déterminées d'une manière fixe & invariable ; & le Roi soumet à cette règle générale les fonds même qui sont destinés à l'entretien de sa maison.

V I I.

Le Roi veut que, pour assurer cette fixité des diverses dépenses de l'État, il lui soit indiqué par les États-Généraux les dispositions propres à remplir ce but ; & Sa Majesté les adoptera, si elles s'accordent avec la dignité royale & la célérité indispensable du service public.

V I I I.

Les représentans d'une Nation fidèle aux lois de l'honneur & de la probité, ne donneront aucune atteinte à la foi publique ; & le Roi attend d'eux que la confiance des créanciers de l'État soit assurée & consolidée, de la manière la plus authentique.

I X.

Lorsque les dispositions formelles annoncées par le Clergé & la Noblesse de renoncer à leurs privilèges pécuniaires, auront été réalisées par leurs délibérations, l'intention du Roi est de les sanctionner, & qu'il n'existe plus, dans le paiement des contributions pécuniaires, aucune espèce de privilèges & de distinctions.

X.

Le Roi veut que, pour confacrer une difpofition fi importante, le nom de taille foit aboli dans fon royaume, & qu'on réuniffe cet impôt, foit aux vingtièmes, foit à toute autre impofition territoriale, ou qu'il foit enfin remplacé de quelque manière, mais toujours d'après des propofitions juftes, égales, & fans diftinction d'état, de rang & de naiffance.

XI.

Le Roi veut que le droit de franc-fief foit aboli, du moment où les revenus & les dépenfes fixes de l'État auront été mis dans une exacte balance.

XII.

Toutes les propriétés, fans exception, feront conftamment refpectées; & Sa Majefté comprend expreffément fous le nom de propriété, les dîmes, cens, rentes, droits & devoirs féodaux & feigneuriaux, & généralement tous les droits & prérogatives utiles ou honorifiques, attachés aux terres & aux fiefs, ou appartenant aux perfonnes.

XIII.

Les deux premiers Ordres de l'État continueront à jouir de l'exemption des charges perfonnelles; mais le Roi approuvera que les États-Généraux s'occupent des moyens de convertir ces fortes de charges en contributions pécuniaires, & qu'alors tous les Ordres de l'État y foient affujétis également.

XIV.

L'intention de Sa Majefté eft de déterminer, d'après l'avis des États-Généraux, quels feront les emplois & les charges qui conferveront à l'avenir le privilége de donner & de tranfmettre la

Noblesse. Sa Majesté néanmoins, selon le droit inhérent à sa Couronne, accordera des lettres de Noblesse à ceux de ses sujets qui, par des services rendus au Roi & à l'État, se seroient montrés dignes de récompense.

X V.

Le Roi desirant assurer la liberté personnelle de tous les citoyens, d'une manière solide & durable, invite les États-Généraux à chercher & à lui proposer les moyens les plus convenables de concilier l'abolition des ordres connus sous le nom de lettres de cachet, avec le maintien de la sûreté publique & avec les précautions nécessaires, soit pour ménager dans certains cas l'honneur des familles, soit pour réprimer avec célérité les commencemens de sédition, soit pour garantir l'État des effets d'une intelligence criminelle avec les Puissances étrangères.

X V I.

Les États-Généraux examineront & feront connoître à Sa Majesté le moyen le plus convenable de concilier la liberté de la presse, avec le respect dû à la religion, aux mœurs & à l'honneur des citoyens.

X V I I.

Il sera établi dans les diverses provinces ou généralités du royaume, des États-provinciaux composés de deux dixièmes des membres du Clergé, dont une partie sera nécessairement choisie dans l'Ordre épiscopal, de trois dixièmes des membres de la Noblesse, & de cinq dixièmes des membres du Tiers-État.

X V I I I.

Les membres de ces États-provinciaux seront librement élus par les Ordres respectifs; & une mesure quelconque de propriété sera nécessaire pour être électeur ou éligible.

XIX.

Les députés à ces États-provinciaux délibéreront en commun sur toutes les affaires, suivant l'usage observé dans les assemblées provinciales que ces États remplaceront.

XX.

Une commission intermédiaire choisie par ces États, administrera les affaires de la province, pendant l'intervalle d'une tenue à l'autre; & ces commissions intermédiaires devenant seules responsables de leur gestion, auront pour délégués des personnes choisies uniquement par elles ou par les États-provinciaux.

XXI.

Les États-Généraux proposeront au Roi leurs vues pour toutes les autres parties de l'organisation intérieure des États-provinciaux, & pour le choix des formes applicables à l'élection des membres de cette assemblée.

XXII.

Indépendamment des objets d'administration dont les assemblées provinciales sont chargées, le Roi confiera aux États-provinciaux l'administration des hôpitaux, des prisons, des dépôts de mendicité, des enfans-trouvés, l'inspection des dépenses des villes, la surveillance sur l'entretien des forêts, sur la garde & la vente des bois, & sur d'autres objets qui pourroient être administrés plus utilement par les provinces.

XXIII.

Les contestations survenues dans les provinces où il existe d'anciens États, & les réclamations élevées contre la constitution de ces assemblées, devront fixer l'attention des États-Généraux;

XXIV.

Le Roi invite les États-Généraux à s'occuper de la recherche des moyens propres à tirer le parti le plus avantageux des domaines qui sont dans ses mains, & de lui proposer également leurs vues sur ce qu'il peut y avoir de plus convenable à faire relativement aux domaines engagés.

XXV.

Les États-Généraux s'occuperont du projet conçu depuis long-temps de porter les barrières aux frontières du royaume, afin que la plus parfaite liberté règne dans la circulation intérieure des marchandises nationales ou étrangères.

XXVI.

Sa Majesté desire que les fâcheux effets de l'impôt sur le sel, & l'importance de ce revenu soient discutés soigneusement ; & que, dans toutes les suppositions, on propose au moins d'en adoucir la perception.

XXVII.

Sa Majesté veut aussi qu'on examine attentivement les avantages & les inconvéniens des droits d'aides & des autres impôts, mais sans perdre de vue la nécessité absolue d'assurer une exacte balance entre les revenus & les dépenses de l'État.

XXVIII.

Selon le vœu que le Roi a manifesté par sa déclaration du 23 septembre dernier, Sa Majesté examinera avec une sérieuse attention, les projets qui lui seront présentés, relativement à l'administration de la justice & aux moyens de perfectionner les loix civiles & criminelles.

XXIX.

Le Roi veut que les loix qu'il aura fait promulguer pendant la tenue, & d'après l'avis ou selon le vœu des États-Généraux, n'éprouvent pour leur enrégistrement & pour leur exécution aucun retardement, ni aucun obstacle, dans toute l'étendue de son royaume.

XXX.

Le Roi desire que l'abolition du droit de main-morte, dont Sa Majesté a donné l'exemple dans ses domaines, soit étendue à toute la France; & qu'il lui soit proposé les moyens de pourvoir à l'indemnité qui pourroit être due aux seigneurs en possession de ce droit.

XXXI.

Sa Majesté fera connoître incessamment aux États-Généraux les réglemens dont elle s'occupe pour restreindre les capitaineries & donner encore dans cette partie, qui tient de plus près à ses jouissances personnelles, un nouveau témoignage de son amour pour ses sujets.

XXXII.

Le Roi invite les États-Généraux à considérer le tirage de la milice sous tous ses rapports, & à s'occuper des moyens de concilier ce qui est dû à la défense de l'État, avec les adoucissemens que Sa Majesté desire pouvoir procurer à ses sujets.

XXXIII.

Le Roi veut que toutes les dispositions de l'ordre public &

de bienfaisance envers ses peuples, que Sa Majesté aura sanctionnées par son autorité, pendant la présente tenue des États-Généraux, celles entr'autres relatives à la liberté personnelle, à l'égalité des contributions, à l'établissement des États-provinciaux, ne puissent jamais être changées sans le consentement des trois Ordres pris séparément. Sa Majesté les place à l'avance au rang des propriétés nationales, qu'elle veut mettre, comme toutes les autres propriétés, sous la garde la plus assurée.

XXXIV.

Sa Majesté, après avoir appelé les États-Généraux à s'occuper de concert avec elle des grands objets d'utilité publique & de tout ce qui peut contribuer au bonheur de son peuple, déclare, de la manière la plus expresse, qu'elle veut conserver en son entier, & sans la moindre atteinte, l'institution de l'armée, ainsi que toute autorité, police & pouvoir sur le militaire, tels que les Monarques François en ont constamment joui.

Je certifie la présente copie conforme à la grosse étant entre mes mains. Versailles, le 23 juin 1789. Signé, LAURENT DE VILLEDEUIL.

Discours du Roi.

« Vous venez, Messieurs, d'entendre le résultat de mes dispositions & de mes vues : elles sont conformes au vif désir que j'ai d'opérer le bien public ; & si, par une fatalité loin de ma pensée, vous m'abandonniez dans une si belle entreprise, seul je ferai le bien de mes peuples ; seul je me considérerai comme leur véritable représentant ; & connoissant vos cahiers, connoissant l'accord parfait qui existe entre le vœu le plus général de la Nation & mes intentions bienfaisantes, j'aurai toute la confiance que doit inspirer une si rare harmonie, & je marcherai vers le but : je veux l'atteindre, avec tout le courage & la fermeté qu'il doit m'inspirer.

» Réfléchissez, Messieurs, qu'aucun de vos projets, aucune de vos dispositions ne peut avoir force de loi sans mon approbation spéciale : ainsi je suis le garant naturel de vos droits respectifs; & tous les Ordres de l'État peuvent se reposer sur mon équitable impartialité. Toute défiance de votre part seroit une grande injustice : c'est moi, jusqu'à présent, qui fais tout pour le bonheur de mes peuples. Il est rare peut-être que l'unique ambition d'un Souverain soit d'obtenir de ses sujets qu'ils s'entendent enfin pour accepter ses bienfaits.

» Je vous ordonne, Messieurs, de vous séparer tout de suite, & de vous rendre demain matin chacun dans les chambres affectées à votre Ordre, pour y reprendre vos séances. J'ordonne en conséquence au grand-maître des cérémonies de faire préparer les salles ».

Messieurs les commissaires chargés de la vérification des pouvoirs, ayant annoncé qu'ils avoient trouvé en règle, & sans aucune opposition, ceux de M. le chevalier de Châlon, député de la sénéchaussée de Castelmoron, & ceux de M. le comte de Pannetier, député de la sénéchaussée de Couserans, ils ont été admis tous les deux; & ils ont pris séance au rang de la sénéchaussée.

Un de Messieurs les députés a fait ensuite une motion, laquelle a été fortement appuyée par un autre de ses co-députés : ils prétendoient l'un & l'autre qu'elle étoit une conséquence nécessaire des dispositions de la première déclaration du Roi. Plusieurs députés ont soutenu, au contraire, qu'elle lui étoit totalement étrangère : après quelques discussions à ce sujet, on a demandé la question préalable, pour savoir s'il y avoit lieu à délibérer pour le moment. Les voix ayant été appelées, 193 ont été pour la négative, 58 pour l'affirmative.

Deux de Messieurs les députés n'ont pas voulu prendre part

à la délibération. En conséquence de cette majorité, cette motion a été retirée, pour le moment.

Les débats qu'elle avoit occasionnés avoient suspendu l'examen des déclarations de Sa Majesté. Un de Messieurs les députés a proposé à la chambre d'en charger les dix bureaux dans lesquels elle s'étoit partagée, afin d'être en état de se décider plus promptement sur le parti qu'elle avoit à prendre en conséquence. Un autre de Messieurs a observé que la déclaration de Sa Majesté, ne comprenant que la notice de ses intentions bienfaisantes, ne devoit être soumise en ce moment à aucun examen, & que la première seule devoit occuper les bureaux.

Ces deux propositions ayant paru agréables à la chambre, & M. le Président ayant proposé de les adopter par assis ou levé, il a été arrêté, de cette manière, à la très-grande majorité, que les dix bureaux s'assembleroient ce soir à six heures, à l'effet d'examiner la première déclaration de Sa Majesté, & former un projet d'arrêté en conséquence.

La séance a été indiquée pour demain neuf heures du matin.

Signé, le duc DE MONTMORENCY-LUXEMBOURG, *Président ;* BOUTHILLIER, D'ORMESSON, SERENT, DIGOINE, LE CARPENTIER DE CHAILLOUÉ, *Secrétaires.*

TRENTE-TROISIÈME SÉANCE.

Jeudi 25 Juin 1789.

LE jeudi vingt-cinq juin mil sept cent quatre-vingt-neuf, l'assemblée de Messieurs les députés de l'Ordre de la Noblesse aux

États-Généraux étant formée, il a été donné lecture du procès-verbal de la dernière séance.

Après cette lecture, les membres des dix bureaux chargés de la rédaction des observations faites dans chacun, sur la première déclaration de Sa Majesté, lue en sa présence à la séance royale du mardi 23 juin, en ont fait part à la chambre, & ont communiqué les projets d'arrêté de leurs bureaux respectifs.

M. le Président, avant de laisser entamer la discussion à ce sujet, a cru devoir communiquer à l'Assemblée une lettre qu'il venoit de recevoir, signée par 37 membres de l'Ordre de la Noblesse, pour lui annoncer le parti pris par eux de se rendre à la salle du Tiers-État. Il en a fait lecture, ainsi qu'il suit:

Monsieur le Président,

C'est avec la douleur la plus vraie que nous nous sommes déterminés à une démarche qui nous éloigne, dans ce moment, d'une Assemblée pour laquelle nous sommes pénétrés de respect, & dont chaque membre a des droits personnels à notre estime; mais nous regardons comme un devoir indispensable de nous rendre à la salle où se trouve réunie la pluralité des États-Généraux.

Nous pensons qu'il ne nous est plus permis de différer un instant de donner à la Nation une preuve de notre zèle, & au Roi une preuve de notre attachement à sa personne, en proposant & procurant, dans les affaires qui regardent le bien général, une réunion d'avis & de sentimens, que Sa Majesté regarde comme nécessaire dans la crise actuelle, & comme devant opérer le salut de l'État.

Le plus ardent de nos vœux seroit sans doute de voir notre opinion adoptée par la chambre de la Noblesse toute entière. C'est sur ses pas que nous eussions voulu marcher; & le parti que

que nous nous croyons obligés de prendre sans elle, est sans contredit le plus grand acte de dévouement dont l'amour de la Patrie puisse nous rendre capables : mais dans la place que nous occupons, il ne nous est plus permis de suivre les règles qui dirigent les hommes privés : le choix de nos concitoyens a fait de nous des hommes publics : nous appartenons à la France entière, qui veut pardessus tout des États-Généraux ; & à des commettans, qui ont le droit d'y être représentés.

Tels sont, Monsieur le Président, nos motifs & notre excuse. Nous eussions eu l'honneur de porter nous-mêmes à la chambre de la Noblesse la résolution que nous avons prise ; mais vous avez assuré l'un de nous qu'il étoit plus respectueux pour elle de remettre notre déclaration entre vos mains. Nous avons en conséquence l'honneur de vous prier de vouloir bien lui en rendre compte. Nous sommes avec respect, &c.

Versailles, le 24 juin 1789.

Signé, Stanislas de Clermont-Tonnerre, député de Paris, le duc de la Rochefoucauld, le comte de Lally-Tollendal, aussi députés de Paris ; le comte de Rochechouard, de Lusignem, Dionis du Séjour, Duport, le marquis de Montesquiou, le marquis de la Coste, le duc d'Aiguillon, d'Aguesseau, de Sillery, le marquis de la Tour-Maubourg, le baron d'Harambure, le duc de Luynes, le marquis de Lancosme, le baron de Menou, Champagny, le vicomte de Beauharnois, Phélines, le comte de la Touche, le comte de Castellane, le vicomte de Sandrouin, le chevalier Alexandre de Lameth, le duc d'Orléans, le comte de Montmorency, le chevalier de Maulette, Freteau, d'André, d'Eymard, de Burle, le marquis de Blacons, le marquis de Langon, le comte de la Blache, le comte de Virieu, le baron de Châlon, le comte de Crillon, le marquis de Lezay-Marnésia, le vicomte de Toulongeon.

Introduction. Tome II.

Cette lecture a été suivie par les déclarations de MM. les députés des sénéchaussées de Nîmes & Beaucaire, & des bailliages de St.-Quentin & de Senlis, pour annoncer à la chambre, qu'incertains sur la manière d'interpréter les mandats reçus de leurs commettans, ils ont pensé devoir leur rendre compte de la position dans laquelle ils se trouvoient, & leur demander des ordres ultérieurs pour régler leur conduite.

Les députés des deux premiers bailliages ont demandé de rester sans voix jusqu'à cette réponse ; & tous ont prié la chambre de vouloir bien leur donner acte de leur déclaration ; ce qui leur a été accordé. (*Voyez les numéros 1, 2, 3, des pièces annexées à cette séance*).

Les projets d'arrêtés proposés par les différens bureaux sur la dernière déclaration de Sa Majesté, étant très-peu différens entr'eux, un de MM. les députés en avoit rédigé un, réunissant à-peu-près les vœux annoncés dans tous ceux qui avoient été présentés. Il en a fait lecture, ainsi qu'il suit :

« L'Ordre de la Noblesse, empressé de donner au Roi des
» marques de sa fidélité & de son respect ; pénétré des soins
» persévérans que Sa Majesté daigne prendre pour amener les
» Ordres à une conciliation désirable :

» Considérant combien il importe à la Nation de profiter sans
» délai du grand bienfait de la constitution indiquée dans la se-
» conde déclaration des intentions du Roi, lue à la séance du
» 23 de ce mois ; pressé encore par son désir de pouvoir con-
» solider la dette publique, & réaliser l'abandon de ses privi-
» léges pécuniaires, aussitôt que le rétablissement des bases cons-
» titutionnelles lui permettra de délibérer sur ces deux objets
» auxquels l'Ordre de la Noblesse attache l'honneur national,
» comme aussi le vœu le plus cher de ses commettans ; sans
» être arrêté par la forme de ladite séance, pour la présente
» tenue des États-Généraux seulement, & sans tirer à consé-

» quence pour l'avenir, a accepté purement & simplement les
» propositions contenues dans la première déclaration du Roi,
» lue à la séance du 23 juin.

» En conséquence, & pour exécuter l'article V. de ladite dé-
» claration, a arrêté que Sa Majesté sera suppliée d'assembler
» la Noblesse des bailliages dont les députés se jugeront liés
» par des mandats impératifs, afin qu'ils puissent recevoir de
» nouvelles instructions de leurs commettans, & prendre au
» plutôt en considération, dans la forme indiquée par le Roi,
» les articles contenus en la seconde déclaration des intentions
» de Sa Majesté, que l'Ordre de la Noblesse regarde comme
» le gage le plus touchant de sa justice & de son amour pour
» son peuple ».

Un autre de Messieurs a proposé ensuite un second projet d'arrêté, tendant de même à accepter les dispositions contenues en
la première déclaration de Sa Majesté ; mais proposant en outre
la nomination des commissaires, suivant le vœu de l'article XIII
de ladite déclaration, ainsi que l'envoi dudit arrêté à faire aux
deux autres Ordres, par une députation, & au Roi, par le Président chargé à cet effet de se retirer vers Sa Majesté.

Ces deux projets ont été d'abord soumis à la discussion de la
chambre : elle a amené successivement l'examen de tous les
articles de cette première déclaration, leurs avantages ou leurs
inconvéniens : leurs rapports avec les différens mandats, ont été
successivement pesés, avec la plus grande attention.

Un de Messieurs, en acceptant le premier arrêté proposé, a
ouvert l'avis de le porter au Roi, en lui faisant l'offre de toutes
les démarches que, comme père de la patrie & ami de ses
peuples, il jugeroit convenables, dans cette circonstance décisive. Enfin, un autre député a proposé un projet de discours à
prononcer à Sa Majesté, en lui portant cet arrêté, soit qu'il
fût déposé entre ses mains par l'Ordre de la Noblesse en corps,

par une députation, ou par M. le Président seul, suivant les avis différens ouverts à ce sujet.

Enfin, après d'autres débats & réfutations respectives, la matière paroissant suffisamment éclaircie, on a passé, conformément à l'usage, aux opinions motivées, sur le premier des arrêtés proposés.

Plusieurs avis différens se sont élevés, les uns pour l'adopter, les autres pour y apporter quelques modifications ou explications; un grand nombre pour l'accepter avec réserves; quelques-uns pour rester sans voix, conformément aux vœux différens des cahiers. Enfin, un très-petit nombre, lié par des mandats trop impératifs, pour le rejeter en entier.

Le but des opinions motivées finissoit, lorsqu'on a annoncé une députation de l'Ordre du Clergé. Huit députés ont été chargés d'aller la recevoir. Elle a été introduite, avec les honneurs accoutumés: & Messieurs les évêques d'Angoulême & de Luçon, & MM. les abbés de Damas, Maury, de Villebanois, le Pelletier, Coster & Martinet, membres composant ladite députation, ayant pris leurs places, & s'étant assis à la droite de M. le Président, M. l'évêque de Luçon portant la parole, a annoncé qu'il étoit chargé d'apporter à l'Ordre de la Noblesse les arrêtés pris par celui du Clergé, les 24 & 25 de ce mois; & après en avoir fait lecture, ainsi qu'il suit, il les a déposés tous les deux sur le bureau; & ils se sont retirés, conduits par les mêmes députés & avec les cérémonies accoutumées.

Arrêté de l'Ordre du Clergé, du 24 juin 1789.

Les membres du Clergé, assemblés dans la salle affectée à leur Ordre, pour y reprendre leurs séances, conformément à la volonté du Roi, lecture faite des discours & de la déclaration de Sa Majesté du jour d'hier, concernant la présente tenue d'États-

Généraux, & en conséquence des articles I & II de ladite déclaration, sont convenus de reconnoître comme valides tous les pouvoirs déja provisoirement vérifiés des membres, tant absens que présens, sur la députation desquels il ne s'est point élevé de contestation ; ils ont en conséquence déclaré qu'ils se constituoient dès-à-présent en assemblée de l'Ordre du Clergé aux États-Généraux ; & ladite assemblée a arrêté, à l'égard de la communication des pouvoirs entre les Ordres, & des jugemens à porter sur les pouvoirs contestés, de se conformer aux articles II & X de ladite déclaration. Versailles, le 24 juin 1789.
Signé, le cardinal de la Rochefoncauld.

Arrêté de l'Ordre du Clergé, du 25 juin 1789.

L'Ordre du Clergé a délibéré, 1°. d'adhérer purement & simplement à la déclaration du Roi, du 23 de ce mois, concernant la présente tenue des États-Généraux ; 2°. afin de pouvoir exécuter incessamment ladite déclaration, de députer aux deux autres Ordres, pour concerter avec eux la forme de communication des pouvoirs, soit pour leur proposer de procéder, dans une assemblée générale des trois Ordres réunis, au jugement de ceux qui sont ou qui pourront être contestés. Versailles, le 25 juin 1789. *Signé*, le cardinal de la Rochefoncauld.

Et ont été chargés de porter ladite délibération,

Messieurs

l'évêque d'Angoulême.	l'abbé de Villebanois.
l'évêque de Luçon.	l'abbé le Pelletier.
l'abbé de Damas.	l'abbé Coster.
l'abbé Maury.	l'abbé Martinet.

Cette députation étant retirée, on a repris la délibération interrompue par leur arrivée.

M. le Président ayant ainsi posé la question : Acceptera-t-on le premier arrêté proposé par un de Messieurs, oui ou non? les voix ont été appelées.

94 ont été pour le oui . . . . ⎫
68 pour le oui, avec acte . . . . ⎬ 188.
17 pour la pluralité, avec acte . . . . ⎪
9 pour la pluralité . . . . ⎭
16 sans voix . . . . . .

2 pour non . . . . ⎱ 9.
7 pour non & acte . . . . ⎰

Cet arrêté ayant passé à cette grande majorité, il a été décidé par assis & levé, qu'il seroit porté au Roi par M. le Président seul.

Plusieurs de Messieurs les députés de différens bailliages ou sénéchaussées ayant déposé sur le bureau la déclaration relative à l'opinion qu'ils avoient annoncée, conformément à leurs cahiers, & demandé qu'elles fussent annexées au procès-verbal, la chambre a consenti à ce qu'il leur en soit délivré acte. (*Voyez le n°. 4, jusques & y compris le n°. 50*).

La séance a été indiquée à demain neuf heures & demie.

Signé, le duc DE MONTMORENCY-LUXEMBOURG, *Président*; BOUTHILLIER, D'ORMESSON, SERENT, DIGOINE, LE CARPENTIER DE CHAILLOUÉ, *Secrétaires*.

---

*P*IÈCES *annexées à la trente-troisième séance.*

N°. 1. LES quatre députés de la Noblesse de la sénéchaussée de Beaucaire & Nîmes, ayant constamment cherché à se réunir au même avis, se sont essentiellement occupés de fixer entr'eux l'interprétation & l'exécution de l'article XX de leur mandat.

Une égale diversité d'opinion sur la volonté de leurs commettans leur impose la loi d'attendre une décision sur un article aussi essentiel; & comme cette décision doit les ramener à un même avis & déterminer leur conduite unanime, ils ont l'honneur d'annoncer à la chambre qu'ils renouvellent aujourd'hui la demande qu'ils n'ont cessé de faire à leurs commettans (notamment le 29 mai, 12 & 15 juin,) non de nouveaux pouvoirs, mais d'un ordre précis de leur part, sur la manière de connoître la pluralité à laquelle ont été soumis les vœux que leurs députés ont été chargés de porter aux États-Généraux.

Ils annoncent encore qu'ils n'auront point de voix, jusqu'à ce qu'ils puissent prendre un parti définitif. Le 25 juin 1789. *Signé*, le marquis DE FOURNÉS, le baron D'AIGALLIERS, LA LINIÈRE, le baron DE MARGUERITE.

N°. 2. Le duc de Lévis, député du bailliage de Senlis, a l'honneur de déclarer à la chambre que la seconde section de son cahier, qui contient le vœu d'opiner par tête aux États-Généraux, est terminée par un article conçu en ces termes. « Sur tous les articles compris dans la seconde section, le député de la Noblesse opinera conformément au vœu de son Ordre, & se rangera à la pluralité. »

Dans les circonstances présentes, cet article pouvant présenter deux sens très-différens, le duc de Lévis a cru qu'il étoit de la délicatesse d'un gentilhomme, honoré de la confiance de plusieurs autres, de ne pas prendre sur lui l'interprétation de cet article important, & de demander à ses commettans de nouvelles instructions d'après lesquelles il réglera sa conduite. Le 25 juin 1789. *Signé*, le duc DE LÉVIS.

S 4

N°. 3. Le comte de Pardieu, député du bailliage de St.-Quentin, adhère à la déclaration faite par Messieurs les députés de la sénéchauffée de Nîmes, se réservant d'attendre les nouvelles instructions qu'il doit recevoir de ses commettans, d'après la nouvelle convocation qu'il vient de solliciter auprès de M. le Garde-des-Sceaux. Versailles, le 25 juin 1789. *Signé*; le comte DE PARDIEU.

N°. 4. Le député de la Noblesse de la sénéchauffée d'Auch se fait un devoir de rendre l'hommage le plus pur & le plus respectueux aux intentions du Roi, de conserver les loix fondamentales de la Monarchie, intention si bien exprimée dans l'article premier de sa déclaration; il est pénétré de la plus vive reconnoissance pour la bonté paternelle que Sa Majesté témoigne à ses sujets. Il acquiesce aux articles de la première déclaration lue à la séance royale du 23 juin 1789, qui ne sont pas opposés au mandat dont il est porteur, qui l'oblige impérativement à voter par Ordre aux États-Généraux, sans que deux Ordres puissent lier le troisième. Son honneur, sa conscience, son serment, ne lui permettant pas de prendre d'autres engagemens, jusqu'à ce que la Noblesse qu'il a l'honneur de représenter ait été de nouveau convoquée pour délibérer sur les déclarations publiées à la séance royale du 23 juin, & lui ait envoyé de nouveaux pouvoirs; déclarant ne pouvoir, jusqu'à ce qu'il les ait reçus, former aucun vœu qui tendroit à gêner les déterminations ultérieures que la Noblesse de la sénéchauffée d'Auch jugera à propos de prendre, & qu'il suivra jusqu'alors la loi qui lui est prescrite par ses commettans. Il prie la chambre de lui permettre de prendre acte de la présente réserve sur la déclaration du Roi & sur l'arrêté de ce jour. Fait dans la chambre de l'Ordre de la Noblesse, à Versailles, le 25 juin 1789. *Signé*; le baron DE LUPPÉ, député de la Noblesse de la sénéchauffée d'Auch.

N°. 5. Les députés du bailliage du Cotentin ne peuvent accepter la déclaration du Roi du 23 juin 1789, qu'en se référant expressément à la teneur de leur mandat. Le 25 juin 1789. *Signé*, ACHARD DE BONVOULOIR, ARTUR DE LA VILLARMOI, BEAUDRAP, le baron DE JUIGNÉ.

N°. 6. Le soussigné demande acte du consentement qu'il a, dans sa conscience, cru devoir, par l'empire des circonstances, donner à l'acceptation totale & sans réserve de la déclaration du Roi, lue en la séance royale du 23 juin. A la chambre de la Noblesse, le 25 dudit 1789. *Signé*, le duc DE LIANCOURT.

N°. 7. D'après la lecture du dernier article de nos cahiers, vous connoîtrez que nous sommes chargés de défendre l'opinion par Ordre, constamment & autant que la plus impérieuse nécessité ne nous forcera pas de l'abandonner. Le moment est arrivé : toujours fidèle à nos mandats, j'embrasse la seule ressource que mes commettans ont cru prévoir : c'est la réduction de trois Ordres à deux Ordres seulement. Je regarde cette ressource comme la planche dans le naufrage, non-seulement pour nous, mais même pour la Monarchie. Cette motion faite dernièrement par un de nous n'a pas été accueillie : ma conscience, mon honneur & mon opinion m'obligent aujourd'hui de la renouveler & d'en demander acte, pour certifier à mes mandataires de ma fidélité & de mon exactitude. Le 25 juin 1789. *Signé*, COIFFIER, député de la Noblesse du Bourbonnois.

J'adhère au même avis, l'ayant exprimé dans mon opinion. *Signé*, le comte DE DOUZON. J'adhère à cette motion. *Signé*, le comte DE TRACY.

N°. 8. Les députés de la Noblesse du bailliage de Nivernois

& Donziois, liés par leur mandat à ne consentir, dans aucun cas, à délibérer par tête, les trois Ordres réunis, déclarent:

Qu'ils protestent formellement, quant à présent, contre tout ce qui tendroit directement ou indirectement à introduire cette forme d'opiner:

Qu'ils ne peuvent prendre part ni donner leur consentement à la délibération de l'Ordre de la Noblesse aux États-Généraux du 25 juin:

Qu'ils vont se pourvoir pardevant le Roi, pour obtenir une nouvelle convocation de l'Ordre de la Noblesse de leur bailliage, à l'effet de recevoir les ordres ultérieurs de leurs commettans. Le 25 juin 1789. *Signé*, DAMAS-D'ANLEZY, le comte DE SERENT.

N°. 9. Nous déclarons nous être opposés formellement à donner notre voix sur un plan de conciliation proposé par le Roi, & qui nous invitoit à délibérer par tête dans plusieurs cas. Notre mandat nous le défendant impérativement, nous avons demandé à la chambre acte de notre refus, pour leur prouver que nous avons scrupuleusement exécuté leurs ordres. Le 25 juin 1789. *Signé*, le duc DE CAYLUS, le baron D'AURILLAC, le baron DE ROCHEBRUNE, députés du bailliage de Saint-Flour, en Haute-Auvergne.

N°. 10. Le député de la Noblesse du bailliage de Besançon, rempli des mêmes sentimens de respect, de fidélité & de reconnoissance pour la personne sacrée du Roi, que ceux dont l'Ordre de la Noblesse vient de donner de nouvelles preuves dans son arrêté, se voit néanmoins forcé de ne le point adopter. Les mandats impératifs dont il est chargé lui prescrivent cette loi; & il ne peut qu'adhérer en entier à la déclaration qui vient d'être déposée sur le bureau par Messieurs les députés du bail-

DE LA NOBLESSE.

liage d'Amont. Il supplie la chambre d'ordonner que la présente sera annexée au procès-verbal, & qu'il lui en sera délivré acte, pour justifier sa conduite vis-à-vis de ses commettans. Versailles, le 25 juin 1789. *Signé*, DE GROSBOIS.

N°. 11. Les députés de la Noblesse du bailliage d'Amont, pénétrés de fidélité, d'amour & de respect pour la personne sacrée du Roi, remplis de confiance dans ses vertus, s'empressent de réunir leurs vœux à ceux de tous les membres de l'Ordre de la Noblesse, pour offrir à Sa Majesté l'hommage de leur sensibilité, de leur reconnoissance pour ses vues paternelles & pour les bienfaits qu'elle annonce à ses peuples.

Les mandats impératifs qui leur ont été donnés, de voter par Ordre, jamais par tête & en commun, de réclamer constamment pour le maintien des droits, des capitulations de la province de Franche-Comté & de sa constitution; l'ordre qu'ils ont reçu de mettre toutes protestations contre ce qui pourroit y donner la plus légère atteinte, le serment qui les lie, ne leur permettant pas de donner leurs voix sur la déclaration du 23 de ce mois, jusqu'à ce que leurs commettans leur aient fait connoître de nouveau leurs intentions; ils supplient de nouveau Sa Majesté d'ordonner qu'ils soient incessamment assemblés à cet effet, & ils prient la chambre de vouloir bien leur donner acte de la présente déclaration, pour qu'elle puisse servir de témoignage à leur fidélité vis-à-vis de leurs commettans. Versailles, le 25 juin 1789. *Signé*, le prince DE BEAUFFREMONT, le marquis DE MOUTIER, le président DE VEZET.

N°. 12. Les députés de la Noblesse du Bas-Limosin, sénéchaussée de Tulles, Brives & Uzerches, partagent dans toute leur étendue les sentimens de la chambre dans laquelle ils ont l'honneur d'être admis, pour la personne sacrée du Souverain, l'intérêt & le bonheur de la patrie : en conséquence, ils demeurent unis de cœur, d'esprit & d'ame, à tout ce qui a été & sera délibéré par la chambre ; & à cet égard, ils ne s'écartent assurément pas de l'esprit de leurs commettans, qui leur fait une loi *de demeurer unis, autant qu'il sera possible, aux députés de la Noblesse, comme ils le font de cœur & de sentiment.* Mais la rigueur de leur mandat sur *le voté par Ordre,* les prive dans ce moment de donner leur voix, jusqu'à ce que leurs commettans, instruits des intentions du Roi, aient modifié & supprimé la rigueur de leurs pouvoirs : en conséquence ils se sont pourvus devers M. le Garde-des-Sceaux ; & vont écrire à leurs commettans, à qui ils sont tenus de rendre compte de leur conduite & de la présente déclaration dont ils supplient la chambre de leur donner acte. Le 25 juin 1789. *Signé,* le baron DE POISSAC, le vicomte DE LA QUEUILLE.

N°. 13. Les députés de l'Ordre de la Noblesse du bailliage d'Alençon, en partageant avec l'Ordre entier de la Noblesse, l'amour le plus respectueux pour le Roi, la confiance la plus entière dans la justice & dans les vertus personnelles de Sa Majesté, persuadés que leurs commettans désapprouveroient une opposition au plan de conciliation proposé par la déclaration du Roi du 23 de ce mois, se borneront à déclarer seulement, qu'en adhérant à la majorité des articles de ce plan, ils font toutes réserves sur ce qui seroit contraire aux articles impératifs de leurs mandats actuels, jusqu'à ce que le Roi ayant bien voulu faire une nouvelle convocation de la Noblesse de leur bailliage, ils aient reçu d'eux de nouveaux pouvoirs. Le 25 juin 1789. *Signé,* LE CARPENTIER DE CHAILLOUÉ, le marquis DE VRIGNY.

N°. 14. Je soussigné député de la Noblesse de Condomois,

déclare qu'en admettant l'arrêté de ce jour, sous le bon plaisir de mes commettans, pour accepter le règlement tracé dans la déclaration de Sa Majesté du 23 de ce mois, pour la discipline de la présente tenue des États-Généraux, je n'ai entendu que donner un témoignage de mon respect pour le Roi, & de ma déférence pour l'Ordre de la Noblesse, & de mon ardent désir d'arriver, par tous les moyens possibles, au terme si désiré de la Nation; mais sans adhérer en aucune manière aux principes & au dispositif qui résultent de mon mandat, dont je n'entends me départir d'aucune manière, & dont je demande acte à la chambre, tenue le 25 juin 1789. *Signé*, DE LUSIGNAN, député du Condomois.

N°. 15. Les soussignés députés du bailliage d'Evreux, liés par un mandat impératif, qui leur défend de voter par tête, se voient dans la nécessité de faire des réserves contre les articles de la déclaration du Roi, concernant la présente tenue des États-Généraux, en date du 23 de ce mois, lesquels tendent à établir dans certains cas la délibération par tête. Ils déclarent ne pouvoir voter autrement que par Ordre, & ne pouvoir même donner de voix consultative à une délibération par tête, jusqu'à ce que leurs commettans aient jugé à propos de changer leurs pouvoirs à cet égard: ils remettent la présente déclaration sur le bureau, & requièrent qu'il leur en soit donné acte pour être présenté à leurs commettans. Le 25 juin, 1789. *Signé*, DE CHAMBRAY, BONNEVILLE.

N°. 16. La déclaration du Roi ayant été mise en délibération dans la chambre de l'Ordre de la Noblesse, le député de l'Ordre de la Noblesse de la sénéchaussée de Marsan a dit qu'il se fait un devoir de rendre l'hommage le plus pur & le plus respectueux aux intentions du Roi, de conserver les loix fondamentales de la Monarchie, intention si bien exprimée dans l'article premier de la déclaration du Roi du 23 juin 1789 ; qu'il est pénétré de la plus vive reconnoissance pour les bontés paternelles que Sa Majesté témoigne à ses sujets ; qu'il acquiesce aux articles de la première déclaration lue à la séance royale du 23 juin, qui ne sont pas opposés au mandat dont il est porteur & qui l'oblige impérativement à voter par Ordre, sans que la voix des deux Ordres puisse dans aucun cas lier le troisième ; mais que son honneur, sa conscience & son serment, dont il n'est pas au pouvoir d'aucune puissance de le dégager, ne lui permettent pas de prendre d'autres engagemens jusqu'à ce que la Noblesse de Marsan, qu'il a l'honneur de représenter, ait été de nouveau convoquée pour délibérer sur les déclarations publiées à la séance royale du 23 juin, & lui ait envoyé de nouveaux pouvoirs ; déclarant que, jusqu'à ce qu'il les ait reçus, il ne peut former aucun vœu, ni participer à aucune délibération qui tendroit à gêner les déterminations ultérieures que la Noblesse de la sénéchaussée de Marsan jugera à propos de prendre & de lui envoyer ; & qu'il prie l'Ordre de la Noblesse de lui donner acte de son avis. Fait à Versailles, dans la chambre de l'Ordre de la Noblesse aux États-Généraux, le 25 juin 1789. *Signé*, LA SALLE, marquis de Roquefort, député de l'Ordre de la Noblesse de la sénéchaussée de Marsan.

N°. 17. Les députés de l'Ordre de la Noblesse des cinq sénéchaussées d'Angers, liés par leur mandat à ne consentir à opiner par tête aux États-Généraux, les trois Ordres réunis, qu'à la pluralité des voix prises séparément dans l'Ordre de la Noblesse, déclarent :

Qu'ils n'ont adhéré à l'arrêté d'aujourd'hui, relatif à la déclaration du Roi, lue à la séance royale du 23, que sous la réserve de se pourvoir vers leurs commettans, à l'effet de connoître leur volonté ultérieure, & ce conformément à l'article V de ladite déclaration du Roi. A Verſailles, le 25 juin 1789. *Signé*, le comte DE DIEUSIE, le comte DE RUILLÉ.

N°. 18. Les députés de la Nobleſſe des cinq ſénéchauſſées de l'Anjou, ſouſſignés, déclarent ſur l'arrêté pris cejourd'hui, 25 de ce mois, dans la chambre de la Nobleſſe, concernant la ſéance royale du 23, que, liés par la nature de leurs mandats, ils ont cru ne devoir prendre aucune part à ladite délibération, & qu'en conſéquence ils n'ont pas donné de voix; mais que par reſpect pour le deſir preſqu'unanime de la chambre, & les intentions du Roi, ils ſe ſont réſervés de ſe pourvoir pardevers leurs commettans, pour connoître plus particulièrement leurs volontés, ſans néanmoins avoir formé de proteſtation. A Verſailles, le 25 juin 1789. *Signé*, CHOISEUL, duc de Praſlin; le comte DE LA GALISSONIÈRE.

N°. 19. Les députés de la ſénéchauſſée de Beziers ont déclaré qu'ils acceptoient purement & ſimplement les diſpoſitions de la déclaration du Roi, & nommément les articles VII & VIII, comme conformes au vœu de leurs commettans; de quoi ils ont demandé acte. A Verſailles, le 25 juin 1789. *Signé*, le marquis DE GAYON, GLEISES DE LA BLANQUE.

N°. 20. Meſſieurs de Comaſerra & baron de Montſerré, députés de l'Ordre de la Nobleſſe des Vigueries de Rouſſillon, Conflans & Cerdagne, ſouſſignés, demandent acte de la déclaration qu'ils font qu'ayant demandé des explications ſur leurs pouvoirs à leurs commettans, relatives aux circonſtances, ils ſe priveront, juſqu'à ce qu'ils les aient reçues, de toute voix délibérative, en tout ce qui pourroit être contraire à leurs mandats. Le 25 juin 1789. *Signé*, COMASERRA, & baron DE MONTFERRÉ.

N°. 21. Le soussigné, duc de Villequier, député du Boulonnois, &, voulant prouver à ses commettans son exactitude à remplir les intentions de son cahier, a l'honneur de demander acte à la chambre, de ce qu'il s'est rendu hier à la pluralité, lors de la délibération, si on accepteroit les propositions contenues dans la déclaration du Roi du 23 juin 1789. Fait à la chambre de la Noblesse, le 27 juin 1789. *Signé*, le duc DE VILLEQUIER.

N°. 22. Nous soussignés, députés de la province d'Angoumois, déclarons que, relativement à l'article II de nos cahiers, nous n'avons consenti au présent arrêté pris sur la déclaration du Roi, lue à la séance royale, qu'en cédant à la pluralité de la chambre, & en nous réservant de protester, s'il en résultoit que l'on vienne jamais, les trois Ordres réunis, à opiner par tête : la présente déclaration faite & déposée sur le bureau, le 25 juin 1789. *Signé*, SAINT-SIMON, CULANT.

N°. 23. Les députés de l'Ordre de la Noblesse de la sénéchaussée de Toulouse sont persuadés que le désir de rétablir l'union entre les Ordres & de procurer le bien général qui ne peut s'opérer sans elle, a été le motif dominant qui a inspiré au Roi les dispositions combinées de sa déclaration du 23 de ce mois : ils voudroient pouvoir, ainsi que la plus grande partie des membres de la chambre de la Noblesse, ne consulter dans cette importante occurrence, que leur vive reconnoissance, leurs vœux & leur espoir : ils aimeroient à s'abandonner aux intentions paternelles de Sa Majesté : ils s'estimeroient heureux de pouvoir en même temps prouver à la Nation que, lorsque la constitution

tion de l'Etat n'est pas compromise, aucune déférence, aucuns sacrifices ne sont au-dessus de leur zèle & de leur dévouement pour l'intérêt & le bonheur communs.

Mais ils sont dans le cas prévu par l'article IV de la déclaration dont il s'agit.

Dans cette position, il leur est impossible de participer sans réserve au vœu de la très-grande majorité de la chambre.

Ils déclarent donc qu'ils n'y conforment leur opinion que sous la condition expresse du consentement de leurs commettans, & que jusqu'à ce qu'ils aient reçu de nouveaux ordres, ils s'abstiendront de donner leurs suffrages dans les délibérations où les voix seront comptées par tête.

Ils sont forcés de déclarer encore, que si l'objet des délibérations ainsi prises étoit préjudiciable à l'Ordre de la Noblesse, leur mandat ne leur permettroit pas de se borner à une assistance passive, & qu'ils ne pourroient s'empêcher de conserver, autant qu'il seroit en eux, les droits de leurs commettans par des protestations.

Ils supplient la chambre d'ordonner qu'il leur sera donné acte de la présente déclaration. Versailles, le 25 juin 1789. *Signé*, DES INNOCENS DE MAURENS, M. le marquis DE PANAT, absent pour cause de maladie; le marquis D'AVESSENS DE ST. ROME, le marquis D'ESCOULOUBRE.

N°. 24. Je soussigné, député de l'Ordre de la Noblesse de la sénéchaussée de Castelnaudary, adhère à la présente déclaration; & je déclare que je m'y conformerai jusqu'à ce que j'aie reçu de nouveaux ordres de mes commettans. Versailles, l'an & jour que dessus. *Signé*, le marquis DE VAUDREUIL.

N°. 25. Je soussigné, député de l'Ordre de la Noblesse de la sénéchaussée de Castres, adhère à la présente déclaration; &

Introduction. Tome II.   T

je déclare que je m'y conformerai jusqu'à ce que j'aie reçu de nouveaux ordres de mes commettans. Versailles, l'an & jour que dessus. *Signé*, DE TOULOUSE-LAUTREC.

N°. 26. Je soussigné, député de la Noblesse des bailliages de Chaumont & Magny en Vexin François, atteste, que lors de la délibération de la chambre, du jour d'hier, sur la séance du Roi du 23 de ce mois, & dans laquelle il a été arrêté que l'on acceptoit purement & simplement les propositions contenues dans la premiere déclaration du Roi lue dans ladite séance, j'ai donné à cette acceptation mon consentement, mais en demandant acte de la réserve que j'ai faite de ne pouvoir délibérer par tête, dans les occasions où l'on sera dans le cas d'en faire usage, & indiquées dans ladite déclaration, comme contraires à mon cahier; & ce, jusqu'à ce que j'aie obtenu de mes commettans de nouveaux pouvoirs. A Versailles, le 26 juin 1789. *Signé*, LE MOINE DE BELLE-ISLE.

N°. 27. Le député de la Noblesse des bailliages de Vic & Toul, forcé par des circonstances impérieuses, & soumis à la rigueur de ses mandats, déclare n'accepter la déclaration du Roi du 23 juin, que sous la réserve expresse que mes commettans me donneront une extension suffisante de pouvoir pour y adhérer; & je demande acte de ma déclaration. Fait à la chambre de la Noblesse, le 26 juin 1789. *Signé*, RENNEL.

N°. 28. Les députés de la Noblesse de Bresse, liés impérativement par leurs mandats à la forme constitutionnelle de voter par Ordre, demandent acte qu'ils n'ont point voté pour l'acceptation des articles contenus en la premiere déclaration du Roi, lue à la séance royale du 23 de ce mois; & qu'ils ne se sont rendus qu'à la majorité des suffrages de la chambre, pour cette acceptation. Fait à Versailles, le 25 juin 1789. *Signé*, Cardon de Sandrans, de la Bevière.

Nº. 29. M. le marquis de Juigné, député de la Noblesse des Marches communes franches de Bretagne & de Poitou, & M. le marquis de Beauchamps, député de la Noblesse de Xaintonge, séante à Saint-Jean-d'Angely, demandent, par les motifs ci-dessus, le même acte sollicité par les députés de la Noblesse de Bresse. A Versailles, le 25 juin 1789. *Signé*, le marquis de Juigné, le marquis de Beauchamps.

Nº. 30. M. de Panette, député de la Noblesse de Dombs, demande qu'il lui soit donné acte, que lorsqu'il a voté sur l'arrêté de la chambre, en date du 25 juin 1789, en conséquence de son mandat, qui lui prescrit impérieusement de n'opiner que par Ordre, il n'a pu que se joindre à la pluralité des voix, en se réservant d'en demander le consentement à ses commettans. Fait en la chambre de la Noblesse aux États-Généraux. Versailles, le 25 juin 1789. *Signé*, de Panette, député de la Noblesse de Dombes.

Nº. 31. Nous, députés des sénéchaussées du Quercy, ne pouvant adhérer aux articles de la déclaration du Roi, qui tendent à voter par tête, déclarons que nous ne pouvons l'accepter que sous la réserve expresse que nos commettans nous donneront une extension de pouvoirs suffisante pour y adhérer; & nous demandons acte de notre déclaration. Versailles, le 25 juin 1789. *Signé*, La-Valette-Parisot, Biron, de Plas de Tane.

Nº. 32. Les députés de la Noblesse du bailliage de Belfort demandent acte, comme ayant adhéré à la pluralité de l'Ordre dans la délibération pour l'arrêté de ce jour 25 juin 1789.

Signé, le comte DE MONTJOIE-VAUFREY, le baron DE LAN-DENBERG-VAGENBOURG.

N°. 33. Je soussigné, député de la sénéchaussée de Limoux en Languedoc, forcé, d'une part, par la circonstance la plus impérieuse, &, d'autre part, par la rigueur de mon mandat, déclare que je n'accepte la déclaration du Roi du 23 juin, que sous la réserve que mes commettans me donneront une extension de pouvoirs pour y adhérer; & je demande acte de ma déclaration, en foi de ce. A Versailles, le 25 juin 1789. *Signé*, le baron DE L'HUILIER DE ROUVENAC.

N°. 34. Le député du gouvernement de la Rochelle, lié par l'instruction particulière de ses commettans, déclare qu'il n'a accepté la déclaration du Roi, lue à la séance du 23 juin, que sous la réserve de se conformer au cinquième article de ladite déclaration; qu'en conséquence il va demander de nouveaux pouvoirs à ses commettans, afin que, s'ils le jugent à propos, il puisse se conformer avec la plus entière liberté à tout ce qui est prescrit & indiqué dans ladite déclaration. Il supplie la chambre de vouloir bien lui accorder acte de la présente réserve. A Versailles, en la chambre de la Noblesse, le 25 juin 1789. *Signé*, MALARTIC.

N°. 35. Je soussigné, député de la sénéchaussée de Castelmoron d'Albret, forcé, d'une part, par les circonstances les plus impérieuses, & soumis, d'autre part, à la rigueur de mon mandat, déclare que je n'accepte la déclaration du Roi du 23 juin, que sous la réserve expresse que mes commettans me donneront une extension de pouvoirs suffisante pour y adhérer; & je demande acte de ma déclaration. Le 25 juin 1789. *Signé*, le chevalier DE CHALON.

DE LA NOBLESSE.

N°. 36. Sur l'arrêté pris par la chambre de la Noblesse, le 25 de ce mois, au sujet de la déclaration du Roi du 23, le député de la Noblesse du Bugey n'a eu d'autre avis que celui de se ranger à la pluralité de la chambre, pour se conformer à ses cahiers, & en a demandé acte dans la chambre, le 25 juin 1789. *Signé*, le marquis DE CLERMONT MONT-SAINT-JEAN.

N°. 37. Le marquis de Ternay, député du bailliage de Loudun, demande acte de la réserve qu'il a faite de consulter ses commettans. Le 25 juin 1789. *Signé*, le marquis DE TERNAY.

N°. 38. Nous députés soussignés de la province du Périgord, forcés, d'une part, par les circonstances les plus impérieuses, & soumis, d'autre part, à la rigueur de nos mandats, déclarons que nous n'acceptons la déclaration du Roi du 23 juin, que sous la condition & réserve expresse que nos commettans nous donneront une extension de pouvoirs suffisante pour y adhérer, & nous demandons acte de notre déclaration. Le 25 juin 1789. *Signé*, le marquis DE FOUCAULD-LARDIMALIE, le comte DE LA ROQUE.

N°. 39. Nous députés soussignés de la Noblesse de Carcassonne, forcés, d'une part, par les circonstances les plus impérieuses, &, d'autre part, par la rigueur de nos mandats, déclarons que nous n'acceptons la déclaration du Roi du 23 juin, que sous la réserve expresse que nos commettans nous donneront une extension de pouvoirs suffisante pour y adhérer; & nous demandons acte de notre déclaration, en foi de quoi. A Versailles, le 25 juin 1789. *Signé*, le marquis DU PAC DE BADENS, le comte DE MONTCALM GOZON.

N°. 40. Les soussignés desirant faire connoître au besoin à

leurs commettans, qu'ils sont restés dans la minorité, lors de la délibération d'hier, ont l'honneur de prier la chambre de permettre qu'il leur en soit donné acte. A Versailles, le 26 juin 1789. *Signé*, le comte DE LA CROIX, le comte Charles DE LAMETH.

N°. 41. Je soussigné Florent-Alexandre-Melchior de la Baume, comte de Montrevel & du St. Empire, député des États particuliers du comté du Maconnois aux États-Généraux, lié par le mandat impératif de mes commettans; que j'ai fait serment d'exécuter, qui me défend d'acquiescer pour eux à l'innovation de voter par tête, après avoir insisté, selon leurs ordres, de tout mon pouvoir, pour la conservation de l'usage antique de faire voter les Ordres séparément, dans les circonstances pénibles & embarrassantes où se trouve l'Ordre de la Noblesse, j'ai cru devoir joindre ma voix à la presque totalité des voix de la chambre de la Noblesse, pour acquiescer purement & simplement au plan proposé par le Roi à la séance du 23 de ce mois de juin de la présente année 1789. Mais considérant que les articles III, IV, VII, X, XI de ce plan, sont opposés & contradictoires aux loix du mandat qui m'a été remis par mes commettans, qui ont même annulé mes pouvoirs d'avance, si je contrevenois à leurs principes; je déclare n'y adhérer que provisoirement & seulement sous la sauve-garde des articles IV & V dudit plan. Je me réserve liberté pleine & entière d'exécuter les nouveaux pouvoirs & les nouvelles intentions de mes commettans, lorsque je les aurai reçus, & que je leur ai demandés aujourd'hui 25 juin 1789; & pour ma justification & conservation de leurs droits, & la liberté de leurs nouveaux suffrages & avis, j'ai remis sur le bureau la présente déclaration dont je demande acte. Versailles, dans la chambre de la Noblesse, le 25 juin 1789. *Signé*, LA BAUME, comte de Montrevel.

N°. 42. Nous souffignés, commandés par la néceffité des circonftances, de donner notre affentiment provifoire à l'arrêté propofé pour accepter la déclaration du Roi, lue le 23 de ce mois aux États-Généraux, & obligés en même temps à une fidélité inviolable à nos mandats : déclarons réferver dans fon intégrité le vœu de nos commettans contenu dans nos cahiers, en ce qu'il eft dérogé par ladite déclaration, & n'y pouvoir adhérer jufqu'à ce qu'aux termes de l'article V, le Roi nous ait mis en état, par une nouvelle convocation de l'Ordre de la Nobleffe du bailliage de Rouen, de foumettre la préfente déclaration à nos commettans, pour qu'ils aient, d'après fon examen, à changer nos mandats, ou à perfifter à leurs coutumes, dont acte. Fait à Verfailles, le 25 juin 1789. *Signé*, le marquis DE MORTEMART, le comte DE TRIE, le préfident DE FRONDEVILLE, BELBEUF.

N°. 43. Les députés de la Nobleffe de Bourgogne pour les bailliages de Dijon, Autun, Châlons, Auxois, Bar fur Seine, Auxerre, s'empreffent auffi de donner des marques de leur refpect & de leur reconnoiffance au Roi, qui a bien voulu, dans des circonftances auffi critiques, protéger les loix, & par un bienfait fignalé reftituer à fes peuples des droits fi long-temps méconnus. C'eft donc avec la plus vive fenfibilité qu'ils acceptent la déclaration que le Roi leur a daigné faire de fes intentions à cet égard; & généralement tous les articles qui ne font pas directement oppofés à leurs mandats; mais la lettre de ces mandats leur impofe au même inftant la loi de protefter contre tout ce qui feroit contraire, dans les déclarations & dans l'arrêté de la chambre, à la volonté impérative de leurs commettans, foit fur le vote par tête en aucun cas, fur l'annonce anticipée de la renonciation aux priviléges pécuniaires & de la confolidation de la dette publique avant l'établiffement des bafes conftitutionnelles, soit même sur la restriction annoncée des pouvoirs donnés ou à donner pour l'avenir, ainsi que sur la forme de la séance du 23 de ce mois ; enfin aux priviléges des pays d'États compromis par l'article XXIII. En conséquence, les soussignés qui ont eu l'honneur de communiquer à la chambre leurs pouvoirs, relativement à tous ces objets, la supplient respectueusement de vouloir bien leur accorder acte de leurs protestations, dont ils sont obligés de justifier à leurs commettans. Fait à Versailles, le 25 juin 1789. *Signé*, LE MULIER DE BRESSEY; député de Dijon ; le marquis DE DIGOINE, député de l'Autunois, le marquis DE SASSENAY, BURIGNOT DE VARENNE, députés de Châlons ; D'ARGENTEUIL, député de l'Auxois ; le comte DE MONCORPS.

N°. 44. Nous soussignés députés de l'Ordre de la Noblesse de la sénéchaussée de Poitiers, déclarons qu'en adhérant, autant qu'il est en nous, par pure déférence pour Sa Majesté, à la première déclaration lue à la séance royale du 23 de ce mois, nous ne pouvons nous dispenser de demander de nouvelles instructions à nos commettans, dont nous réservons en attendant tous les droits à cet égard. Le 25 juin 1789. *Signé*, MONTMORENCY-LUXEMBOURG ; le marquis DE CRUSSOL-D'AMBOISE; CLAUDE, vicomte de la Châtre ; le comte D'YVERSEY, le chevalier DE LA COUDRAYE ; le comte DE LAMBERTY ; le marquis DE VILLEMORT.

N°. 45. Nous soussignés députés de l'Ordre de la Noblesse de la sénéchaussée de Guienne, déclarons :

Qu'en adoptant l'arrêté de ce jour, sous le bon plaisir de nos commettans, pour accepter le règlement tracé dans la déclaration de Sa Majesté du 23 de ce mois, pour la discipline de la présente tenue des États-Généraux, nous n'avons entendu que donner un témoignage de notre respect pour le Roi, de notre déférence pour l'Ordre de la Noblesse, & de notre ardent desir d'arriver par tous les moyens possibles au terme si desiré de la Nation, mais sans adhérer en aucune manière aux principes & au dispositif dudit arrêté, qui pourroient blesser les instructions qui résultent de notre mandat, les intérêts de la Noblesse du royaume en particulier, & ceux de la Nation en général.

En conséquence, nous avons cru devoir exprimer les réserves suivantes audit arrêté.

1°. Nous pensons que, d'après notre mandat, nous ne pouvons point prendre l'engagement de faire l'abandon des priviléges pécuniaires, ni de consolider la dette publique, aussitôt après le rétablissement des bases constitutionnelles, parce qu'il nous est enjoint expressément de ne consolider la dette publique, non-seulement qu'après avoir obtenu une constitution invariablement arrêtée, mais encore après le plus sévère examen de l'état des finances; & de ne faire l'abandon des priviléges, qui doit suivre l'octroi de l'impôt, qu'après que le travail entier, tracé dans nos cahiers, aura été suivi; nous déférant pour le surplus à cet égard, à notre protestation du 23 mai 1789.

2°. Nous pensons que la demande faite à Sa Majesté dans ledit arrêté, de convoquer la Noblesse des bailliages pour donner de nouveaux pouvoirs, est contraire aux droits & priviléges de la Noblesse du royaume, en ce qu'elle a le droit de s'assembler pour ses intérêts particuliers, sans avoir besoin d'ordres à cet égard, droit que Sa Majesté elle-même reconnoît par l'article V de sa déclaration, puisqu'elle permet aux députés, gênés par leurs mandats, d'en demander d'autres à leurs commettans, sans annoncer qu'elle donnera de nouveaux ordres pour les convoquer.

3°. Nous pensons que ledit arrêté, en acceptant purement & simplement, & sans aucune réserve, les propositions contenues en quinze articles dans la première déclaration du Roi, avec la seule clause conservatoire, que ce n'est que pour la présente tenue des États-Généraux, & sans tirer à conséquence pour l'avenir, n'a point suffisamment garanti les droits imprescriptibles de la Nation, violés par les articles III, IV & VI de ladite déclaration, parce que, dans aucun cas ni dans aucune circonstance, un Ordre ne peut reconnoître qu'il existe une puissance qui ait le droit de casser ou annuler les différens résultats de la volonté de la Nation, volonté qui deviendroit illusoire, dès l'instant que son expression ne pourroit être libre, & que par conséquent un Ordre ne doit jamais convenir qu'il existe une force plus forte que la Nation elle-même, desquelles dites réserves nous avons demandé acte. Fait à Versailles, le 25 juin 1789. *Signé*, le chevalier DE VERTHAMONT, le vicomte DE SÉGUR, LAVIE.

N°. 46. Le député de la sénéchaussée de la Basse-Marche, soussigné, lié par son mandat à ne consentir, dans aucun cas, à délibérer par tête, déclare qu'il proteste solemnellement, quant à présent, contre tout ce qui tendroit directement ou indirectement à introduire cette forme d'opiner :

Qu'il ne peut prendre part ni donner son consentement à la délibération de l'Ordre de la Noblesse aux États-Généraux, du 25 juin; qu'il va se pourvoir pardevant le Roi pour obtenir une nouvelle convocation de l'Ordre de son bailliage, de sa sénéchaussée, à l'effet de recevoir les ordres ultérieurs de mes commettans. Versailles, le 25 juin 1789. *Signé*, le comte DE LAIPAUD, grand Sénéchal d'épée, & député de la Noblesse de la Basse-Marche.

N°. 47. Les députés de la Noblesse de Villefranche de Rouergue se font un devoir de rendre l'hommage le plus pur & le plus respectueux aux intentions du Roi, de conserver les lois fondamentales de la Monarchie, intentions si bien exprimées dans l'article premier de sa déclaration : ils sont pénétrés de la plus vive reconnoissance pour les bontés paternelles, que Sa Majesté témoigne à ses sujets.

Ils acquiescent aux articles de la première déclaration, lue à la séance royale du 23 juin, qui ne sont pas opposés aux mandats dont ils sont porteurs ; mais leur honneur, leur conscience & leur serment ne leur permettent point de prendre d'autre engagement, jusqu'à ce que la Noblesse qu'ils ont l'honneur de représenter, ait été de nouveau convoquée pour délibérer sur les déclarations publiées à la séance royale du 23 juin, & leur ait envoyé de nouveaux pouvoirs, auxquels ils promettent d'avance de se conformer le plus strictement ; déclarant ne pouvoir, jusqu'à ce qu'ils les aient reçus, former aucun vœu qui tendroit à gêner les déterminations ultérieures que la Noblesse de Rouergue jugera à propos de prendre.

Les députés soussignés demandent à la chambre qu'il leur soit donné acte de la présente réserve sur la déclaration du Roi & sur l'arrêté de ce jour. Versailles, le 25 juin 1789. *Signé*, BOURNAZEL.

J'adhère, au nom de mes commettans, à la déclaration ci-dessus. Dans la chambre de la Noblesse aux États-Généraux, le 25 juin 1789. *Signé*, le comte François D'ESCARS, député de la sénéchaussée de Châtellerault.

J'adhère à la déclaration ci-dessus. Dans la chambre de la Noblesse aux États-Généraux, le 25 juin 1789. *Signé*, le comte DE BARBANÇON, député du bailliage de Villers-Cotterets.

J'adhère à la déclaration ci-dessus, & en demande un acte particulier. Dans la chambre de la Noblesse aux États-Généraux, le 25 juin 1789. *Signé*, le vicomte DE PANAT, député de la sénéchaussée de Rhodès & du bailliage de Milhau.

Nous adhérons à la déclaration ci-dessus, & en demandons un acte particulier. Dans la chambre de l'Ordre de la Noblesse aux États-Généraux, le 25 juin 1789. *Signé*, le baron DE MONTAGUT-BARRAU, le vicomte D'USTOU-SAINT-MICHEL, députés de la Noblesse du pays & comté de Comminges & Nébouzan.

J'adhère, au nom de mes commettans, à la déclaration ci-dessus & sous les mêmes réserves. Versailles, le 25 juin 1789. *Signé*, le marquis D'APCHIER, député du Gévaudan.

N°. 48. Les députés de la Noblesse du Barrois se croient obligés de déclarer que, par l'adhésion que pour le bien de la paix & le salut de l'État ils se sont crus obligés de donner à l'arrêté pris aujourd'hui par l'Ordre de la Noblesse, ils se trouvent, par le fait, déchus du pouvoir dont la Noblesse du bailliage de la Marche les avoit honorés; & qu'en conséquence, ils ne sont plus, de ce moment, les représentans que de la Noblesse des dix autres bailliages du Barrois; & ce, jusqu'à ce qu'il plaise à la Noblesse du bailliage de la Marche, conformément aux articles III & V de la première déclaration du Roi, lue à la séance tenue par Sa Majesté aux États-Généraux, le 23 de ce mois, d'honorer les soussignés d'un nouveau pouvoir. Versailles, le 25 juin 1789. *Signé*, le vicomte DU HAUTOY, BOUSMARD.

N°. 49. Ayant adhéré à la protestation de M. le baron de Luppé, faite dans la chambre de l'Ordre de la Noblesse, le 25 juin 1789, par laquelle il accepte la déclaration du Roi du 23, mais pour les objets seulement qui ne sont pas contraires à ses mandats; je supplie la chambre de vouloir bien me donner acte de mon adhésion & protestation, pour la justification de ma conduite vis-à-vis de mes commettans. *Signé*, le marquis D'ANGOSSE, député des sénéchaussées d'Armagnac & de l'Isle-Jourdain.

N°. 50. Le député des bailliages de Sezanne & de Châtillon-sur-Marne, nonobstant le désir le plus vif de se conformer aux vues paternelles de Sa Majesté, qui lui ont inspiré les dispositions contenues en sa déclaration du 23 de ce mois, déclare ne pouvoir accepter, comme l'a fait la majeure partie de la chambre de la Noblesse, ladite déclaration, sinon avec réserve, & sous la condition expresse du consentement de ses commettans; & que, jusqu'à ce qu'il en ait reçu de nouveaux ordres, il s'abstiendra de donner son suffrage dans les délibérations où les voix seront comptées par tête, son mandat y étant contraire.

Il supplie la chambre d'ordonner qu'il lui sera donné acte de la présente déclaration. A Versailles, le 25 juin 1789. *Signé*, le marquis DE PLEURRE.

TRENTE-QUATRIÈME SÉANCE.

Vendredi 26 Juin 1789.

LE vendredi vingt-six juin mil sept cent quatre-vingt-neuf, l'Assemblée de Messieurs les députés aux États-Généraux étant formée, il a été fait lecture du procès-verbal de la séance précédente.

M. le Président a rendu compte ensuite de l'audience qu'il avoit eue hier de Sa Majesté, pour lui porter l'arrêté pris par l'Ordre de la Noblesse, relativement à son acceptation de la première déclaration de Sa Majesté, & a lu le discours qu'il avoit eu l'honneur de lui adresser, & la réponse qu'il avoit reçue, ainsi qu'il suit :

« Je suis content de la conduite de ma Noblesse ; & elle peut
» compter sur mes bontés & ma protection ».

Il a ensuite nommé pour porter le même arrêté à l'Ordre du Clergé,

Messieurs

le vicomte de Châlon.	le comte d'Andlau.
le comte de la Châtre.	de Piis.
le comte de Versay.	le comte du Ludre.
le vicomte de Mirabeau.	le marquis de Ternay.

La question de savoir si on le porteroit aussi par une députation à l'Ordre du Tiers-État, ayant été agitée, il a paru que c'étoit le vœu de la chambre.

Deux de Messieurs les députés ont fait chacun lecture d'un projet de discours à ce sujet, rédigé par eux. Le premier, très-détaillé, comprenoit non-seulement les motifs de la conduite de l'Ordre de la Noblesse jusqu'à ce jour, mais encore la suite du travail qu'il se proposoit d'adopter pour achever le grand ouvrage auquel il devoit coopérer. Le second, moins étendu, n'étoit qu'un simple discours d'honnêtetés pour retracer succinctement le desir de conciliation qui n'avoit cessé de l'animer & qui l'animoit encore.

Après quelques discussions, relativement au choix à faire entre ces deux discours, l'avis de la chambre a semblé être que l'examen réfléchi qu'il faudroit faire, pour ainsi dire, de chacune des phrases du premier, afin de ne rien dire qui pût être mal interprété, feroit perdre un temps précieux ; que ce discours conviendroit parfaitement dans une autre occasion, dans laquelle il pourroit être intéressant de justifier les motifs de la Noblesse ; & qu'en conséquence le second discours n'engageant à rien, devoit être préféré : lecture en a été faite de nouveau, ainsi qu'il suit :

« L'Ordre de la Noblesse nous a chargés d'avoir l'honneur de vous communiquer l'arrêté qu'il a pris hier.

» Vous verrez, dans l'adhésion qu'il s'est empressé de donner à la première déclaration du Roi, le désir de conciliation qui l'anime, son vœu sincère pour que tous les Ordres soient ramenés à la concorde, qui ne devroit jamais être altérée entre François, & sans laquelle il est impossible d'opérer le bien de l'État, premier devoir de tout bon citoyen ».

Pour connoître ensuite le vœu de l'Assemblée à ce sujet, la question a été ainsi posée : Adoptera-t-on le second discours, oui ou non ?

Les voix ayant été recueillies,

165 ont été pour son adoption.

21 pour le oui, avec un léger amendement.

8 pour la majorité.

1 pour le rejeter.

5 n'ont pas eu de voix.

Ce discours ayant été adopté, M. le Président a nommé, pour la députation destinée à porter l'arrêté au Tiers-État ;

Messieurs

le duc de Liancourt.
le comte de Montboissier.
le comte de Laipaud.

Messieurs

le comte de Rennel.
le marquis de Clermont-Mont-Saint-Jean.
le duc de Biron.

Pendant les discussions ci-dessus, la députation qui avoit été envoyée à l'Ordre du Clergé étant rentrée, M. le comte de la Châtre, qui avoit été chargé d'y porter la parole, a fait lecture du discours qu'il y avoit prononcé, ainsi qu'il suit :

« Messieurs,

» Nous attendions depuis long-temps avec impatience le moment où le premier Ordre de l'État se seroit constitué. L'Ordre de la Noblesse nous charge, Messieurs, d'avoir l'honneur de vous témoigner avec quelle satisfaction il a reçu cette nouvelle, avec quelle sensibilité il a vu votre empressement à répondre, par la confiance la plus absolue, aux vues de conciliation proposées par le meilleur des Rois. Nos sentimens pour lui sont les mêmes : ils sont consignés dans l'arrêté que nous avons pris hier, & que nous sommes chargés de vous apporter. Puisse l'union qui règne entre les deux premiers Ordres, puisse le patriotisme qui les enflamme, maintenir la constitution du plus beau royaume de l'Univers, affermir la couronne sur la tête la plus auguste, & faire servir au bonheur de tous cette religion sainte dont vous êtes les organes fidèles, & cette noble fermeté qui, depuis tant de siècles, est le partage de l'Ordre du Clergé & des gentilshommes François ! »

La députation envoyée à l'Ordre du Tiers-État étant revenue, M. le duc de Liancourt a rendu compte qu'un assez grand nombre de députés de cette chambre, parmi lesquels il y en avoit

avoit plusieurs de ceux de l'Ordre de la Noblesse qui y avoient passé la veille, étoient venus la recevoir, mais sans proportion déterminée; qu'ils avoient été ainsi introduits dans la salle, l'Assemblée s'étant levée à leur arrivée; & qu'ayant été placés sur la partie des banquettes occupées par l'Ordre de la Noblesse à la séance royale, il y avoit prononcé le discours arrêté par la chambre, & fait lecture de l'arrêté qu'il étoit chargé de lui porter.

Il a ensuite rendu compte de la réponse qui lui avoit été faite par M. Bailly, Président de cette chambre, ainsi qu'il suit:

« MESSIEURS,

» L'Assemblée Nationale me charge de vous dire qu'elle n'a pu vous recevoir & ne peut vous reconnoître que comme des députés Nobles non-réunis, des gentilshommes, nos concitoyens & nos frères: elle s'est portée à vous admettre, avec d'autant plus de plaisir, qu'elle désire que vous soyez les témoins des vœux que nous ne cessons de faire pour votre réunion à cette auguste Assemblée ».

Enfin, il a dit qu'après cette réponse, la députation avoit été reconduite de la même manière qu'elle avoit été reçue à son arrivée.

Cette réponse du Tiers-État semblant exiger une délibération de la part de l'Ordre de la Noblesse, plusieurs députés ont demandé qu'on s'en occupât tout de suite, & sans déplacer : d'autres ont prétendu qu'il étoit plus prudent de la remettre au lendemain. Les voix ayant été appelées pour reconnoître le vœu de la chambre sur l'un ou l'autre de ces partis :

154 ont été pour remettre la délibération à demain.
  1 s'est rangé à la pluralité.
  7 n'ont point eu de voix.
 45 ont opiné pour délibérer sur-le-champ.

Introduction. Tome II. V

Les gentilshommes proteſtans contre l'élection des députés de la Nobleſſe du bailliage d'Aval ayant été introduits à la barre de la chambre, ont fait lecture du mémoire contenant les raiſons de leurs proteſtations: la ſituation actuelle des affaires ne permettant pas de ſonger à prononcer un jugement ſur leurs réclamations, ce mémoire a été remis à Meſſieurs les commiſſaires vérificateurs, pour en faire uſage lorſque les circonſtances le requerront.

Un de Meſſieurs les députés a rappelé enſuite à la chambre qu'elle avoit eu l'avantage d'être préſidée pendant près de ſix ſemaines par M. le comte de Montboiſſier, & qu'il ſeroit à propos qu'elle arrêtât une démarche pour lui en témoigner ſa reconnoiſſance. Cette propoſition ayant été unanimement applaudie, M. le Préſident a nommé pour cette députation de remerciemens, Meſſieurs le baron de Montboiſſier, le duc d'Havré, le marquis de Juigné, le marquis de Clermont-Mont-Saint-Jean.

Il a été fait lecture d'une lettre adreſſée à M. le Préſident par M. le baron de Poutet, député de la Nobleſſe pour la ville de Metz, par laquelle, en rappelant le jugement prononcé contre lui, les démarches qu'elle avoit bien voulu faire pour obtenir du Roi de nouvelles lettres de convocation en faveur de ſon bailliage, & les raiſons qui l'avoient empêché d'en profiter, il demandoit qu'elle voulût bien lui tracer la conduite qu'il avoit à tenir dans cette occaſion, & qu'en attendant, il lui plût lui accorder entrée & voix conſultative ſeulement. La chambre n'a pas cru devoir s'occuper tout de ſuite de cette réclamation, & elle a renvoyé la délibération à ce ſujet, à un autre jour.

M. le Préſident a fait enſuite donner lecture d'une lettre à lui écrite par M. le vicomte de Pons, gentilhomme de la province du Dauphiné. Comme cette lettre & la requête qu'elle contenoit avoient pour objet la réclamation d'un droit à lui perſonnel, & qu'il demandoit que l'une & l'autre fuſſent jointes aux pièces de l'affaire concernant cette province, ce renvoi a été aussitôt ordonné par la chambre.

La séance a été indiquée à demain, 9 heures précises du matin.

Signé, le duc DE MONTMORENCY-LUXEMBOURG, *Président;* BOUTHILLIER, D'ORMESSON, SERENT, DIGOINE, LE CARPENTIER DE CHAILLOUÉ, *Secrétaires.*

TRENTE-CINQUIÈME SÉANCE.

Samedi 27 Juin 1789.

LE samedi vingt-sept juin mil sept cent quatre-vingt-neuf, l'Assemblée de Messieurs les députés aux États-Généraux étant formée, il a été fait lecture du procès-verbal de la séance précédente.

Conformément à l'arrêté pris hier, on avoit remis à aujourd'hui la délibération relativement à la réponse faite par le Président du Tiers-État à la députation envoyée à cet Ordre. La discussion commençoit à ce sujet, lorsque M. le Président a fait part à la chambre qu'il venoit d'être mandé par Sa Majesté, ainsi que M. le vice-Président, & a fait faire lecture d'une lettre que le Roi lui avoit fait l'honneur de lui adresser, conçue en ces termes:

« MON COUSIN,

» Uniquement occupé de faire le bien général de mon royaume,
» & desirant, par-dessus tout, que l'Assemblée des États-Gé-
» néraux s'occupe des objets qui intéressent toute la Nation,

» d'après l'acceptation volontaire que votre Ordre a fait de ma
» déclaration du 23 de ce mois, j'engage ma fidèle Noblesse à
» se réunir, sans délai, avec les deux autres Ordres, pour
» hâter l'accomplissement de mes intentions paternelles. Ceux
» qui sont liés par leurs pouvoirs, pourront y aller sans donner
» de voix, jusqu'à ce qu'ils en aient de nouveaux. Ce sera une
» nouvelle marque d'attachement que ma Noblesse me donnera.
» *Signé*, LOUIS. »

Cette lettre a excité les discussions les plus vives, pour présenter les moyens les plus propres à servir utilement le Roi & la Patrie : les uns persistant dans les principes consacrés par les différens arrêtés pris par la chambre jusqu'à ce jour, proposoient de ne jamais les abandonner : d'autres prétendoient que les circonstances exigeoient, sinon le sacrifice des principes, au moins celui de la résistance ; & qu'en servant le Roi, suivant ses désirs, en se réunissant aux deux autres Ordres, ce seroit le servir utilement encore, en portant dans la salle commune des États-Généraux l'attachement invariable de l'Ordre de la Noblesse pour les lois constitutionnelles de la monarchie. Après ces discussions, les voix ont été appelées par un tour d'opinions motivées. Il étoit près d'être achevé, lorsqu'il a été interrompu par l'annonce d'une députation de l'Ordre du Clergé. Après avoir été reçue & introduite, suivant les cérémonies accoutumées, M. l'évêque d'Uzès & les sept autres membres qui la composoient s'étant assis à la droite de M. le Président, M. l'évêque d'Uzès, portant la parole, a fait lecture de l'arrêté qui venoit d'être pris par son Ordre, ainsi qu'il suit :

Vu les articles I, VII, VIII & IX de la déclaration du Roi du 23 de ce mois, concernant la présente tenue d'États-Généraux, l'article I portant « que le Roi veut que l'ancienne distinction
» des trois Ordres de l'État soit conservée en son entier, comme

» essentiellement liée à la constitution de son royaume ; que
» les députés, librement élus par chacun des trois Ordres, for-
» mant trois chambres, délibérant par Ordre, & pouvant, avec
» l'approbation du Souverain, convenir de délibérer en commun,
» puissent seuls être considérés comme formant le corps des re-
» présentans de la Nation. En conséquence le Roi a déclaré
» nulles les délibérations prises par les députés de l'Ordre du
» Tiers-État, le 17 de ce mois, ainsi que celles qui auroient
» pu s'ensuivre, comme illégales & inconstitutionnelles ». Par
l'article VII, Sa Majesté *exhorte*, *pour le salut de l'État, les trois Ordres à se réunir, pendant cette tenue d'États seulement pour délibérer en commun sur les affaires d'une utilité générale* ; en exceptant, suivant l'article VIII, *des affaires qui pourront être traitées en commun, celles qui regardent les droits antiques & constitutionnels des trois Ordres, la forme de constitution à donner aux prochains États-Généraux, les propriétés féodales & seigneuriales, les droits utiles & les prérogatives honorifiques des deux premiers Ordres*: suivant l'article IX, *le consentement particulier du Clergé sera nécessaire pour toutes les dispositions qui pourroient intéresser la religion, la discipline ecclésiastique, le régime des ordres & corps séculiers & réguliers* : vu aussi la délibération que l'Ordre du Clergé a pris, le 25 du même mois de juin, & par laquelle il adhère purement & simplement à ladite déclaration : une lettre du Roi à M. le cardinal de la Rochefoucauld, Président de l'Assemblée, conçue en ces termes : *Uniquement occupé de faire le bien général de mon royaume, & desirant, par-dessus tout, que l'Assemblée des États-Généraux s'occupe des intérêts qui occupent toute la Nation, & après l'acceptation volontaire que votre Ordre a fait de ma déclaration du 23 de ce mois ; j'engage mon fidèle Clergé à se réunir, sans délai, avec les deux autres Ordres, pour hâter l'accomplis-*

fentent de mes vues paternelles. L'ordre du Clergé, toujours empressé de donner à Sa Majesté des témoignages de respect, d'amour & de confiance, & justement impatient de pouvoir se livrer enfin à la discussion des grands intérêts d'où dépend la félicité nationale, a délibéré, 1°. De se réunir dès aujourd'hui aux Ordres de la Noblesse & du Tiers-État, dans la salle commune, pour y traiter des affaires d'une utilité générale, conformément à la déclaration du Roi, sans préjudice du droit qui appartient au Clergé, suivant les loix constitutives de la monarchie, de s'assembler & de voter séparément : droit qu'il ne peut ni ne veut abandonner dans la présente session des États-Généraux, & qui lui est expressément réservé par les articles VIII & IX de la même déclaration :

2°. D'adresser à Sa Majesté une lettre explicative des principes conservateurs de la monarchie, qui ont conduit l'Ordre du Clergé à des sentimens d'union & de paix, qui l'ont décidé à adopter tous les plans de conciliation proposés par Sa Majesté, ainsi qu'à se réunir avec les autres Ordres, dans la salle des États-Généraux.

Signé, D. cardinal DE LA ROCHEFOUCAULD, Président.

Extrait des registres de l'Ordre du Clergé, du 27 juin 1789, collationné & certifié véritable. PERROTIN DE BARMOND, secrétaire.

Après le départ de cette députation, le tour d'opinions a été repris; & on alloit faire l'appel des voix, lorsqu'une nouvelle invitation plus pressante & plus décisive encore n'a permis à l'Ordre de la Noblesse que d'écouter les sentimens & les craintes de son cœur pour la personne du Roi; & l'Ordre entier, sans délibérer plus long-temps, s'est déterminé à céder aux desirs de Sa Majesté, en se rendant à la salle commune.

Plusieurs de Messieurs les députés, liés par des mandats impératifs, ont protesté & ont demandé acte de la résistance qu'ils avoient employée, en exécution de la volonté de leurs commettans. (*Voyez les pièces annexées à la suite de cette séance depuis le n°. 1 jusques & y compris le n°. 77.*)

Déja l'Ordre du Clergé, descendu de sa chambre particulière, se préparoit à passer à la salle commune, lorsque celui de la Noblesse s'est joint à lui : le Clergé a pris la droite ; la Noblesse a pris la gauche ; & chacun de ces deux Ordres est entré ainsi dans la salle commune. L'Assemblée y étoit peu complette en ce moment ; les travaux avoient été suspendus ; le tiers des membres au plus y étoit présent. M. le cardinal de la Rochefoucauld, Président de l'Ordre du Clergé, & M. le duc de Luxembourg, Président de celui de la Noblesse, ont annoncé successivement que le respect de leur Ordre pour le Roi, leur zèle pour l'union & la concorde, & leur patriotisme avoient dicté cette démarche. M. Bailly, Président de l'Ordre du Tiers-État, a répondu ainsi qu'il suit :

« Le bonheur de ce jour, qui rassemble les trois Ordres,
» est tel, que l'agitation qui accompagne une joie vive, ne me
» laisse pas la liberté d'idées nécessaire pour vous répondre
» dignement ; mais cette joie même est une réponse.
» Nous possédions l'Ordre du Clergé : l'Ordre de la Noblesse
» aujourd'hui se joint à nous. Ce jour sera célèbre dans nos
» fastes. Il rend la famille complette. Il finit à jamais les divi-
» sions qui nous ont tous mutuellement affligés. Il va remplir
» le desir du Roi ; & l'Assemblée Nationale, ou plutôt les États-
» Généraux vont s'occuper, sans distinction & sans relâche,
» de la régénération du royaume & du bonheur public ».

Après ce discours, M. le Président de la Noblesse a indiqué la séance pour mardi prochain 30 juin, à neuf heures du matin, dans la salle particulière de la Noblesse, & pour dix heures dans la salle commune, heure indiquée pareillement pour la réunion par Messieurs les Présidens des deux autres Ordres.

Signé, le duc DE MONTMORENCY-LUXEMBOURG, **Président**; BOUTHILLIER, D'ORMESSON, SERENT, DIGOINE, LE CARPENTIER DE CHAILLOUÉ, *Secrétaires*.

PIÈCES annexées à la trente-cinquième Séance.

Nº. 1. Le député de la Noblesse du bailliage de Besançon n'a pu, tant que la chambre n'a point été totalement organisée, lui présenter les déclarations & protestations que lui prescrit de faire le mandat dont il est porteur. Depuis la nomination de ses officiers, il n'a pas cru devoir interrompre les occupations importantes qui ont employé tous ses momens; mais il ne peut tarder plus long-temps à remplir le devoir qui lui est imposé par les articles XLVI & XLVII de son cahier; en conséquence il déclare, au nom de ses commettans, qu'il n'entend, par sa présence, déroger aux droits qu'ont les États de la province de nommer dans leur sein les députés aux États-Généraux.

Il déclare encore qu'il proteste contre l'insuffisance du nombre des députés aux États-Généraux, relativement à son étendue, à sa population, & par comparaison avec les autres provinces du royaume. Il prie la chambre d'ordonner que ces déclarations & protestations seront annexées au procès-verbal, & qu'il lui en sera délivré acte pour lui servir vis-à-vis de ses commettans. Fait à Versailles, dans la chambre de la Noblesse aux États-Généraux, le 27 juin 1789. *Signé*, DE GROSBOIS.

Nº. 2. Dans ce moment de trouble & d'agitation, les députés de l'Ordre de la Noblesse du bas Limousin, fidèles au mandat de leurs commettans, n'auroient jamais quitté la salle de l'Ordre de la Noblesse. Mais dans ce moment où l'on nous montre le Roi & l'État en danger, l'Ordre entier s'étant précipité dans la salle commune des États-Généraux, les députés susdits s'y rendent avec leur Ordre, pour ne pas faire de scission, en protestant contre tout ce qui se feroit de contraire au vœu de leurs commettans & au serment qui les lie, & dont nulle puissance ne peut les affranchir, jusqu'à ce que leurs commettans les en aient relevés. Le 27 juin 1789. *Signé*, le baron DE POISSAC, le vicomte DE LA QUEUILLE.

N°. 3. Le député du bailliage de Besançon, enchaîné par le mandat le plus impératif, qui lui prescrit d'opiner par Ordre, suivant l'ancienne constitution du royaume, & jamais par tête; qui lui enjoint de protester contre toutes & chacune délibération prises en commun; contre les principes constitutifs de la monarchie; déclare qu'il ne peut se dispenser de protester contre le parti qui vient d'être pris par l'Ordre de la Noblesse, de se rendre dans la salle commune, pour y délibérer en commun; déclare en outre que c'est par respect pour la démarche de l'Ordre de la Noblesse, qu'il consent à s'y rendre; n'entendant en aucune manière contrevenir au mandat dont la Noblesse du bailliage de Besançon lui a fait l'honneur de le charger; déclare encore qu'il ne coopérera, en donnant sa voix, à aucune délibération prise dans cette forme, jusqu'à ce que ses commettans lui aient fait connoître de nouveau leurs intentions: il supplie la chambre d'ordonner que sa déclaration sera annexée au procès-verbal; & qu'il lui en sera délivré acte. Fait à Versailles, dans la chambre de la Noblesse aux États-Généraux, le 27 juin 1789. *Signé*, DE GROSBOIS.

N°. 4. Les députés du bailliage d'Amont, enchaînés par les

mêmes mandats, & dirigés par les mêmes motifs, adhèrent à la protestation ci-dessus, & supplient la chambre de la Noblesse d'ordonner qu'il leur en soit délivré acte. Fait à Versailles, dans la chambre de la Noblesse, le 27 juin 1789. *Signé*, le prince DE BEAUFFREMONT, le marquis DE MOUTIER, le président DE VEZET.

N°. 5. Le député de la Noblesse du gouvernement de la Rochelle, n'ayant adhéré à la déclaration du Roi du 23 de ce mois, que sous la restriction portée à l'article V de ladite déclaration, & sous la réserve dont la chambre a bien voulu lui donner acte, se croit obligé de renouveller aujourd'hui la même réserve, sur l'arrêté que la chambre vient de prendre, de se rendre dans la salle des États-Généraux ; que ce n'est que par déférence, & par respect pour sa chambre, qu'il cède à la loi impérieuse de la nécessité : & qu'il va assister sans voix délibérative contre l'intérêt de ses commettans, aux assemblées générales des trois Ordres, où, suivant toutes les apparences, les délibérations seront toujours prises en commun & par tête ; ce qui lui est expressément défendu par l'instruction particulière que la Noblesse du pays d'Aunis lui a donnée. Il supplie la chambre de lui donner acte de la présente réserve & déclaration, pour lui servir de titre justificatif de sa fidélité à ses mandats, vis-à-vis de ses commettans. Fait en la chambre de la Noblesse, à Versailles, le 27 juin 1789. *Signé*, MALARTIC.

N°. 6. Le député des bailliages de Sezanne & de Châtillon-sur-Marne, enchaîné par le mandat auquel il a prêté serment dans l'Assemblée générale des trois Ordres, tenue à Sezanne, le vingt-un mars dernier, & par lequel il lui est prescrit de faire les plus grands efforts pour que les délibérations se fassent par Ordre & non par tête, adoptée jusqu'à présent par l'Assemblée de la chambre composée de la totalité du Tiers-État, d'une partie du Clergé & de la Noblesse.

Mais pour se mettre à couvert des reproches qui pourroient lui être faits, tant par le Roi, auquel il se feroit toujours un devoir d'être fidèle, que par ses commettans, dont il respecte les volontés; le député des bailliages de Sezanne & de Châtillon, déclare qu'il ne quittera point le lieu où se tiennent les États-Généraux; mais y attendra sans voix délibérative, s'il s'agissoit de délibérer par tête, & demandera à Sa Majesté une nouvelle convocation de la Noblesse desdits bailliages, pour lui demander si elle persiste dans les pouvoirs qu'elle lui a confiés, après lui avoir exposé l'état des choses & les volontés de Sa Majesté ; demandant qu'il lui soit donné acte de sadite déclaration. A Versailles, le 27 juin 1789. *Signé*, le marquis DE PLEURRE.

N°. 7. Les députés de la Noblesse du bailliage d'Amont, soussignés, liés par leur serment & par des mandats impératifs qui leur enjoignent expressément de voter par Ordre dans tous les cas possibles, & jamais par tête & en commun, de mettre des protestations, & de les renouveller, à chaque proposition qui donneroit atteinte à ces principes, & à la constitution de la province de Franche-Comté, déclarent, au nom de leurs commettans, que n'ayant de pouvoirs que pour agir en États-Généraux, composés de trois Ordres distincts, du Clergé, de la Noblesse & du Tiers-État, opinant séparément ; & l'Assemblée actuelle n'offrant pas ces caractères, ils ne peuvent coopérer en aucune de ses délibérations, ni avouer, pour leurs commettans, les actes qui en émaneroient, jusqu'à ce qu'ils aient reçu d'eux d'autres pouvoirs, à l'effet de quoi ils ont déjà sollicité une nouvelle convocation, pour que l'Ordre de la Noblesse dudit bailliage puisse statuer sur le parti qu'il jugera le plus convenable, dans les circonstances présentes ; qu'en attendant ils se trouvent forcés de protester contre toutes délibérations qui pourroient être prises, tendantes à changer la constitution du royaume, préjudicier aux privilèges & capitulations de la province de Franche-Comté, & aux droits de leurs commettans; & ils requièrent & supplient qu'il leur soit donné acte des présentes déclarations & protestations. Versailles, le 27 juin 1789. *Signé*, le marquis DE MOUTIER, le prince DE BEAUFFREMONT, le président DE VEZET.

N°. 8. Je soussigné, Florent-Alexandre-Melchior de la Baume, comte de Montrevel, député des États-particuliers du comté du Mâconnois, dans l'Ordre de la Noblesse, déclare que par suite à la déclaration par moi déjà faite sur le bureau de la chambre de la Noblesse, du 25 juin de la présente année 1789, dont j'ai demandé acte, je n'adhère que provisoirement à la séance des trois Ordres réunis, & n'y donnerai pas ma voix jusqu'à la réponse de mes commettans, m'étant défendu de voter par tête par leur mandat impératif, par lequel ils m'ont désavoué d'avance, & annullé mes pouvoirs si je contrevenois à leurs principes. En exécution de leurs ordres, je remets la présente déclaration sur le bureau, & en demande acte. Versailles, le 27 juin 1789. *Signé*, LA BAUME, comte de Montrevel.

N°. 9. L'Ordre de la Noblesse, considérant que le gouvernement monarchique est en France essentiellement constitutionnel; que les distinctions nécessaires dans toutes les monarchies, sont fondées sur l'utilité générale, & même que tous les États bien constitués ont senti le danger de confondre, dans une délibération par tête, les différentes parties de l'Assemblée législative, a expressément ordonné à ses députés de ne jamais perdre de vue ces grands & antiques principes, qui sont fondés sur l'intérêt commun de tous les citoyens, autant que sur les droits particuliers de la Noblesse.

Et dans le cas où la pluralité des voix de la Noblesse obligeroit ces députés de voter par tête, ils ne le feront momentanément qu'après avoir déclaré que le vœu formel de la Noblesse d'Auvergne est de ne voter que par Ordre, & après en avoir demandé & obtenu acte.

Arrêté de l'Ordre de la Noblesse de France, du 28 mai 1789.

L'Ordre de la Noblesse considérant que dans le moment actuel il est de son devoir de travailler à la constitution, & voulant donner l'exemple de sa fermeté, comme il a donné la preuve de son désintéressement, déclare que la délibération par Ordre, & la faculté d'empêcher qu'ils ont divisément, est constitutive de la monarchie, & qu'il professera constamment ce principe conservatoire du trône & de la liberté.

D'après les arrêtés ci-dessus, les députés de l'Ordre de la Noblesse de la sénéchaussée d'Auvergne déclarent qu'ils protestent formellement contre tous arrêtés contraires aux principes qui y sont consacrés, n'entendant reconnoître aucun arrêté, aucune délibération qui a pu & pourroit y être contraire, de quelqu'ordre & pouvoir qu'elle émane.

Ils déclarent aussi formellement qu'ils se réservent, pour la Noblesse de leur ressort, de faire & porter pareilles protestations par-tout où elles pourroient devenir utiles & nécessaires à la conservation des droits des Ordres & de la Monarchie Françoise; & ils demandent à la chambre de la Noblesse qu'elle veuille bien leur donner acte & copie de la présente protestation : ils déclarent encore qu'ils protestent de nullité contre tout ce qui se fera aux États-Généraux, jusqu'à ce qu'ils aient reçu de nouveaux pouvoirs de leurs commettans, & qu'ils puissent y avoir voix délibérative. Le 27 juin 1789. *Signé*, le marquis DE LA ROUZIÈRE, le comte DE LANGHAC, le marquis DE LA QUEUILLE, le comte DE MACON.

N°. 10. Les souſſignés députés de l'Ordre de la Nobleſſe de la Haute-Auvergne au bailliage de St.-Flour, conſidérant que le mandat impératif qu'ils ont reçu de leurs commettans, pour l'opinion par Ordre, ne leur permet point d'adhérer à l'arrêté pris par la chambre de la Nobleſſe aux États-Généraux, le 27 du préſent mois de juin, ni d'opiner par tête dans aucun cas, déclarent qu'ils proteſtent formellement contre tous arrêtés contraires aux principes qui ſont conſacrés dans leurs cahiers, n'entendant reconnoître aucun arrêté ni aucune délibération qui a pu & pourroit y être contraire. Ils déclarent auſſi formellement qu'ils ſe réſervent, pour la Nobleſſe de leur reſſort, de faire & porter pareilles proteſtations par-tout où elles pourroient devenir utiles & néceſſaires à la conſervation des droits des Ordres & de la Monarchie Françoiſe; & ils demandent à la chambre de la Nobleſſe qu'elle veuille bien leur donner acte de la préſente proteſtation : ils déclarent en outre qu'ils proteſtent de nulité & qu'ils regardent comme illégal tout ce qui ſe fera par les États-Généraux, juſqu'à ce qu'ils aient reçu de nouveaux pouvoirs de leurs commettans. Fait à Verſailles, le 28 juin 1789. *Signé*, le baron D'AURILLAC, le duc DE CAYLUS, le baron DE ROCHEBRUNE.

N°. 11. Les députés de la Nobleſſe du bailliage d'Amont, chargés par leurs cahiers de faire pluſieurs réclamations à la chambre de la Nobleſſe des États-Généraux, & de lui en demander acte, ont différé de les former, juſqu'à ce que cette chambre ait été entièrement conſtituée; dès-lors les affaires importantes & générales qui l'ont occupée, ne leur ont pas permis de lui préfenter des objets particuliers à leur province : ils croient, dans ce moment, ne pouvoir plus différer; & ils fupplient l'Ordre de la Nobleſſe de vouloir bien leur permettre de lui donner connoiſſance des deux articles fuivans portés dans les cahiers du bailliage d'Amont, & d'ordonner qu'il leur foit donné acte de leurs réclamations.

« Ils demandent (les députés du bailliage d'Amont) acte,
» au nom de leurs commettans, de la réclamation qu'ils font
» que la province de Franche-Comté nomme à l'avenir ſes dé-
» putés aux États-Généraux dans le fein de ſes États-particuliers,
» conformément à ſa conſtitution ».

« Pour le maintien de l'ancienne conſtitution, ils réclament
» également contre l'inégalité des députés pour les trois Ordres,
» & fur ce que ceux du Tiers-État ont été appelés en nombre
» égal à ceux des deux premiers Ordres : ils déclareront que
» cette infraction à l'ufage ancien de l'égalité du nombre dans
» les trois Ordres, ne pourra préjudicier au droit de chacun
» des Ordres dans les États-Généraux & dans ceux de la pro-
» vince de Franche-Comté, ni fervir d'exemple, d'ufage & de
» loix ». A Verfailles, le 27 juin 1789. *Signé*, le marquis DE MOUTIER, le prince DE BEAUFFREMONT, le préfident DE VEZET.

Nº. 12. Je fouſſigné, député de la Baſſe-Marche, déclare que mon cahier m'impoſe la loi impérative de n'opiner que par Ordre, & que j'ai informé mes commettans des circonſtances qui pourroient exiger de nouveaux pouvoirs. Il n'eſt donc pas poſſible que j'aie dans cette Aſſemblée aucune voix délibérative, ni prendre part à ce qui s'y fera. Je demande acte de la préſente déclaration, étant comptable de ma conduite à mes commettans, qui m'ont fait l'honneur de me confier leurs intérêts.

Versailles, le 27 juin 1789. *Signé*, le comte DE LAIPAUD, député de la Basse-Marche.

Nº. 13. Les députés de la sénéchaussée d'Auvergne demandent acte à la chambre de la Noblesse des efforts qu'ils ont constamment faits, depuis l'ouverture des États-Généraux, pour faire prévaloir l'opinion qui est le vœu de leurs commettans; & que, conformément au même vœu, ils n'ont accédé à passer à la chambre du Tiers-État que parce que telle a été la décision de la pluralité. Fait dans la chambre de la Noblesse, le 27 juin 1789. *Signé*, LA ROUZIÈRE, LANGHAC, MACON, LA QUEUILLE, LA FAYETTE.

Nº. 14. Le député de la Noblesse de la sénéchaussée d'Auch, obligé par son mandat d'opiner par Ordre aux États-Généraux, sans que deux Ordres puissent lier le troisième, persistant dans la déclaration & réserves qu'il a remises sur le bureau de la chambre de la Noblesse, le 25 de ce mois, & d'après l'arrêté de ladite chambre du 28 mai, déclare qu'il proteste formellement contre tous arrêtés contraires aux principes qui y sont consacrés.

Il déclare aussi qu'il se réserve, ainsi qu'à la Noblesse de la sénéchaussée, de faire & porter pareilles protestations par-tout où elles pourroient être utiles & nécessaires à la conservation des droits des Ordres & des principes conservateurs de la Monarchie Françoise.

Il déclare en outre qu'il proteste contre toute délibération prise par tête, par les trois Ordres réunis, qui seroit contraire aux intérêts de ses commettans, & qu'il ne peut prendre ni coopérer à aucun arrêté pris dans cette forme, qu'il n'ait reçu de nouveaux pouvoirs. Il prie la chambre de la Noblesse de lui donner acte de la présente protestation & déclaration. A Versailles, le 27 juin 1789. *Signé*, le baron DE LUPPÉ.

Nº. 15.

N°. 15. Les députés de la Nobleſſe du bailliage de Rouen, enchaînés par le mandat ſpécial qu'ils ont fait le ſerment d'obſerver, mandat par lequel il leur eſt formellement preſcrit de ne prendre aucune part à toute délibération priſe par tête, & de proteſter contre toutes celles qui pourroient être priſes de cette manière, croient en ce moment leur conſcience engagée à faire leur proteſtation.

En conſéquence les députés de la Nobleſſe du bailliage de Rouen proteſtent contre la forme d'opiner par tête, adoptée juſqu'à préſent par l'Aſſemblée compoſée de la totalité du Tiers-État & de la majorité de la Nobleſſe & du Clergé.

Mais pour ſe mettre à couvert des reproches qui pourroient leur être faits, tant par le Roi, auquel ils ſe font un devoir d'être toujours fidèles, que par leurs commettans dont ils reſpectent la volonté, les députés de la Nobleſſe de Rouen déclarent qu'ils ne quitteront point le lieu où ſe tiennent les États-Généraux, juſqu'à ce qu'ils aient obtenu de Sa Majeſté une nouvelle convocation de la Nobleſſe du bailliage de Rouen, pour mettre ſes députés à portée de recevoir les inſtructions dont ils ont beſoin pour fixer leur conduite. Fait à Verſailles dans la chambre de la Nobleſſe, le 27 juin 1789. Et de ladite proteſtation ils ont demandé acte. *Signé*, le marquis DE MORTEMART, le comte DE TRIE, le préſident DE FRONDEVILLE, BELBŒUF.

N°. 16. Le député de la Nobleſſe de la ſénéchauſſée de Châtelleraud en Poitou, enchaîné par un mandat impératif à ne jamais ſe départir de la délibération par Ordre, ſupplie la chambre de vouloir bien lui donner acte de ce qu'il s'eſt toujours oppoſé, de toutes ſes forces, à voter par tête, & que les circonſtances critiques où le Monarque & la Monarchie ſe trouvent, ainſi que les invitations preſſantes & touchantes de Sa Majeſté, ſont les ſeules cauſes qui l'ont déterminé à ſe joindre à la totalité de la

Introduction, Tome II. X

chambre de la Noblesse, pour aller dans la salle générale. Il déclare de plus que jusqu'à ce que ses commettans, pour lesquels il va demander de nouvelles lettres de convocation, aient pris dans leur sagesse le parti qu'ils jugeront le plus convenable, il n'aura aucune voix dans la salle générale, & protestera en leur nom contre tout ce qui se fera aux États-Généraux votant par tête. A Versailles, le 27 juin 1789. *Signé*, le comte François D'ESCARS.

N°. 17. Les députés de la Noblesse de Villefranche de Rouergue, persistant dans leurs précédentes protestations, réserves & déclarations, liés par des mandats qui sont inviolables, & par leur serment qui les force à opiner par Ordre & jamais par tête, dans quelque cas que ce puisse être, déclarent, au nom de leurs commettans, que s'ils se sont rendus à la salle commune avec l'Ordre entier de la Noblesse, ce n'est que par déférence pour l'invitation qui leur en a été faite par Sa Majesté; mais qu'ils s'abstiendront de prendre part à toute délibération qui pourroit être prise par les trois Ordres réunis, & dans lesquelles leurs suffrages seroient recueillis par tête, & non donnés par chaque Ordre distinct & séparé; déclarent qu'étant députés aux États libres & généraux, d'après les lois constitutives de la monarchie, ils ne peuvent contribuer ni coopérer à aucune délibération qui tendroit à les anéantir ou à leur porter atteinte, à moins qu'elle n'ait été prise par chaque Ordre séparément. Fidèles à leur mandat, ils vont solliciter une nouvelle convocation de la Noblesse de la sénéchaussée de Villefranche de Rouergue; afin qu'elle puisse, dans sa sagesse, prendre telle nouvelle détermination qu'elle avisera convenable, tant sur les déclarations du Roi publiées à la séance royale du 23 juin, que sur la réunion des trois Ordres, opérée par les deux Ordres de la Noblesse & du Clergé, d'après des motifs qui leur ont paru impérieux dans les circonstances actuelles; déclarent enfin que toute délibération qui pourra être prise, & qui seroit préjudiciable à l'Ordre de la Noblesse qu'ils ont l'honneur de représenter, ne pourra être obligatoire pour elle, & que jamais elle ne sera forcée d'y accéder, ni par une adhésion formelle, ni en se prêtant à leur exécution; & qu'elle pourra faire & porter pareille protestation où elle pourra la croire utile & nécessaire.

Requièrent les soussignés que la présente protestation soit déposée dans le greffe de l'Ordre de la Noblesse, & qu'il leur en soit concédé acte. A Versailles, le 27 juin 1789. *Signé*, BOURNAZEL, député aux États libres & généraux.

N°. 18. Les députés de la Noblesse de Bourgogne pour les bailliages de Dijon, Autun, Châlons-sur-Saone & Auxois, fidèles aux principes que la Noblesse de cette province assemblée à Dijon les a chargés de maintenir; enchaînés d'ailleurs par les mandats impératifs que chacun d'eux a reçus de ses commettans, déclarent qu'ils ne croient pas pouvoir entrer à la chambre commune, parce que soumettre leurs pouvoirs à la vérification en commun, ce seroit *voter de fait* pour l'opinion par tête; qu'ils resteroient sans pouvoirs au moment où ils s'en dessaisiroient pour les faire vérifier; qu'à l'instant où l'on les légitimeroit à Versailles, ils seroient désavoués en Bourgogne; qu'il leur est donc impossible de concourir, même par leur présence, à cette première opération, jusqu'à ce que leurs commettans aient pris le parti que leur sagesse leur dictera, & donné les instructions qu'ils croiront convenables.

En conséquence, ils doivent à leurs commettans de protester, comme en effet ils protestent, contre toutes délibérations qui seroient prises par tête: ils déclarent de plus qu'ils ne sont astreints par aucune délibération prise dans le sein de leur Ordre, à passer dans la chambre commune; que si, par un mouvement d'inquiétude & d'amour pour son Roi, la Nobleſſe y a été portée ſamedi dernier, les ſouſſignés députés ne ſe permettront aucune réflexion ſur une démarche directement contraire au vœu de leurs commettans, & ſe flattent qu'inſtruits des circonſtances, ils les approuveront plutôt que de les inculper d'avoir en cet inſtant contrevenu à leurs pouvoirs.

Ils déclarent enfin qu'ils continueront à remplir les devoirs qui leur ont été impoſés en rentrant dans le ſein de l'Ordre, chaque fois que, d'après les arrêtés qu'il a pris, on y délibérera conformément à la conſtitution du royaume, qui ne peut être changée que par le vœu libre & ſéparé des députés des trois Ordres, à ce autoriſés par leurs commettans. Les ſouſſignés députés, obligés de juſtifier de leur conduite, demandent acte deſdites proteſtations. Fait à Verſailles dans la chambre de l'Ordre de la Nobleſſe, le 30 juin 1789, à dix heures du matin. Signé, LE MULIER DE BRESSEY, député de Dijon, & chargé par ſon collégue, M. le comte de Lévis, abſent pour cauſe de maladie depuis trois ſemaines; le marquis DE DIGOINE DU PALAIS, député des bailliages d'Autun, Montcénis, Bourbon-Lancy & Sémur en Brionnois; Bernard DE SASSENAY, député de la Nobleſſe du bailliage de Châlons-ſur-Saone; BURIGNOT DE VARENNE, député de la Nobleſſe du bailliage de Châlons-ſur-Saone; D'ARGENTEUIL, député du bailliage d'Auxois.

N°. 19. Les ſouſſignés, députés de l'Ordre de la Nobleſſe des bailliages de Neufchâteau, Darney, Mirecourt, Charmes, Chatel-ſur-Mozelle, Remiremont, Épinal, Bruyères & St.-Diez en Lorraine, aſſemblés à Mirecourt pour l'élection ſeulement, & qui, aux termes du réglement particulier à la Lorraine, ont fait ſéparément dans leſdits bailliages leurs cahiers de doléances & remontrances, & donné leurs pouvoirs; déclarent qu'en communiquant leur pouvoirs définitifs, ils ne peuvent ni s'entendent préjudicier aux droits de ceux de leurs commettans qui ont délibéré qu'il feroit voté par Ordre dans les États-Généraux. A Versailles, le 30 juin 1789 ; & en demandent acte. *Signé*, le comte DE TOUSTAIN ; MENONVILLE.

N°. 20. Les députés soussignés de la Noblesse du Maine, déclarent que leurs pouvoirs leur ordonnent de ne jamais voter que pour l'opinion par Ordre, & de ne jamais consentir à ce que, dans aucun cas, l'opinion de deux Ordres puisse lier le troisième. Leur déférence pour les desirs du Roi les engage à consulter de nouveau leurs commettans. Ils ne peuvent, en attendant leur réponse, prendre part à aucune décision qui ne feroit pas prise dans leur Ordre délibérant séparément, & protestent en conséquence, au nom de leurs commettans, contre tout ce qui pourroit être arrêté par des délibérations qui ne feroient pas prises par Ordre. A Versailles, le 30 juin 1789. *Signé*, J. L. DE MONTESSON, le chevalier DE HERSÉ, DE FRESNAY, le Vidame DE VASSÉ.

N°. 21. Nous soussignés députés de l'Ordre de la Noblesse de la sénéchaussée de Lyon, déclarons n'avoir consenti à nous réunir, le 27 juin dernier, dans l'Assemblée Nationale, que d'après des raisons impérieuses & invincibles qui ont entraîné l'Ordre entier de la Noblesse. Versailles, le 30 juin 1789. *Signé*, DE BOISSE, le marquis DE MONTDOR, le marquis DE LORAS.

N°. 22. Les députés de la Noblesse de Bresse, liés étroitement par leur mandat & leur serment, à la forme antique & constitutionnelle de voter dans les États-Généraux séparément & par Ordre, déclarent qu'ils ne se sont rendus à la salle commune avec l'Ordre entier, que par déférence pour l'invitation qui lui en a été faite par Sa Majefté, mais qu'ils s'abftiendront de prendre part à toutes délibérations qui pourroient être prifes par les trois Ordres réunis, & dans lefquelles les fuffrages feroient recueillis par tête, jufqu'à ce que leurs commettans, raffemblés par les ordres du Roi, les aient autorifés à voter dans cette forme inufitée. Et en attendant qu'ils aient reçu de nouveaux pouvoirs à cet égard, ils déclarent qu'ils perfiftent dans la forme conftitutionnelle de voter féparément & par Ordre, & qu'ils proteftent contre tous décrets, toutes lois qui pourroient émaner de l'Affemblée Nationale, fans le concours des vœux de leurs commettans exprimés par l'organe de leurs députés; & ils demandent qu'il leur foit donné acte des préfentes déclarations & proteftations, remifes fur le bureau de la chambre de la Nobleffe & fur celui de l'Affemblée des trois Ordres réunis. Fait à Verfailles, le 30 juin 1789. *Signé*, CARDON DE SANDRANS, DE LA BÉVIÈRE.

Nº. 23. On ne marchande point avec l'honneur : nulle compofition n'eft permife : le moindre écart lui porte une bleffure éternelle.

J'ai l'honneur de parler aux repréfentans de la Nation Françoife. Qui pourra mieux qu'eux juger le point d'honneur, & apprécier les démarches qui me reftent à faire pour ne point le trahir.

Mes commettans m'ont donné des pouvoirs impératifs auxquels j'ai fait ferment de me conformer ; je l'ai juré fur mon honneur.

Allez, m'ont-ils dit, vers cette augufte affemblée des repréfentans choifis dans toutes les provinces : partagez fans diftinction avec tous les citoyens les charges de l'État : nous vous autorifons à faire l'abandon de nos priviléges pécuniaires ; mais il eft des préalables à remplir avant cet abandon : il importe au premier comme au dernier des citóyens, qu'on ait satisfait avant tout à des objets bien plus importans.

Ces priviléges sont réels dans ma province : leur anéantissement va ruiner nos fortunes. Les Intendans, les Subdélégués, les Receveurs avoient déja porté les plus rudes atteintes.

(1) Nos commettans ont pensé que la délibération par Ordre étoit nécessaire au salut de tous : ils nous ont fait une loi impérative de la maintenir de toutes nos forces ; & dans le cas où il en seroit jugé différemment, ils nous imposent l'obligation de la retraite : ils ont révoqué nos pouvoirs.

Je vais avoir l'honneur de vous faire la lecture des articles de mon cahier les plus impérieux.

Voilà ma position : je le répéte, on ne compose point avec l'honneur : il ne nous suffit pas de n'avoir pas à rougir aux yeux du public, il faut que nous soyons d'accord avec nos consciences.

Nous pouvions partir, d'après nos mandats, & retourner vers nos commettans ; mais la Nation pouvoit nous soupçonner d'avoir voulu manquer au devoir qui nous est le plus cher, celui de concourir au bien général de la Nation.

Dans ces circonstances, je pense devoir demander acte à la Nation, de la remise que je fais au greffe, de mon cahier qui fera connoître les obligations que l'on m'a imposées. Versailles, le 30 juin 1789. *Signé*, le baron DE MONTAGUT-BARRAU, député de la Noblesse du pays & comté de Comminges & Nébouzan aux États-Généraux.

N°. 24. Je soussigné déclare que j'ai fait cejourd'hui, trente du mois de juin mil sept cent quatre-vingt-neuf, à l'Assemblée des trois Ordres des États-Généraux, protestation dont je n'ai

---

(1) N°. 1, page 30, article II ; & page 43, article VIII.

point conservé de copie, mais qui contient à-peu-près ce qui suit :

Les mandats que j'ai reçus de la Noblesse du pays & comté de Comminges & Nébouzan, dont j'ai l'honneur d'être un des représentans aux États-Généraux, non-seulement me chargent, de la manière la plus spéciale, de m'opposer à ce qu'on y opine par tête, & de faire tout ce qui sera en mon pouvoir pour maintenir les ordonnances & les usages qui ont établi, comme règle certaine, que l'on doit y opiner par Ordre, & que l'avis de deux Ordres ne peut lier le troisième : mais de plus ces mêmes mandats prononcent révocation de mes pouvoirs, & m'enjoignent de me retirer de l'Assemblée, du moment où, malgré l'opposition des députés de la Noblesse de Comminges & Nébouzan, on voudroit passer outre.

Que quand bien même mes mandats ne porteroient point révocation dans le cas indiqué, il suffit que j'aie promis de me conformer au contenu en mes instructions, pour que rien ne puisse me porter à fausser ma parole. Qu'en conséquence je ne peux ni ne veux participer à aucune délibération ou arrêté qui pourroient être pris dans ladite Assemblée, contre lesquels je proteste & en demande acte, sauf à la Noblesse du pays & comté de Comminges & Nébouzan, de prendre tel parti qu'elle avisera sur la remise d'autres pouvoirs à ses députés.

Laquelle déclaration & protestation, que je certifie avoir laissée par écrit signé de ma main, sur le bureau de la salle de ladite Assemblée, je crois devoir renouveler & renouvelle de plu fort dans cette présente Assemblée de l'Ordre de la Noblesse, séante dans sa chambre ordinaire à l'hôtel des États-Généraux, & dont j'ai l'honneur de lui demander acte. Versailles, le 30 juin 1789. *Signé*, le vicomte D'USTOU-SAINT-MICHEL, député de la Noblesse du pays & comté de Comminges & Nébouzan.

N°. 25. Je souſſigné le comte de Moncorps, député de la Nobleſſe du bailliage d'Auxerre, déclare que l'article VI de ſes cahiers porte d'opiner par Ordre & non par tête; & que d'après cette diſpoſition, il ne s'eſt pas permis de prendre part aux délibérations des États-Généraux, juſqu'à ce que ſes mandataires lui aient envoyé de nouveaux pouvoirs : il leur a écrit en conſéquence, il y a quelques jours. Fait à Verſailles, le 30 juin 1789. *Signé*, le comte DE MONCORPS.

N°. 26. Je ſouſſigné député de la ſénéchauſſée de Caſtelmoron d'Albret, déclare que, forcé par mon mandat de délibérer par Ordre, je ne puis participer aux délibérations qui ſeront priſes dans l'Aſſemblée générale, avant que mes commettans ne m'aient envoyé de nouveaux pouvoirs, & je demande acte de ma déclaration. A Verſailles, le 30 juin 1789. *Signé*, le chevalier DE CHALON.

N°. 27. Le député de la Nobleſſe de la Rochelle, forcé par l'inſtruction particulière de ſes commettans, de ne jamais ſe départir du droit de délibérer par Ordre, ſur tous les objets qui ne concerneront pas l'impôt ou ſa répartition, déclare qu'il ne peut participer en rien aux délibérations de l'Aſſemblée, juſqu'à ce que ſes commettans aient pris, dans leur ſageſſe, le parti qu'ils jugeront le plus convenable ; en conſéquence, & d'après l'obtention de nouvelles lettres de convocation pour aſſembler la Nobleſſe de la ſénéchauſſée de la Rochelle, ledit député fait toute réſerve contre toute déciſion qui pourroit être priſe dans ladite Aſſemblée ; & il en demande acte, pour lui ſervir de titre juſtificatif de ſa fidélité à remplir le mandat de ſes commettans. Verſailles, le 30 juin 1789. *Signé*, MALARTIC.

N°. 28. Le député de l'Ordre de la Nobleſſe du bailliage de

Libourne, déclare que son mandat lui faisant une loi impérative de n'opiner que par Ordre séparé, & jamais par tête, & lui enjoint de protester contre toute délibération au contraire, & en demander acte pour justifier de son zèle à remplir le vœu de ses commettans. Je, de Puch de Monbreton, député dudit bailliage, déclare faire la protestation & demander l'acte qui me sont ordonnés par mondit mandat.

Je déclare de plus que le bureau actuel pour la vérification des pouvoirs me paroissant ne pas remplir l'esprit de mon mandat, je ne puis les présenter à la vérification que lorsque j'aurai reçu de mes commettans les ordres à ce nécessaires. Versailles, le 30 juin 1789. *Signé*, DE PUCH DE MONBRETON, député de Libourne.

N°. 29. Je soussigné député de la Noblesse du pays de Rivière-Verdun, proteste en son nom contre toutes délibérations qui pourroient être prises par tête dans l'Assemblée des trois Ordres réunis, comme contraires à la constitution du royaume, qui ne pouvoit être changée que par le vœu libre des députés des trois Ordres, à ce autorisés par le mandat spécial de leurs commettans. Versailles, le 30 juin 1789. *Signé*, CAZALÈS.

N°. 30. Le député de la Noblesse du Gévaudan déclare que son mandat lui enjoint d'opiner par Ordre & non par tête, qu'il s'est retiré devers ses commettans pour obtenir d'autres pouvoirs, & que jusqu'à ce qu'il les ait reçus, il ne pourra prendre part à aucune délibération. Versailles, le 30 juin 1789. *Signé*, le marquis D'APCHIER, député du Gévaudan.

N°. 31. Les soussignés députés par l'Ordre de la Noblesse du bailliage d'Alençon, en se réunissant avec les autres députés de leur Ordre dans la salle commune aux députés des deux autres Ordres, en y représentant leurs pouvoirs vérifiés, pour valoir de communication officielle de ces mêmes pouvoirs aux deux autres Ordres, déclarent qu'expressément chargés par leurs commettans de maintenir l'ancienne délibération par Ordre, ainsi que l'égalité d'influence & la parfaite indépendance de chacun d'eux, ils ne peuvent & n'entendent prendre aucune part aux délibérations qui pourroient être prises dans l'Assemblée des trois Ordres réunis, sur un objet quelconque qui n'auroit pas été préalablement communiqué à chacun des trois Ordres séparément; qu'ils ne peuvent & n'entendent également adhérer à aucun vœu, à aucun décret qui ne seroit pas le résultat du vœu de chaque Ordre pris séparément; & que pour satisfaire à l'injonction expresse contenue dans leurs mandats, ils protestent, de la manière la plus formelle, contre tout ce qui pourroit être fait & arrêté dans toute Assemblée où la réunion des trois Ordres ne seroit pas l'effet du vœu parfaitement libre de chacun d'eux, & en conséquence d'une délibération commune où les suffrages auroient été comptés par tête; s'en rapportant, au surplus, à la sagesse & à la prudence de Sa Majesté, d'ordonner une nouvelle convocation de l'Ordre de la Noblesse du bailliage d'Alençon, pour qu'il ait à s'expliquer sur les changemens qu'il croiroit devoir apporter aux pouvoirs & aux instructions qu'il a donnés à ses députés. Versailles, le 30 juin 1789. *Signé*, LE CARPENTIER DE CHAILLOUÉ, le marquis DE VRIGNY.

N°. 32. Je soussigné, député de Reims pour le Vermandois, fidèle à mon mandat qui m'enjoint de voter par Ordre, supplie l'Assemblée d'agréer mes regrets de ne pouvoir donner ma voix dans la délibération dont elle sera occupée, jusqu'au moment où j'aurai reçu de nouveaux pouvoirs de mes commettans; mais je déclare en même temps que je ne me retirerai pas de l'Assemblée; que je profiterai des lumières des membres qui la composent; que je leur soumettrai mes réflexions ; que j'accepterai voix consultative, ayant à cœur, sur toute chose, de ne suspendre en rien les délibérations importantes que la Nation attend avec impatience de notre patriotisme & de notre zèle. Versailles, le 30 juin 1789. *Signé*, le marquis D'AMBLY.

N°. 33. Le député des bailliages de Sezanne & de Châtillon-sur-Marne, auquel ses commettans ont prescrit par leur mandat de faire les plus grands efforts pour que les délibérations se fassent par Ordre & non par tête, déclare protester dans le cas où le dernier mode prévaudroit ; & rester sans voix délibérative, jusqu'à ce qu'il ait reçu de sesdits commettans les nouveaux ordres qu'ils jugeront devoir lui donner, demandant que ladite protestation soit annexée au procès-verbal, & qu'il lui en soit donné acte. Versailles, le 30 juin 1789. *Signé*, le marquis DE PLEURRE.

N°. 34. La vérification individuelle des pouvoirs faite en commun, entraînant nécessairement, pour le jugement de ceux contestés, l'opinion par tête des trois Ordres réunis, question que l'Ordre de la Noblesse du bailliage de Belley en Bugey a traitée & examinée sous tous les rapports ; & sur laquelle il a remarqué que, dans la forme de convocation adoptée pour les États-Généraux actuels, la double représentation du troisième Ordre lui donne une supériorité de suffrages qui concentre en lui seul toutes les décisions qui pourroient être prises à la majorité des voix des trois Ordres réunis, & comptées par tête, de telle manière qu'en adoptant cette nouvelle manière inconstitutionnelle & dangereuse, l'Ordre de la Noblesse paroîtroit adhérer à tous les maux qui peuvent en résulter, & renoncer au droit antique & sacré de la liberté & de l'indépendance des Ordres, conservateur de la Monarchie, du Trône & du bonheur des peuples.

En conséquence, l'Ordre de la Noblesse du Bugey a spécialement chargé son député de s'opposer à cette innovation ; ce que le soussigné fait, en déclarant que ses pouvoirs ne peuvent être vérifiés que par son Ordre seul :

Qu'il s'oppose, au nom de ses commettans, à tout ce qui s'est fait ou se fera par un ou deux Ordres séparés ou réunis, ne regardant comme obligatoires pour eux, que les objets qui auront été délibérés à part, consentis par chaque Ordre séparément & revêtus de la sanction du Roi ; & ce, jusqu'à ce que de nouveaux pouvoirs de ses commettans aient manifesté une volonté contraire.

Ce dont il demande acte. Versailles, le 30 juin 1789. *Signé*, le marquis DE CLERMONT MONT-SAINT-JEAN.

La protestation ci-dessus a été remise à M. le duc de Luxembourg, Président de l'Ordre de la Noblesse, qui en a reçu plusieurs autres dans la salle de l'Assemblée générale des États-Généraux où les trois Ordres étoient réunis, & un instant après que M. Bailly, Président du Tiers-État, eut annoncé que Messieurs de l'Ordre du Clergé & Messieurs de l'Ordre de la Noblesse alloient communiquer leurs pouvoirs, dont les commissaires s'occuperoient sans relâche, afin d'en rendre compte à l'Assemblée générale qui seroit indiquée à cet effet, pour qu'on puisse tout de suite procéder à la nomination des officiers.

Le soussigné n'entendant prendre aucune part à cette vérification commune, à l'élection de ces officiers, ni à rien de ce qui pourroit être fait sans le consentement libre des trois Ordres séparés, dépose la susdite protestation, & celle qu'il renouvella en cet instant à la chambre de la Noblesse, à laquelle il en demande acte. Le 30 juin 1789. *Signé*, le marquis DE CLERMONT MONT-SAINT-JEAN.

N°. 35. Nous, députés de l'Ordre de la Noblesse des Vigueries du Rouffillon, Conflent & Cerdagne, fouffignés, croyons qu'il eft de notre devoir de dire, que d'après la lettre de notre mandat qui nous affujettit à voter par Ordre, & nous ordonne cependant de refter unis à notre Ordre en proteftant, déclarons que nous nous priverons de toute voix délibérative en tout ce qui fera contraire à notre mandat, jufqu'à ce que nos commettans, à qui nous avons donné connoiffance de l'état actuel des chofes, aient pris en confidération la déclaration du Roi. En conféquence, en attendant les inftructions ultérieures, nous proteftons contre toute délibération qui pourroit être prife dans cette Affemblée, & demandons acte. Verfailles, dans la chambre de la Nobleffe, le 30 juin 1789. *Signé*, Ch. de Montferré, Comaserra.

N°. 36. Je fouffigné député de l'Ordre de la Nobleffe de la province & comté de Foix, étant chargé par mon mandat de maintenir l'opinion & le voté par Ordre & non par tête, excepté dans certains cas très-rares, & réuniffant toutefois les trois quarts des voix de chaque Ordre, je déclare ne pouvoir adhérer à aucune délibération, jufqu'à ce que j'en aie reçu de nouveaux ordres de mes commettans, me réfervant cependant voix confultative, fi les États fe forment en bureaux, afin de pouvoir inftruire mes commettans des objets dont les États-Généraux fe propofent de s'occuper. Verfailles, le 30 juin 1789. Je demande acte de la préfente déclaration. *Signé*, le marquis d'Usson.

N°. 37. Le député de la Nobleffe du bailliage de Langres, lié par les pouvoirs qui lui ont été donnés par fes commettans, lefquels y ont exprimé ne pouvoir adhérer au vœu de l'Ordre du Tiers-État de voter par tête aux États-Généraux, déclare ne pouvoir donner fa voix dans les délibérations où l'on votera autrement que par Ordre, avant d'avoir reçu de nouveaux pouvoirs de fes commettans : il croit cependant qu'il peut conferver voix confultative, pour participer au travail des bureaux, où l'on s'occupera de la préparation des objets qui devront être réglés par les États-Généraux, conformément à la déclaration du Roi du 23 de ce mois. Verfailles, le 30 juin 1789. *Signé*, DE FROMENT.

N°. 38. Nous fouffignés députés de la Nobleffe d'Angoumois, déclarons, au nom de nos commettans, que n'ayant de pouvoir que pour agir en États-Généraux compofés des Ordres du Clergé, de la Nobleffe & du Tiers-État, tous trois libres & indépendans, portant leurs vœux féparément; & l'Affemblée qui s'eft formée fous le nom d'Affemblée Nationale, n'offrant aucun de ces caractères, ils ne peuvent y coopérer; déclarent qu'ils demandent une nouvelle convocation de leur Ordre dans leur-dite province, à l'effet de ftatuer fur le parti qu'il jugera convenable dans les circonftances préfentes; & qu'en attendant, ils proteftent contre toute délibération qui pourroit y être prife, tendant à changer la conftitution du royaume, ou préjudicier, en quelque manière que ce foit, aux habitans nobles de ladite province d'Angoumois. Fait en la chambre de la Nobleffe aux États-Généraux, & lu par M. le comte de Culant à la chambre du Tiers, ce matin; & nous avons demandé acte de ladite proteftation, le 30 juin 1789. *Signé*, le comte DE CULANT, SAINT-SIMON.

N°. 39. Les députés de la Nobleffe de la fénéchauffée de Guyenne, forcés par leurs mandats impératifs de ne jamais fe départir du droit de délibérer par Ordre, déclarent qu'ils ne peuvent participer en rien aux délibérations de l'Affemblée, jufqu'à ce que leurs commettans aient pris dans leur fageffe le parti qu'ils jugeront le plus convenable; en conféquence, & d'après l'obtention des nouvelles lettres de convocation pour afsembler la Nobleſſe de leur ſénéchauſſée, ils font toutes réſerves contre les déciſions qui pourroient être priſes dans cette Aſſemblée, & en demandent acte. Verſailles, le 30 juin 1789. *Signé*, LE BERTHON, le vicomte DE SÉGUR, le chevalier DE VERTHAMOND, LAVIE.

Le même jour, mois & an, y ont adhéré le vicomte DE LA QUEUILLE, député de Tulles; le marquis DE LUSIGNAN, député du Condomois.

N°. 40. Les députés du bailliage de Sens & de celui du Queſnoy, n'étant autoriſés à conſentir à l'opinion par tête que dans le cas où les deux tiers de l'Ordre de la Nobleſſe y conſentiront, ils doivent attendre ce conſentement, ou à défaut de ce conſentement, de nouvelles inſtructions de leurs commettans, auxquels ils vont les demander. Il eſt de leur devoir de faire toutes réſerves néceſſaires à ce ſujet; & ils en demandent acte. Verſailles, le 30 juin 1789. *Signé*, le duc DE MORTEMAR, le duc DE CROY, le prince D'AREMBERG DE LA MARCK, députés du bailliage du Queſnoy.

N°. 41. Je déclare qu'en conſentant à communiquer mon acte d'élection, comme député de la Nobleſſe du Nivernois, aux commiſſaires des deux autres Ordres, le 30 juin, dans la ſalle commune des États-Généraux, je n'ai point entendu contrarier ni affoiblir en aucune manière les déclarations que j'avois faites précédemment de maintenir la diſtinction des Ordres, & de ne conſentir pour le préſent à délibérer par tête dans aucun cas, rappelant à cet égard ma proteſtation du 27 juin, & réſolu, ainſi que je l'ai formellement énoncé, à ne donner ma voix dans aucune délibération priſe dans cette forme, juſqu'à ce que mes commettans m'aient donné de nouveaux pouvoirs, s'ils le jugent à

à propos. Verfailles, le 30 juin 1789. *Signé*, le comte DE
SERENT.

N°. 42. Les députés fouffignés de la Nobleffe du Périgord, d'après le vœu formel de leurs commettans exprimé dans leur mandat, qui leur enjoint expreffément de ne confentir aucune délibération par tête, & leur ordonne, de plus, de ne délibérer fur aucun objet que dans leur Ordre & dans leur chambre, déclarent qu'ils ne peuvent participer en rien aux délibérations des trois Ordres réunis, jufqu'à ce que leurs commettans aient pris en confidération la déclaration du Roi du 23 juin 1789. En conféquence, & en attendant l'obtention de nouvelles lettres de convocation pour affembler la Nobleffe de leur province, lefdits députés font toutes réferves contre toutes décifions qui pourroient être prifes dans toute Affemblée, conjointement avec un ou avec deux Ordres. A Verfailles, dans la chambre de l'Ordre de la Nobleffe, le 30 juin 1789. *Signé*, le marquis DE FOUCAULD-LARDIMALIE, le comte DE LA ROQUE.

N°. 43. Les fouffignés, marquis de Mont-d'Or, de Boiffe & marquis de Loras, trois des députés de la Nobleffe de la fénéchauffée de Lyon, déclarent qu'ayant écrit à leurs commettans, ils attendront leurs ordres pour fe permettre de donner leur voix délibérative aux États-Généraux; & demandent acte de la préfente déclaration. Verfailles, le 30 juin 1789. *Signé*, le marquis DE LORAS, le marquis DE MONT-D'OR, DE BOISSE.

N°. 44. Nous fouffignés, députés de l'Ordre de la Nobleffe de la fénéchauffée de Carcaffonne, déclarons que l'Ordre de la Nobleffe de ladite fénéchauffée nous enjoint d'opiner par Ordre

& non par tête aux États-Généraux ; que ledit Ordre de la sénéchaussée de Carcassonne a consacré les motifs de son opinion & de son mandat, insérés dans nos pouvoirs, par les expressions suivantes : « La France est une Monarchie dont la constitution
» admet trois Ordres distinctifs ; & leur consentement est indis-
» pensable pour exprimer le vœu national. Le *véto* dévolu à
» chaque Ordre, garantissant à tous une égale influence, nul
» ne peut être opprimé par les deux autres réunis : l'ancien ré-
» gime de voter par Ordre est donc le plus avantageux, puis-
» qu'il établit un équilibre parfait, & qu'aucun Ordre ne peut
» être sacrifié aux prétentions, aux rivalités d'un autre, ni servir
» de moyen à l'autorité pour s'élever sur les ruines de tous ».
D'après ledit mandat & les motifs de nos commettans, nous déclarons que nous ne pouvons prendre aucune part aux délibérations qui pourront être prises par les Ordres réunis ; & en conséquence de la fidélité que nous devons au mandat que nous avons reçu de l'Ordre de la Noblesse de la sénéchaussée de Carcassonne, nous renouvellons, en tant que de besoin, les actes de protestation que nous avons été obligés de faire, en exécution dudit mandat, dans la chambre de la Noblesse : déclarons en outre que, jusqu'à ce que nos commettans nous aient envoyé de nouveaux pouvoirs, nous nous abstiendrons de toute délibération des Ordres réunis, les requérant de n'en prendre aucune jusqu'audit temps ; & comme l'intérêt de l'Ordre de la Noblesse de Carcassonne se trouveroit compromis, s'il étoit pris quelque délibération sans que ses représentans y eussent pu prendre part, nous déclarons que nous serions pour lors obligés de protester contre tout ce qui auroit pu être ou seroit délibéré & décrété ; & dans ce cas, nous déclarons que nous protestons contre toute délibération & décret qui auroient pu être pris, de la manière la plus expresse, la plus étendue pour l'intérêt de nos

commettans, & en exécution du mandat qu'ils nous ont donné: en foi de quoi nous demandons acte de notre déclaration & protestation en tant que de besoin, à l'Ordre du Clergé, à celui de la Noblesse, & à celui du Tiers-État. Versailles, le 30 juin 1789. *Signé*, le marquis DU PAC DE BADENS, le comte DE MONTCALM-GOZON.

Nº. 45. Le député de la Noblesse du bailliage de Dourdan déclare que son mandat lui défendant de voter par tête aux États-Généraux, il ne pourra point y avoir de voix délibérative, jusqu'à ce qu'il ait reçu de nouveaux ordres de ses commettans, ce dont il demande acte. Versailles, le 30 juin 1789. *Signé*, le baron DE GAUVILLE.

Nº. 46. Les députés de la Noblesse de la prévôté & vicomté de Paris, hors les murs, liés par leurs mandats, ne peuvent compromettre l'ancienne forme de l'opinion par Ordre, indépendans les uns des autres, que la Noblesse, dont ils sont les mandataires, a déclaré qu'elle regarderoit toujours comme la sauvegarde constitutionnelle de la liberté des États-Généraux. En conséquence ils déclarent que leur intention comme leur devoir est d'informer leurs commettans, qui prendront dans leur sagesse les mesures qu'ils croiront convenables; & ils font toutes réserves & protestations nécessaires, au nom des gentilshommes qu'ils ont l'honneur de représenter. Versailles, le 30 juin 1789. *Signé*, DUVAL-D'EPRÉMESNIL, le duc DE CASTRIES, le président D'ORMESSON.

Ils demandent acte à l'Ordre de la Noblesse.

Nº. 47. Le député de l'Ordre de la Noblesse de la sénéchaussée de Castres, obligé par son mandat de délibérer par Ordre, déclare qu'il ne peut participer en rien aux délibérations qui seroient prises par l'Assemblée, jusqu'à ce que ses commettans aient pris dans leur sagesse le parti qu'ils jugeront le plus convenable ; en conséquence, & d'après l'obtention de nouvelles lettres de convocation pour rassembler la Noblesse de la sénéchaussée, il fait toutes réserves contre toutes décisions qui pourroient être prises dans cette assemblée, & en demande acte. Versailles, le 30 juin 1789. *Signé*, le comte DE TOULOUSE-LAUTREC.

N°. 48. Le mandat des députés de la Noblesse de Berry est devenu impératif par les arrêtés pris dans l'Ordre de la Noblesse ; ce qui les empêche de pouvoir voter dans l'Assemblée générale, jusqu'à ce qu'ils aient obtenu de nouveaux pouvoirs de leurs commettans : ils se borneront, jusqu'à cette époque, à leur voix consultative. Versailles, le 30 juin 1789. *Signé*, le comte DE LA CHASTRE, BOUTHILLIER, le vicomte DE LA MERVILLE, BENGY DE PUYVALLÉE.

N°. 49. Le soussigné, député de la Noblesse du Bigorre, ayant reçu le mandat exprès de ne voter que par Ordre & non par tête, déclare, au nom de ses commettans, qu'il ne peut participer à aucune délibération qui seroit prise par tête dans l'Assemblée des trois Ordres réunis aux États-Généraux : il déclare de plus qu'ayant encore reçu le mandat exprès de demander la conservation de tous les privilèges généraux & particuliers de sa province, & notamment le maintien de la constitution des États, aussi anciens que le Comté de Bigorre ; & la constitution desdits États, où les trois Ordres sont distincts & séparés, & où l'on n'opine jamais que par Ordre, étant la même que la constitution du Royaume, il déclare, au nom de ses commettans, qu'il proteste contre toute innovation contraire à la constitution de la Monarchie, jufqu'à ce qu'il ait reçu de nouveaux pouvoirs; & il prie la chambre de vouloir bien lui donner acte de fes proteſtations. Verſailles, le 30 juin 1789. *Signé*, le baron DE GONNÈS.

N°. 50. Mon cahier m'ordonne de voter par Ordre & non par tête : il m'enjoint cependant de céder à la pluralité, de proteſter & de ne pas me retirer. En conſéquence, étant obligé de céder à la pluralité, je demande acte, & je déclare que mes commettans ne pourront être liés par aucune délibération des États-Généraux. Verſailles, le 30 juin 1789. *Signé*, le comte DE MONTBOISSIER, député de la ſénéchauſſée de Clermont-Ferrand.

N°. 51. Nous fouſſignés, députés de la Nobleſſe du bailliage d'Amiens, déclarons que, fidèles obſervateurs de nos mandats, liés par la religion de nos fermens, nous ne pouvons prendre part aux délibérations dont les voix ſe recueilleront par tête; nous étant formellement preſcrit de maintenir la délibération par Ordre.

Nous demanderons une nouvelle convocation de notre bailliage; & jufqu'à ce que nous ayons reçu de nouveaux pouvoirs, nous ne nous retirons pas, mais nous ne pourrons avoir que voix conſultative. Verſailles, le 30 juin 1789. *Signé*, le duc D'HAVRÉ & DE CROY, NOAILLES.

N°. 52. Je fouſſigné, député de la Nobleſſe du bailliage de Soiſſons, ayant les mêmes pouvoirs & les mêmes mandats, adhère à la déclaration ci-deſſus. Verſailles, le 30 juin 1789. *Signé*, le comte D'EGMONT.

N°. 53. Le député de la Nobleſſe du bailliage de Beſançon a l'honneur de mettre ſous les yeux des trois Ordres réunis les termes du mandat dont il eſt porteur, & qui eſt ainſi conçu :

« S'il arrivoit que les députés des trois Ordres vouluſſent ſe
» réunir pour délibérer par tête, le député émettra toutes pro-
» teſtations néceſſaires au maintien & à la conſervation des an-
» ciens uſages, s'en fera donner acte, & les renouvellera à
» chaque propoſition qui pourroit donner atteinte à ces uſages. »

En conſéquence, le député du bailliage de Beſançon proteſte contre toutes délibérations qui pourront être priſes en commun, & dans leſquelles les ſuffrages ſeront comptés par tête, comme contraires aux anciens uſages & au principe conſtitutionnel de la diſtinction des Ordres, déclarant qu'il n'entend y concourir en aucune manière, ni les valider par ſa préſence, & qu'elles ne pourront avoir force de loi, relativement au bailliage dont il eſt député, juſqu'à ce qu'il ait reçu de nouvelles inſtructions de ſes commettans.

Il ſupplie l'Aſſemblée d'ordonner que la préſente proteſtation ſera annexée au procès-verbal, & qu'il lui en ſera délivré acte. Verſailles, le 30 juin 1789. *Signé*, DE GROSBOIS.

Le député du bailliage de Beſançon a l'honneur de ſupplier la chambre de la Nobleſſe de permettre que la proteſtation ci-deſſus tranſcrite, qu'il a faite & qui a été lue ce matin dans la ſalle générale des trois Ordres, ſoit annexée à ſon procès-verbal de ce jour, & qu'il lui en ſoit délivré acte. Verſailles, le 30 juin 1789. *Signé*, DE GROSBOIS.

N°. 54. Les députés de l'Ordre de la Nobleſſe de la ſéné-chauſſée du Bourbonnois, repréſentent qu'il leur eſt expreſſément preſcrit par leur cahier d'opiner conſtamment par Ordre aux

États-Généraux; qu'ils ont prêté le ferment de se conformer au vœu de leur Ordre qui les a honorés de sa confiance; qu'ils s'en rendroient indignes, s'ils ne l'obfervoient religieusement sur tous les points: en conféquence, ils déclarent qu'ils ne peuvent avoir voix délibérative dans cette Assemblée, jusqu'à ce que leurs commettans, réunis en vertu de nouvelles lettres de convocation, aient pu délibérer mûrement, & aviser, dans leur sageffe, aux nouveaux pouvoirs qu'il leur plaira donner à leurs députés aux Etats-Généraux; & ils demandent qu'il leur soit donné acte des réferves qu'ils font, au nom de leursdits commettans, au sujet de toutes délibérations qui feroient définitivement prises dans cette Assemblée, avant qu'ils puissent être pleinement représentés. Versailles, le 30 juin 1789. *Signé*, le comte DE DOUZON, le baron DE COIFFIER.

N°. 55. J'adhère à la préfente déclaration, sans cependant prendre l'engagement de ne pas délibérer jusqu'à une nouvelle convocation; me réfervant, si elle n'est pas accordée, de faire ce que je croirai de plus convenable aux intérêts de mes commettans, & de plus conforme à leur intention provisoirement connue, lorsqu'elle me sera parvenue par le résultat des trois Assemblées que nous follicitons par notre dépêche du 29 juin: en attendant, je ne me permettrai que voix confultative. Versailles, le premier juillet 1789. *Signé*, DE STUTT, comte de Tracy.

N°. 56. Le député de la Noblesse des Marches-Communes franches de Poitou & de Bretagne, étroitement lié par son mandat & par son ferment à la forme ancienne & conftitutionnelle de voter dans l'Assemblée des États-Généraux féparément & par Ordre, déclare qu'il ne s'est rendu dans cette chambre commune, avec l'Ordre entier de la Noblesse, que par déférence à l'invitation qui lui en a été faite par Sa Majesté ; mais qu'il s'abstiendra de prendre part à toutes les délibérations dans lesquelles les suffrages seroient recueillis par tête ; & fait toutes réserves à cet égard, jusqu'à ce que ses commettans, assemblés par Ordre du Roi, l'aient autorisé à voter dans cette forme inusitée ; & en attendant qu'il ait reçu de nouveaux pouvoirs à cet égard, il déclare qu'il persiste, en vertu de son mandat, à soutenir la forme constitutionnelle de voter séparément & par Ordre : il prie l'Assemblée de ne regarder sa présente déclaration que comme l'acte du plus rigoureux & du plus indispensable pouvoir, de permettre qu'elle soit déposée sur le bureau, & qu'il lui en soit donné acte. Versailles, le 30 juin 1789. *Signé*, le marquis DE JUIGNÉ.

N°. 57. Les députés des trois bailliages d'Alsace, savoir Haguenau, Colmar & Belfort, se trouvant gênés, pour voter par tête, par leur devoir envers leurs commettans, déclarent qu'ils ne peuvent prendre voix délibérative dans l'Assemblée, avant d'avoir reçu de nouveaux pouvoirs de leurs bailliages. Versailles, 30 juin 1789. *Signé*, le baron D'ANDLAU, le baron DE RATHSAMHAUSEN, le prince DE BROGLIE, le baron DE FLACHSLANDEN, le comte DE MONTJOIE VAUFREY, le baron DE LANDENBERG-VAGENBOURG.

N°. 58. Les députés de la Noblesse du bailliage principal de Vitry-le-François, & des bailliages secondaires de Sainte-Menehould, Saint-Dizier, Épernay & Fismes, ont reçu de leurs commettans le mandat impératif de voter par Ordre, & non par tête, aux États-Généraux, & de soutenir que ce principe est un des points essentiels de la constitution. Si cependant chacun des trois Ordres délibéroit séparément qu'il pourroit être utile de

DE LA NOBLESSE. 345

se réunir aux deux autres, lesdits députés sont autorisés à se réunir pour voter par tête sur le cas proposé seulement, & sans que l'on puisse en induire aucune dérogation au droit constitutionnel de voter par Ordre.

C'est en conséquence de ce mandat, que lesdits députés ont pu adhérer à l'exécution de la Déclaration du Roi, du 23 juin dernier.

Ils se sont aussi déterminés, par respect pour les intentions de Sa Majesté, à suivre la chambre lorsqu'elle s'est présentée, le 27 du même mois, dans la salle nationale.

Ils ont adhéré à la déclaration faite, le jour d'hier, en présence des trois Ordres, par Messieurs les députés du bailliage de Rouen ; mais, afin que leurs intentions soient encore plus particulièrement expliquées, & aussi afin de laisser dans les procès-verbaux de la chambre de l'Ordre de la Noblesse, une preuve non équivoque de leurs sentimens, lesdits députés déclarent qu'ils persistent dans leur adhésion à la déclaration faite par Messieurs les députés du bailliage de Rouen ; & en y ajoutant, qu'ils entendent, conformément à l'article II de la Déclaration du Roi, du 23 juin dernier, donner communication à l'Ordre du Clergé & à l'Ordre du Tiers-État, de leurs pouvoirs vérifiés en la chambre de l'Ordre de la Noblesse, par MM. les commissaires, le 7 mai dernier; déclarent aussi que, conformément à l'article V, l'un d'eux restera aux États-Généraux, pour assister à toutes les délibérations sur les affaires présentes de l'État, & y donner avis consultatif, tandis que l'autre ira demander à leurs commettans de nouveaux pouvoirs, sans toutefois qu'eux, ni leurs commettans, puissent être liés par aucunes délibérations prises pendant tout le temps qu'ils ne pourront avoir voix active, faisant à cet égard toutes réserves & protestations.

Les députés supplient la chambre de l'Ordre de la Noblesse

de leur donner acte de la présente déclaration, qu'ils requièrent être annexée au procès-verbal, & dont une autre copie, aussi signée d'eux, sera jointe aux pouvoirs qu'ils vont déposer au secrétariat des États-Généraux. Versailles, le 30 juin 1789. *Signé*, DE BALLIDART, le comte DE FAILLY.

N°. 59. Je soussigné, député de la sénéchaussée de Castelnaudary, déclare que, conformément à notre mandat qui me prescrit de maintenir l'opinion par Ordre, comme constitutionnelle, je fais toutes réserves & protestations contre toutes délibérations qui pourroient être prises dans la salle des États-Généraux, & d'où il pourroit résulter une autre forme d'opiner que celle que me prescrivent également mon mandat & ma conscience. A Versailles, le 30 juin 1789. *Signé*, le marquis DE VAUDREUIL, député.

N°. 60. Je soussigné, député de la Noblesse du bailliage de Verdun, déclare que le mandat de mes commettans m'imposant le vœu par Ordre, & ne permettant le vœu par tête que dans le cas où il seroit consenti par la majorité de l'Ordre de la Noblesse, je ne peux prendre aucune part aux délibérations qui seroient prises en commun avec les autres Ordres, que lorsque mes commettans auront jugé à propos de me le permettre par de nouveaux pouvoirs, de laquelle déclaration je demande acte. Versailles, le 30 juin 1789. *Signé*, le baron DE POUILLY.

N°. 61. Les députés de la Noblesse du bailliage d'Amont supplient la chambre de la Noblesse de leur donner acte de la protestation ci-après relatée, remise par eux sur le bureau, & lue, le présent jour, dans la salle commune où les trois Ordres étoient réunis.

Les députés de la Nobleffe du bailliage d'Amont ont l'honneur de mettre fous les yeux des trois Ordres réunis, les termes du mandat dont ils font porteurs :

« Dans le cas où les députés des trois Ordres voudroient fe réunir pour délibérer en commun & par tête, foit dans l'Affemblée générale, foit dans les bureaux particuliers, foit enfin de quelque manière que ce puiffe être ; ceux du bailliage d'Amont émettront toutes proteftations néceffaires au maintien & à la confervation des ufages anciens de la Nation, s'en feront donner acte, & les renouvelleront à chaque propofition nouvelle qui tendroit à y donner atteinte ».

En conféquence, les députés du bailliage d'Amont proteftent contre toutes délibérations qui pourroient être prifes en commun, & dans lefquelles les fuffrages feront comptés par tête, ainfi que contre toute propofition & acte qui pourroit donner atteinte aux anciens ufages de la Nation & aux principes conftitutionnels de la diftinction des Ordres; déclarent qu'ils n'entendent y concourir d'aucune manière, ni les valider par leur préfence, & qu'elles ne pourront avoir force de loi, relativement au bailliage dont ils font les députés, jufqu'à ce qu'ils aient reçu de nouvelles inftructions de leurs commettans dont ils ont déja follicité la convocation.

Ils fupplient d'ordonner que la préfente proteftation foit annexée au procès-verbal, & qu'il leur en foit donné acte. Verfailles, le 30 juin 1789. *Signé*, le prince DE BAUFFREMONT, le marquis DE MOUTHIER & le préfident DE VEZET.

N°. 62. Le député de l'Ordre de la Nobleffe de Marfan fouffigné, dit qu'un principe inconteftable, également reconnu par l'Ordre du Clergé, de la Nobleffe & du Tiers-État, eft que les mandats font inviolables.

Qu'on ne peut s'en écarter sans manquer à ce qu'on doit aux commettans qui vous ont donné leur confiance, auxquels on a promis une fidélité sans réserve.

Que s'écarter de la lettre & de l'esprit de l'engagement qu'on a pris avec eux, c'est être parjure à son serment & oublier la dignité qui doit être naturelle à tout député de la Noblesse, & qui fait, pour ainsi dire, l'essence de cet Ordre.

En conséquence il déclare que ses pouvoirs lui ordonnent de n'assister aux États-Généraux qu'autant que toutes les délibérations y seront prises par Ordre, sans que la voix de deux Ordres puisse, dans aucun cas, lier le troisième ; & si cela n'est pas exécuté, il lui est ordonné de se retirer.

Que sa déférence pour les desirs du Roi, qui a souhaité que les députés liés par des pouvoirs impératifs, en demandassent de nouveaux à leurs commettans.

Que le desir qu'il a personnellement d'épuiser toutes les ressources qui peuvent amener la concorde & l'union, l'ont engagé à consulter de nouveau ses commettans.

Qu'il ne peut, jusqu'à leur réponse, prendre part à aucune décision qui ne seroit pas prise dans son Ordre délibérant séparément, & qu'en attendant, il proteste, au nom de ses commettans, contre tout ce qui pourroit être arrêté par des délibérations qui ne seroient pas prises par Ordre. Versailles, le 30 juin 1789. *Signé*, LA SALLE, marquis de Roquefort, député de l'Ordre de la Noblesse de la sénéchaussée de Marsan.

N°. 63. Je soussigné, député de l'Ordre de la Noblesse des bailliages de Chaumont & Magny en Vexin-François, déclare que, lié par les pouvoirs de mes commettans, par lesquels il m'est enjoint impérativement de voter, dans l'Assemblée des États-Généraux, par Ordre & non par tête, & ne pouvant m'écarter des obligations qu'ils m'ont imposées & auxquelles j'ai promis de me conformer par mon serment, déclare, dis-je, qu'il m'est impossible de participer en rien aux délibérations qui seront prises par tête dans cette Assemblée, jusqu'à ce qu'il ait plu à mes commettans de m'envoyer de nouveaux pouvoirs ; & je demande acte de ma présente déclaration. Versailles, le 30 juin 1789. *Signé*, LE MOINE DE BELLEISLE.

N°. 64. Le soussigné, député de la Noblesse de l'Albret aux États-Généraux, ayant reçu de ses commettans le mandat très-exprès de n'adhérer à aucune innovation, & de ne jamais délibérer par tête dans aucune Assemblée des Ordres réunis ;

Et l'Assemblée actuelle, formée sous le titre d'Assemblée Nationale, réunissant les caractères de l'innovation la plus décidée ; Le soussigné déclare qu'il n'entend prendre nulle part à aucune délibération des Ordres ainsi réunis.

En même temps, il proteste, au nom de ses commettans, contre toute décision ou délibération de l'Assemblée ainsi formée. Il attendra à ce sujet de nouvelles instructions de ses commettans ; & en leur nom, il demande acte de sa protestation. Versailles, le 30 juin 1789. *Signé*, le baron DE BATZ, député de l'Albret.

N°. 65. Le député de la Noblesse des bailliages de Vic & de Toul, forcé par son mandat de la Noblesse de Vic de délibérer par chambre & non par tête, déclare qu'il ne peut participer en rien aux délibérations de l'Assemblée, jusqu'à ce que ses commettans aient pris dans leur sagesse le parti qu'ils jugeront le plus convenable ; en conséquence, & d'après l'obtention de nouvelles lettres de convocation pour assembler la Noblesse dans leur bailliage, il fait toutes réserves contre toutes décisions qui pourroient être prises dans cette Assemblée, & en demande acte. Versailles, le 30 juin 1789. *Signé*, le comte DE RENNEL.

Nº. 66. Les députés de la Noblesse de Poitou, forcés par leurs mandats impératifs de ne jamais se départir du droit de délibérer par Ordre, déclarent qu'ils ne peuvent participer en rien aux délibérations de l'Assemblée, jusqu'à ce que leurs commettans aient pris dans leur sagesse le parti qu'ils jugeront le plus convenable; en conséquence, & d'après l'obtention de nouvelles lettres de convocation pour assembler la Noblesse de leur sénéchaussée, ils font toutes réserves contre toutes les décisions qui pourroient être prises dans cette Assemblée, & en demandent acte. Versailles, le 30 juin 1789. *Signé*, MONT-MORENCY-LUXEMBOURG, le comte DE CRUSSOL D'AMBOISE, CLAUDE, vicomte DE LA CHASTRE, le chevalier DE LA COUDRAYE, le comte D'IVERSAY, le marquis DE VILLEMORT, le comte DE LAMBERTY, députés de la sénéchaussée de Poitou; le comte FRANÇOIS D'ESCARS, député de la Noblesse de la sénéchaussée de Chatelleraud en Poitou; le marquis DE TERNAY, député du bailliage de Loudun; le comte D'ESCARS, député de la Noblesse du haut Limousin. Pour adhésion, le marquis DE MONSPEY, député du bailliage de Beaujolois; le comte DE MONTREVEL, député du Mâconnois; le baron DE CRUSSOL, député du comté de Bar-sur-Seine.

Les députés de la Noblesse du bailliage de Caen adhèrent à la présente déclaration. *Signé*, le comte LOUIS DE VASSY, le duc DE COIGNY, le baron FÉLIX DE WIMPFFEN. Les députés de la Noblesse du bailliage d'Evreux, le comte DE BONNEVILLE, le marquis DE CHAMBRAY. Le vicomte DE PANAT, député de la sénéchaussée de Rhodès & du bailliage de Milhaud.

N°. 67. Le député du bailliage de Gien soussigné, ayant fait le serment de maintenir les dispositions de son cahier, dans lequel le vœu par Ordre est établi comme *point de droit public*, déclare que, fidèle à son mandat, il ne peut prendre part à aucune délibération, jusqu'à ce qu'il ait reçu de ses commettans des pouvoirs nouveaux ; qu'il les leur a demandés, & qu'il se bornera à prendre séance dans la salle nationale, pour s'y éclairer & s'instruire. Versailles, le 30 juin 1789. *Signé*, DE RANCOURT DE VILLIERS.

N°. 68. Nous soussignés, huitième & neuvième députés des citoyens nobles de Paris, liés par notre mandat qui nous prescrit de n'opiner que par Ordre, nous supplions l'Assemblée d'agréer nos regrets de ne pouvoir donner notre voix dans la délibération dont elle sera occupée, jusqu'au moment où nous aurons reçu de nouveaux pouvoirs de nos commettans.

Mais nous déclarons en même temps que nous ne nous retirerons pas de l'Assemblée ; que nous profiterons des lumières des membres qui la composent, que nous leur soumettrons nos réflexions, que nous accepterons voix consultative, ayant à cœur, sur toute chose, de ne suspendre en rien les délibérations importantes que la Nation attend avec impatience de notre patriotisme & de notre zèle. Versailles, le 30 juin 1789. *Signé*, LE PELLETIER DE SAINT-FARGEAU, le marquis DE MIREPOIX-LÉVIS.

N°. 69. Les députés du bailliage de Chaumont, liés par leur mandat & le vœu de leurs commettans pour défendre & maintenir, autant qu'il sera possible, la forme de la délibération par Ordre, supplient l'Assemblée de permettre qu'ils déclarent qu'ils sont obligés de s'opposer, autant qu'il est en eux, à toutes formes nouvelles, contraires à la constitution du Royaume; qu'en conséquence, ils ne peuvent participer à aucune délibération, avant d'avoir reçu de nouveaux pouvoirs; en attendant ils conserveront leur voix consultative, & pourront participer au travail des bureaux qui seront chargés de préparer les matières; de laquelle déclaration les soussignés demandent acte. A Versailles, le premier juillet 1789, dont copie a été déposée au greffe de la chambre de la Noblesse. *Signé*, le comte DE CHOISEUL, le comte DE CLAIRMONT-D'ARRANVILLE.

N°. 70. Je soussigné, député de la Noblesse du gouvernement de Péronne, Montdidier & Roye, déclare & demande acte de ce qui suit:

Je dois d'abord donner communication d'un article de mon mandat:

« Nous imposons à nos députés la condition de demander
» qu'il soit voté par Ordre; & dans le cas où la majorité des
» États-Généraux auroit exprimé un vœu contraire, nous les au-
» torisons, après avoir défendu notre opinion, à se ranger à
» cette majorité ».

On voit que cet article n'est point impératif; ce qui a fait (tout le monde le sait) que les bailliages ci-dessus désignés ont été jusqu'à présent sans voix, puisque celles des deux députés se sont détruites sans cesse.

Mon collègue s'est autorisé, pour émigrer, du susdit article, considérant 343 avocats ou procureurs & 200 curés comme la majorité des États-Généraux: c'étoit juger la question par la question même.

J'ai pensé différemment, & n'ai considéré que la majorité de mon Ordre: si cette majorité a été trompée en passant dans la chambre commune, je l'ai été avec elle: j'ai fait mon devoir.

Mais

Mais cela ne réintègre pas les intérêts de mes commettans, auxquels je me dois : ce qui leur fait tort, c'est la division d'opinions qui existe entre leurs représentans; & c'est là dessus que je requiers formellement que mes bailliages statuent.

Je demande la convocation de la Noblesse des bailliages de Péronne, Montdidier & Roye, rassemblés à Péronne, à l'effet de changer ou maintenir leurs députés ou leurs pouvoirs, suivant le bon plaisir des gentilshommes.

Je resterai, & n'irai point échauffer ma cause : je n'en ai point besoin. Heureux si je suis utile à ma patrie ! heureux encore si je suis tranquille, & laisse ses intérêts dirigés par le faisceau de lumières qui éclaire cette Assemblée, demandant acte derechef de ce qui précède. Dans la chambre de la Noblesse, le premier juillet 1789. *Signé*, le duc DE MAILLY.

N°. 71. Je soussigné, député de la Noblesse de la prévôté & vicomté de Paris hors les murs, lié par mon mandat, & ne pouvant compromettre l'ancienne forme de l'opinion par Ordres indépendans les uns des autres, que la Noblesse, dont je suis un des mandataires, a déclaré qu'elle regarderoit toujours comme la sauve-garde constitutionnelle des États-Généraux, déclare que mon intention comme mon devoir est d'informer mes commettans, qui prendront dans leur sagesse les mesures qu'ils croiront convenables, que je fais toutes réserves & protestations nécessaires, au nom des gentilshommes que j'ai l'honneur de représenter, adhérant en entier à la protestation faite par les trois autres députés de la prévôté & vicomté de Paris. A Paris, pour cause de maladie, le premier juillet 1789. *Signé*, BAILLI DE CRUSSOL.

N°. 72. Je soussigné, député de la Noblesse des sénéchaussées

Introduction. Tome II.   Z d'Armagnac & l'Isle-Jourdain, proteste en son nom contre toutes délibérations qui pourroient être prises par tête dans les trois Ordres réunis, comme illégales, tendant au bouleversement général de la constitution de la Monarchie, & subversives des propriétés, ainsi que de la sûreté & de l'existence des citoyens. Je m'oppose donc expressément à tous changemens, & à toutes loix, qui ne peuvent être faites & promulguées que par le vœu libre des députés des trois Ordres, délibérant séparément, & autorisés par un mandat spécial de leurs commettans.

Je supplie la chambre de l'Ordre de la Noblesse de me donner acte de ma présente protestation. Versailles, le premier juillet 1789. *Signé*, le marquis D'Angosse, député des sénéchaussées d'Armagnac & l'Isle-Jourdain.

N°. 73. La constitution françoise est composée du Roi, chef suprême de la Nation, & de trois Ordres essentiellement distincts & séparés, égaux, libres, individuels, & mutuellement indépendans.

La Noblesse du bailliage de Cotentin desire que dans tous les cas on maintienne l'union & la concorde entre les Ordres, & qu'ils agissent de concert par la communication de leurs commissaires respectifs, mais elle veut qu'on délibère toujours par Ordre.

La majorité seule des voix de chaque Ordre formera le vœu unique & précis de l'Ordre dont il sera émané; & la réunion du vœu de chacun des trois Ordres pourra seule former le vœu général, le vœu des deux Ordres ne pouvant lier le troisième.

Les députés de l'Ordre de la Noblesse du Cotentin, obligés par leur serment de maintenir, de tout leur pouvoir, les principes ci-dessus, ne croient pas y déroger, en donnant aux deux autres la communication de leurs pouvoirs déja vérifiés dans la chambre de la Noblesse, & reconnus bons & suffisans. Ils déclarent être déterminés à cet acte de déférence, par le desir de voir au-plutôt rétablir la concorde & le concert mutuel entre les Ordres, sans entendre les soumettre au jugement les uns des autres. Ils protestent contre toute induction qu'on en voudroit tirer contre leur constance à maintenir les principes ci-dessus, qu'ils tiendront toujours, comme devant être la règle absolue de leur opinion & de leur conduite, jusqu'à ce qu'il eût plu à leurs commettans de leur ordonner de s'en écarter dans quelques circonstances.

En conséquence, ils ne peuvent prendre part à aucune délibération qui y seroit contraire : ils requièrent qu'il ne soit point fait d'arrêté par les Ordres réunis, avant que les députés du Cotentin n'ayent reçu de nouveaux ordres de leurs commettans, qui doivent être incessamment rassemblés par une nouvelle convocation ; protestant, en tant que de besoin, contre tout ce qui auroit pu être ci-devant arrêté, ou pourroit l'être par la suite, de contraire à la présente déclaration, & sans leur participation : & ont demandé acte de la présente, qui est une explication de l'adhésion donnée par eux à la protestation du bailliage de Rouen, du jour d'hier. A Versailles, le premier juillet 1789. *Signé*, ACHARD DE BONVOULOIR, BEAUDRAP DE SOTTEVILLE, ARTUR DE LA VILLARMOIS, LE CLERC, baron de Juigné.

N°. 74. Nous soussignés, députés de l'Ordre de la Noblesse de la province de la Haute-Marche, obligés par nos mandats d'employer tous les efforts de notre zèle pour maintenir l'ancienne constitution & déterminer la délibération par Ordre, mais en même temps autorisés à adopter pour le bien général la forme de délibération qui conviendra à l'Assemblée générale :

Déclarons que pour nous conformer au vœu de nos commettans sur les deux objets ci-dessus, nous adhérons d'avance à l'opinion qui sera adoptée par l'Assemblée Nationale dans la délibération qui sera prise à ce sujet ; mais qu'en attendant, nous nous croyons obligés à n'avoir que la voix consultative, & à nous interdire la voix délibérative. A Versailles, le premier juillet 1789. *Signé*, le marquis DE BIENCOURT, le marquis DE SAINT-MAIXANT.

N°. 75. Je soussigné, député de la Noblesse de la principauté d'Orange, en exécution de l'article de mon mandat qui m'enjoint de me conformer à la manière de voter qui aura été d'abord décidée à la pluralité des voix, je déclare me réunir à la majorité des membres de mon Ordre, qui, par la nature de leurs pouvoirs, ne peuvent consentir à la délibération par tête, & sont contraints de se restreindre à conserver une voix consultative, jusqu'à ce qu'ils ayent reçu de nouveaux pouvoirs de leurs commettans.

De laquelle déclaration je demande acte & copie conforme à l'original que je dépose au greffe de la chambre de la Noblesse. Versailles, le 2 juillet 1789. *Signé*, le marquis DE CAUSANS.

N°. 76. Le député de la Noblesse de la sénéchaussée de la principauté de Dombes, lié étroitement par le mandat impératif qu'il a reçu de ses commettans, déclare qu'il adhère en entier à la déclaration & protestation énoncées ci-dessus par Messieurs les députés de la Noblesse de Bresse ; & il demande qu'il lui soit donné acte des présentes déclaration & protestation, pour la conservation des droits & intérêts de la Noblesse de la principauté de Dombes. Versailles, le 30 juin 1789. *Signé*, DE VINCENT DE PANETTE, député de la Noblesse de Dombes.

N°. 77. Mes pouvoirs ne traitent point la question du délibéré par Ordre ou par tête. La Noblesse de la vicomté de Couserans, assemblée trois semaines après l'ouverture des États-Généraux, avoit pensé qu'elle seroit légalement décidée, au moment où son cahier seroit présenté à cette auguste Assemblée.

Ces motifs seuls l'ont engagée à ne point annoncer de vœu sur ce sujet : elle n'auroit jamais pu prévoir que l'opinion qui a séduit dans ce moment une partie intéressante de la Nation, pût être au moment d'être adoptée par des considérations impérieuses que nul bon François n'eût pu prévoir, & auxquelles les races futures auront peine à croire.

J'avois pris sur moi d'accepter sans aucune restriction les articles de la première partie de la Déclaration du Roi du 23 juin dernier, intimement convaincu que nul sacrifice raisonnable ne coûteroit à mes commettans, pour accélérer l'exécution des propositions paternelles de notre Monarque, & prouver à l'Ordre du Tiers-État l'attachement particulier dont ils sont pénétrés pour eux, & dont ces deux Ordres, dans le Couserans, se donnent journellement des marques réciproques.

Mais, lorsque la Constitution de l'État est attaquée dans toutes ses parties, que les prérogatives du trône & la distinction des Ordres sont au moment d'être entièrement envahies & détruites par l'établissement d'une chambre nationale qui n'a reçu ni la sanction royale ni le consentement des deux premiers Ordres, je ne puis ni ne dois coopérer en rien à un pareil bouleversement, sans connoître préalablement le vœu du corps qui m'a honoré de sa confiance.

A cet effet je demande, Messieurs, que vous receviez ma protestation contre tout ce qui pourroit être fait & délibéré de contraire aux formes établies par les anciens usages ou par la Déclaration du Roi du 23 juin 1789, à laquelle j'ai entièrement acquiefcé, jufqu'à ce que le vœu clairement énoncé de la Nobleffe du vicomté de Couferans, puiffe guider fon député, dans une carrière fi épineufe.

J'ai l'honneur de vous prier, Meffieurs, de m'accorder acte de ma préfente proteftation, déclarant en avoir dépofé, le jour d'hier, fur le bureau de la chambre du Tiers-État, une qui a le même objet. A Verfailles, dans la chambre de la Nobleffe, le premier juillet 1789. *Signé*, le comte DE PANNETTE, député de la Nobleffe de la vicomté de Couferans.

SUPPLÉMENT

AU PROCÈS-VERBAL

DE L'ORDRE DE LA NOBLESSE,

AUX ÉTATS-GÉNÉRAUX.

Séance du Vendredi 3 Juillet 1789.

LE vendredi 3 juillet 1789, à sept heures du soir, l'Assemblée de MM. les députés de l'Ordre de la Noblesse aux États-Généraux étant formée dans le lieu ordinaire de ses séances, en conséquence des billets d'avertissement envoyés à chacun d'eux; M. le Président, après avoir invité MM. les députés à prendre séance, a dit que, quoique la très-grande majorité de l'Ordre de la Noblesse eût protesté individuellement contre la réunion & la confusion des Ordres dans la salle commune, contre le nom d'*Assemblée Nationale* donné à cette Assemblée, & le vote par tête, auquel cette réunion conduisoit naturellement, malgré le vœu formel & impératif de leurs cahiers; cependant quelques uns des membres de la Noblesse avoient cru utile pour la conservation des principes constitutifs de la monarchie

& des droits de leur Ordre, de faire une déclaration conservatoire de ces droits, au nom collectif dudit Ordre, & de la déposer entre les mains du Roi, à qui M. le Président seroit supplié de la remettre; qu'en conséquence il avoit nommé la veille quatre commissaires pour rédiger le projet de cette déclaration, dont ils alloient faire la lecture.

Il a été remis en même temps sur le bureau une lettre à lui adressée par M. le député de la Noblesse du bailliage de Montreuil-sur-Mer, à laquelle étoit jointe une déclaration de ses sentimens, qu'il demandoit être annexée au procès-verbal de ce jour. (*Voyez piéces annexées, n°. 1*). La chambre, en ayant entendu la lecture, a ordonné qu'il en seroit donné acte audit député. L'un des commissaires nommés pour la rédaction de la déclaration projetée, au nom de l'Ordre de la Noblesse, en a fait ensuite la lecture. Pendant la discussion à laquelle elle a été soumise, plusieurs de MM. les députés y ont fait des observations auxquelles on a eu égard; après quoi les voix ayant été prises, elle a été presqu'unanimement acceptée, ainsi qu'il suit:

Déclaration de l'Ordre de la Noblesse aux États-Généraux, pour la conservation des droits constitutifs de la Monarchie Françoise, de l'indépendance & de la distinction des Ordres.

L'Ordre de la Noblesse aux États-Généraux, dont les membres sont comptables à leurs commettans, à la Nation entière & à la postérité, de l'usage qu'ils ont fait des pouvoirs qui leur ont été confiés, & du dépôt des principes transmis d'âge en âge dans la Monarchie Françoise;

Déclare qu'il n'a point cessé de regarder comme des maximes inviolables & constitutionnelles,

La distinction des Ordres;

L'indépendance des Ordres ;

La forme de voter par Ordre ;

La nécessité de la sanction royale pour l'établissement des lois ;

Que ces principes, aussi anciens que la Monarchie, constamment suivis dans les Assemblées, expressément établis dans les lois solemnelles proposées par les États-Généraux, & sanctionnées par le Roi, telles que celles de 1355, 1357 & 1561, sont des points fondamentaux de la Constitution, qui ne peuvent recevoir d'atteinte, à moins que les mêmes pouvoirs qui leur ont donné force de loi, ne concourent librement à les anéantir.

Annonce que son intention n'a jamais été de se départir de ces principes, lorsqu'il a adopté, pour la présente tenue d'États seulement, & sans tirer à conséquence pour l'avenir, la déclaration du Roi du 23 juin dernier ; puisque l'article premier de cette déclaration énonce & conserve les principes essentiels de la distinction, de l'indépendance, & du *vote séparé* des Ordres.

Que rassuré par cette reconnoissance formelle, entraîné par l'amour de la paix & par le desir de rendre aux États-Généraux leur activité suspendue, empressé de couvrir l'erreur d'une des parties intégrantes des États-Généraux, qui s'étoit attribué un nom & des pouvoirs qui ne peuvent appartenir qu'à la réunion des trois Ordres ; voulant donner au Roi des preuves d'une déférence respectueuse aux invitations réitérées par sa lettre du 27 juin dernier, il s'est cru permis d'accéder aux dérogations partielles & momentanées que ladite déclaration apportoit aux principes constitutifs.

Qu'il a cru pouvoir (sous le bon plaisir de la Noblesse des bailliages, & en attendant ses ordres ultérieurs) regarder cette exception comme une confirmation du principe, qu'il est plus que jamais résolu de maintenir pour l'avenir.

Qu'il s'y est cru d'autant plus autorisé, que les trois Ordres peuvent, lorsqu'ils le jugent à propos, prendre séparément la délibération de se réunir en une seule & même Assemblée.

Par ces motifs, l'Ordre de la Noblesse, sans être arrêté par la forme de la déclaration lue à la séance royale du 23 juin dernier, l'a acceptée purement & simplement. Conduit par des circonstances impérieuses pour tout serviteur du Roi, il s'est rendu le 27 juin dernier dans la salle commune des États-Généraux, & invite de nouveau les autres Ordres à accepter la déclaration du Roi.

L'Ordre de la Noblesse fait au surplus la présente déclaration des principes de la Monarchie & des droits des Ordres, pour les conserver dans leur plénitude, & sous toutes les réserves qui peuvent les garantir & les assurer.

Fait & arrêté en la chambre de l'Ordre de la Noblesse, sous la réserve des pouvoirs ultérieurs des commettans, & des protestations ou déclarations précédentes d'un grand nombre de députés de différens bailliages.

A Versailles, le 3 juillet 1789.

Vu & conforme à l'original. *Signé*, MONTMORENCY-LUXEMBOURG, *Président de l'Ordre de la Noblesse.*

Plusieurs de MM. les députés ont dit, qu'outre leur adhésion personnelle, ils étoient également autorisés à y accéder pour des députés absens, à qui leurs affaires n'avoient point permis de se trouver à l'Assemblée, & qui les avoient chargés de faire connoître leur vœu à ce sujet.

M. le marquis de Causans a déclaré ensuite que, conformément à son mandat, il n'avoit pu prendre part à la délibération, & qu'il avoit été obligé de s'en référer à la pluralité des suffrages de la chambre. Il a demandé acte de cette déclaration, ce qui lui a été accordé. (*Voyez la pièce annexée n°. 2*).

Enfin, il a été arrêté que la déclaration de l'Ordre de la

Nobleſſe, rapportée ci-deſſus, ſeroit ſignée ſeulement du Préſident & des Secrétaires; que M. le Préſident la remettroit au Roi; qu'il en ſeroit délivré des copies authentiques & certifiées conformes à l'original, qui reſteroit dépoſé aux archives de l'Ordre de la Nobleſſe, à tous les membres de cet Ordre qui le deſireroient.

Perſonne n'ayant plus rien à propoſer, M. le Préſident a levé la ſéance, en diſant qu'il feroit indiquer le jour & l'heure de la prochaine Aſſemblée, lorſqu'il le croiroit néceſſaire.

Signé, LE CHARPENTIER DE CHAILLOUÉ, BOUTHILLIER, D'ORMESSON; DIGOINE, le comté DE SERENT, *Secrétaires.*

PIÈCES annexées à la Séance du vendredi 3 Juillet 1789.

Nº. 1. *Déclaration du comte d'Hodicq, député de l'Ordre de la Nobleſſe du bailliage de Montreuil-ſur-Mer, remiſe à M. le Préſident de la chambre dudit Ordre.*

J'ai paſſé à la chambre générale avec la majorité de l'Ordre dont j'ai l'honneur d'être membre. En le faiſant, j'ai déféré à l'invitation du Roi du 27 juin, lue à la chambre par ſon Préſident; & en cela, je me ſuis également conformé à l'acceptation unanime de la déclaration de Sa Majeſté, du 23 du même mois.

Je reſterai à la chambre générale par une juſte déférence aux inſtructions de mes commettans. Leur volonté a toujours été, & elle eſt encore, que je concoure de tout le pouvoir qui m'a été confié par eux, à la tenue des États-Généraux du Royaume. J'obſerverai fidèlement & inviolablement le ſerment qui me lie à mes pouvoirs.

Mais comme mes commettans n'ont jamais eu la penſée de

renverser la constitution, ni d'attenter à l'autorité légitime du Roi ; pensée que je ne croirai jamais pouvoir entrer dans l'ame d'un bon François, je déclare que, sans vouloir défendre l'intégrité absolue de la constitution actuelle, qu'il sera peut-être avantageux d'abroger en quelques points, je n'accéderai jamais à une innovation qui pourroit être contraire au bonheur général des peuples, & aux distinctions d'Ordres consacrées par le fait & par le temps dans la Monarchie Françoise.

S'il étoit possible que, par une fatalité qui ne peut être que l'ouvrage des ennemis de la patrie, on voulût dissoudre les États-Généraux présentement assemblés dans la ville de Versailles, avant l'entière confection de leur travail & contre leur volonté; comme ce ne pourroit être que par une surprise faite à la religion du Monarque, je déclare encore que je suis déterminé à m'y opposer de toutes mes forces, & à les suivre par-tout où il sera convenu entr'eux de se réunir, afin d'y opérer, par des lois sages & sanctionnées par le souverain, la régénération promise & desirée par lui, demandée impérieusement par la Nation, afin d'assurer la félicité publique, celle d'un Roi qu'elle aime, dont elle veut affermir la puissance & éterniser la bienfaisance & la gloire. A Versailles, le 29 juin 1789. *Signé*, le comte D'HODICQ.

N°. 2. *Déclaration du marquis de Causans.*

Je demande acte à la chambre, que sur la déclaration proposée à la délibération de l'Assemblée, je n'ai pas donné de voix, & que j'ai déclaré, d'après l'article de mon cahier relatif à la manière de délibérer, que je m'en rapportois à la pluralité. A la chambre de la Noblesse, le 3 juillet 1789. *Signé*, le marquis DE CAUSANS.

Séance du Mercredi 8 Juillet 1789.

LE mercredi huit juillet 1789, à six heures du soir, l'Assemblée de MM. les députés de l'Ordre de la Noblesse aux États-Généraux étant formée dans le lieu ordinaire de ses séances, en conséquence des avertissemens envoyés à chacun des membres par les ordres de M. le Président, il n'a pu être donné lecture du procès-verbal de la séance du 3 de ce mois, à cause de l'absence de celui de MM. les secrétaires qui avoit été chargé de la rédaction.

M. le Président a fait donnner lecture d'une lettre qui lui a été écrite le 30 juin dernier, par M. l'évêque de l'Escar, le comte de Grammont & le président d'Esquille, députés pour le Clergé & la Noblesse de Béarn aux États-Généraux, pour lui rendre compte des motifs qui les ont empêchés de se présenter à l'Assemblée générale. Sur l'invitation qui lui en a été faite, M. le Président a remis sur le bureau une copie de cette lettre par lui certifiée véritable, & il a été arrêté qu'elle sera annexée au procès-verbal de la séance de ce jour. (*Voyez pièces annexées*, n°. 1).

M. le président a fait ensuite remettre sur le bureau différens paquets de lettres, papiers & mémoires qui lui ont été adressés de divers endroits, en sa qualité de Président de l'Ordre de la Noblesse. Il a été fait ouverture de ces paquets, dont aucun ne s'est trouvé contenir rien qui demandât une attention actuelle & pressante. Les pièces y contenues ont été numérotées par première & dernière ; & à l'exception des pièces numérotées 1 & 14, qui ont été remises à MM. les députés des bailliages dont elles venoient, les autres l'ont été à MM. les secrétaires, à l'effet d'en rendre compte à la chambre de la Noblesse lorsqu'ils en seroient requis.

Le surplus de la séance a été employé à écouter les réflexions & les considérations qui ont été faites & présentées par plusieurs des membres de la Noblesse, sur la situation présente des divers Ordres qui doivent composer les États-Généraux. Il a été arrêté d'après ces mêmes réflexions, que MM. les députés de l'Ordre de la Noblesse, tant présens qu'absens, seront invités par billets qui seront envoyés à chacun, à se trouver demain 9 juillet, à six heures précises du soir, à l'Assemblée de leur Ordre, au lieu ordinaire de ses séances.

M. le Président a levé la séance, en indiquant la prochaine Assemblée à demain six heures du soir.

Signé, LE CHARPENTIER DE CHAILLOUÉ, BOUTHILLIER, D'ORMESSON, DIGOINE, le comte DE SERENT, *Secrétaires*.

PIÈCE annexée à la Séance du Mercredi 8 Juillet 1789.

Lettre de MM. les députés du Clergé & de la Noblesse des États-Généraux de Béarn, adressée à Monseigneur le cardinal de la Rochefoucauld, Président de l'Ordre du Clergé, & à M. le duc de Luxembourg, Président de l'Ordre de la Noblesse.

MONSIEUR LE PRÉSIDENT,

Lorsque le Clergé & la Noblesse de Béarn nous ont députés aux États-Généraux du Royaume, ils ont cru qu'en nous associant à cette auguste Assemblée, nous concourrions avec elle, non à changer, mais à affermir les vrais principes du gouvernement françois. Au moment où nous nous disposions à remplir la mission qui nous avoit été donnée, des nouveautés inattendues ont tout à-la-fois fixé notre attention & excité nos alarmes. Le Clergé & la Noblesse de Béarn ont toujours pensé qu'il étoit de l'essence des États-Généraux du Royaume, d'être composés de trois Ordres distincts, entre lesquels la puissance qui appartient aux Représentans de la Nation devoit être répartie dans une mesure parfaitement égale.

Le Tiers-État, par son arrêté du 17 juin dernier, a tenté de rompre un équilibre qui paroissoit aussi solidement établi que sagement concerté. Sans attendre le concours & l'assentiment des deux premiers Ordres, il a cru pouvoir prendre le titre & exercer tous les pouvoirs d'une Assemblée Nationale; & posant pour principe, que la puissance de la Nation est concentrée en lui seul, il a donné à une délibération qui lui étoit particulière, le ton & l'autorité d'un décret national.

La réunion des deux premiers Ordres au troisième n'a pu ni couvrir ni réparer le vice essentiel d'une délibération émanée du Tiers-État seulement; parce que cette démarche, postérieure à l'arrêté du 17 juin, n'a été, au moins à l'égard d'une grande partie du Clergé, & de la majorité de la Noblesse, qu'un acte purement passif, & commandé par des circonstances irrésistibles. C'est donc au seul arrêté du 17 juin dernier, c'est à cet acte évidemment nul dans le principe, & que rien n'a validé dans la suite, que l'Assemblée qui a remplacé les États-Généraux doit son existence & son organisation. Et si nous nous réunissions dans ce moment à cette Assemblée, nous nous exposerions au reproche d'avoir méconnu l'esprit & même transgressé la lettre de notre mandat.

En députant aux États-Généraux du Royaume, la souveraineté de Béarn n'a pas entendu déroger à ses droits, ni abdiquer ses inaliénables prérogatives. L'arrêté par lequel les États-Généraux du pays ont consenti à députer, contient les déclarations les plus précises sur cet objet, & ne permet pas de penser qu'une députation purement volontaire, & à laquelle le Béarn auroit pu se refuser, doive être regardée comme l'abandon de ses privilèges ou le sacrifice d'aucun des avantages inhérens à sa constitution. Le premier & le plus précieux de tous ces avantages, est le pouvoir qui appartient aux États-Généraux du pays, sans dépendance & sans partage, d'accorder ou de refuser les impôts. Cette loi fondamentale, dont l'origine se perd dans la nuit des temps, & se confond avec l'établissement des souverains de Béarn, cesseroit d'être respectée, si les dispositions de l'arrêté du 17 juin dernier, relatives aux contributions, devoient s'appliquer au Béarn, comme la généralité indéfinie des expressions qui y sont employées paroît en marquer l'intention. La clause de l'arrêté qui déclare illégales toutes les impositions, & qui ne les autorise que provisoirement dans toutes les provinces du Royaume, quelle que soit la forme de leur administration, fait penser, ou au moins laisse entrevoir que, quoique le Béarn ne puisse pas être considéré comme une province françoise, cependant l'espèce de suprématie que le Tiers-État s'attribue sur tous les impôts, sans aucune limitation, pourroit s'étendre jusqu'au Béarn, & ébranler en un instant les principes d'une constitution assise sur les fondemens les plus solides, constamment reconnue par tous nos souverains, & garantie par leur serment. Frappés de cette crainte, qu'il est impossible de ne pas concevoir à la vue de l'arrêté du 17 juin, nous aurions cru trahir les droits que nous avons été chargés de défendre, si, en nous permettant de participer aux délibérations d'une Assemblée qui a annoncé le dessein d'anéantir nos prérogatives constitutionnelles, nous avions paru admettre des prétentions absolument incompatibles avec des droits qui, depuis que la défense nous en a été confiée, sont devenus dans nos mains un dépôt qu'il ne nous est pas permis d'altérer. Les bornes d'une lettre ne comportent pas un

plus

plus long développement de nos motifs; mais nous en avons dit assez, Monsieur le Président, pour vous faire connoître & vous mettre à portée d'apprécier les raisons qui nous astreignent dans ce moment à nous éloigner de l'Assemblée.

Nous sommes avec respect, Monsieur le Président, vos très-humbles, &c. *Signé*, M. A. l'évêque DE LESCAR, l'abbé DE CHARITTE, le comte DE GRAMONT, le président DE LESQUILLE.

A Versailles, le premier juillet 1789.

Séance du Jeudi 9 Juillet 1789.

LE Jeudi 9 juillet 1789, à sept heures du soir, l'Assemblée de MM. les députés de l'Ordre de la Noblesse aux États-Généraux étant formée dans le lieu ordinaire de ses séances, en conséquence des avertissemens envoyés à chacun des membres, par les ordres de M. le Président, l'absence de celui de MM. les secrétaires chargés de la rédaction des procès-verbaux des séances des 3 & 8 juillet, n'a pas permis qu'il en fût donné lecture à l'Assemblée.

MM. les députés pour l'Ordre de la Noblesse au bailliage d'Amont, ont dit que le jugement rendu par la chambre de la Noblesse, le 4 juin dernier, les ayant reconnus comme seuls & véritables députés de ce bailliage, ils pouvoient d'autant moins adhérer au jugement rendu ce matin pour une exclusion par une Assemblée se disant *Nationale*, que la nature de leurs mandats, en vertu desquels ils avoient déja protesté les 25, 27, 30 juin & 3 juillet dernier, contre toute délibération prise en

Introduction. Tome II. A a

commun & par tête, ne leur permettoit pas de reconnoître comme légale une Assemblée composée autrement que des trois Ordres distincts & séparés, & qu'en conséquence ils demandoient que la chambre voulût bien recevoir leur protestation contre ledit jugement, & leur en faire délivrer acte. (*Voyez pièce annexée*).

Lecture ayant été faite de ladite protestation, plusieurs de MM. les députés, en reconnoissant la justice d'une pareille demande, ont prouvé que dans la circonstance présente, cet acte conservatoire, suffisant pour les droits des députés du bailliage d'Amont, ne l'étoit pas pour le maintien de ceux de l'Ordre de la Noblesse, évidemment attaqués par un pareil jugement, prononcé d'une manière aussi illégale, au mépris de celui déja rendu légalement par lui à ce sujet le 4 juin dernier, & ont en conséquence invité la chambre à prendre un arrêté, lequel, remis entre les mains du Roi par M. le Président, qui seroit prié de le retirer pardevers lui à cet effet, déclareroit nul & illégal, au nom de l'Ordre de la Noblesse, un attentat aussi manifeste à ses droits & à son indépendance.

Cette motion ayant été généralement approuvée, trois de MM. les députés ont été nommés pour rédiger le projet de cet arrêté. La chambre en ayant entendu la lecture, il a été presqu'unanimement adopté ainsi qu'il suit :

» L'Ordre de la Noblesse donne acte à MM. les députés du bailliage d'Amont, de leur protestation contre le jugement rendu cejourd'hui contr'eux dans l'Assemblée générale ; ordonne que la minute de cette protestation sera annexée au procès-verbal de ce jour, & qu'il leur en sera délivré expédition.

» Au surplus, l'Ordre de la Noblesse déclare qu'ayant accepté purement & simplement la première déclaration du Roi, du

23 juin dernier, il réclameroit l'exécution de l'article 10 de cette déclaration, & supplieroit le Roi de prononcer sur la contestation relative au bailliage d'Amont, si le jugement dont il s'agit avoit été rendu par une Assemblée constitutionnelle & liée elle-même par la déclaration du 23 juin ; mais l'Assemblée, de laquelle est émané le jugement, n'ayant point accepté la déclaration du 23 juin ; s'étant donné & continué, de sa seule autorité, une dénomination inconnue jusqu'à ce jour, & des pouvoirs qui ne peuvent appartenir qu'aux trois Ordres concourant librement à la formation d'un décret commun ; des pouvoirs que désavouent également les principes généraux de toute société libre, & ceux de la constitution particulière de la Monarchie Françoise, l'Ordre de la Noblesse déclare qu'il persiste dans son jugement du 4 juin dernier, relatif à la députation du bailliage d'Amont ; qu'il ne cesse point de tenir MM. le prince de Beaufremont, le marquis de Montier & le président de Vezet, pour les seuls représentans légitimes de la Noblesse de ce bailliage, & qu'il regarde le jugement contre lequel lesdits députés du bailliage d'Amont ont protesté, comme l'acte nul d'une Assemblée inconstitutionnelle & sans pouvoirs.

» A arrêté en outre que M. le Président demeure prié de se retirer pardevers le Roi, & de lui remettre une copie de la présente délibération ».

Un de Messieurs les députés du Bas-Limosin a proposé ensuite à la chambre de prendre en considération l'adresse au Roi, arrêtée ce matin dans la chambre commune, à l'effet de supplier Sa Majesté de retirer les troupes dont elle environnoit en ce moment le lieu des séances de l'Assemblée, ainsi que sa capitale, & de faire connoître au Roi que cette délibération avoit passé sans la participation de l'Ordre de la Noblesse. Il a ajouté que des raisons particulières lui faisoient desirer de faire constater particulièrement son opinion à ce sujet ; mais l'Ordre de la Noblesse ayant pensé qu'il n'étoit pas à propos de prendre aucun arrêté à ce sujet, s'est borné à autoriser M. le Président à faire connoître ses sentimens à Sa Majesté, en lui remettant l'arrêté ci-dessus. La séance a été levée, & la prochaine Assemblée a été indiquée pour samedi prochain 11 juillet, à neuf heures du matin.

Signé, LE CARPENTIER DE CHAILLOUÉ, BOUTHILLIER, DIGOINE, D'ORMESSON, le comte DE SERENT, *Secrétaires.*

PIÈCE annexée à la Séance du Jeudi 9 Juillet 1789.

Protestation de MM. les députés de la Noblesse du bailliage d'Amont.

Les députés de la Noblesse du bailliage d'Amont, liés par des mandats impératifs, chargés expressément de voter par Ordre, & jamais par tête, de protester contre la double représentation accordée à l'Ordre du Tiers-État, contre tous actes & décrets qui donneroient atteinte aux capitulations & priviléges de la Franche-Comté, à la constitution des États de cette province, composés de trois Ordres distincts & séparés ; aux droits qui leur appartiennent, d'accorder & consentir seuls l'impôt pour la province ; enfin, contre toutes propositions qui tendroient à attaquer les loix fondamentales de la Monarchie, l'indépendance des Ordres, & les immunités de la Franche-Comté, ont émis en conséquence, les 25, 27 & 30 juin derniers, des protestations contre toutes délibérations prises en commun & par tête, les ont renouvelées le 3 de ce mois, & ont protesté notamment contre toute décifion qui pourroit être rendue dans cette forme, au fujet de la conteftation fur la double députation de la Nobleffe du bailliage d'Amont, déja jugée contradictoirement & définitivement le 4 juin dernier, par la chambre de la Nobleffe aux États-Généraux, que cette conteftation intéreffoit uniquement, puifqu'il ne s'agiffoit que de députés de fon Ordre.

Lefdits députés de la Nobleffe du bailliage d'Amont, inftruits que M. le marquis de Toulongeon, M. le chevalier Defclans, & M. Bureau de Pufy, ont obtenu le préfent jour dans l'Affemblée, où les trois Ordres fe trouvent réunis, une décifion qui déclare la première élection de la Nobleffe du bailliage d'Amont, légale, & la feconde nulle ; confidérant que cette Affemblée, préfidée & conftituée par un Préfident & des Officiers élus en commun, dans laquelle les Ordres confondus opinent par tête, où la majorité des députés de l'Ordre de la Nobleffe, repréfentant quatre-vingts bailliages, & un grand nombre de ceux de l'Ordre du Clergé, liés par des mandats impératifs, n'ont point de voix ; dans laquelle enfin, on ne reconnoît aucun des caractères qui conftituent les États-Généraux du royaume, dont l'effence eft l'indépendance & la diftinction des Ordres, proteftent contre la décifion rendue dans ladite Affemblée le préfent jour, & qui ne peut annuller le jugement d'un Ordre indépendant & libre, ainfi que contre tous droits de féance & de voix accordés & pris en conféquence.

Déclarant que députés aux États-Généraux, pour la Nobleffe du bailliage d'Amont, chargés de mandats exprès, ils ne peuvent reconnoître pour tels que l'Affemblée des trois Ordres diftincts & féparés ; qu'ils ont été dans l'impoffibilité de comparoître & d'expofer leurs moyens devant l'Affemblée des trois Ordres réunis, opinant en commun, dans une forme & fous une dénomination nouvelle contraire aux anciens ufages du Royaume, qu'ils font chargés de maintenir de tous leurs pouvoirs, & qu'ils ne doivent reconnoître que le jugement rendu le 4 juin dernier par la chambre de la Noblesse, sur la double députation de cet Ordre pour le bailliage d'Amont.

Déclarant de plus, au nom de leurs commettans, que la décision rendue le présent jour dans ladite Assemblée, ne peut préjudicier à leurs droits, ainsi que toute délibération qui donneroit atteinte aux lois nationales & à la constitution de la province de Franche-Comté, jusqu'à ce que leurs commettans, dont ils ont demandé instamment la convocation, aient pu être rassemblés, & leur aient fait connoître leurs intentions.

Lesdits députés supplient la chambre de la Noblesse d'ordonner que les présentes protestations soient annexées au procès-verbal de ce jour, & qu'il leur en soit donné acte. A Versailles, dans la chambre de la Noblesse aux États-Généraux, ce 9 juillet, après midi, 1789.

Signé, le prince DE BEAUFREMONT, le marquis DE MONTIER, le président DE VEZET.

Séance du Samedi 11 Juillet 1789.

LE samedi 11 juillet 1789, à neuf heures du matin, l'Assemblée de MM. les députés de l'Ordre de la Noblesse aux États-Généraux étant formée dans le lieu ordinaire de ses séances, en exécution de l'ajournement décrété dans la séance précédente, M. le Président a dit, qu'en conséquence des ordres de la chambre, il avoit fait demander de sa part une audience au Roi par le premier gentilhomme de la chambre; que Sa Majesté l'avoit reçu hier à neuf heures & demie du matin dans le cabinet intérieur; qu'il lui avoit remis l'arrêté de la chambre au sujet de la Noblesse du bailliage d'Amont, & qu'il lui avoit dit que la Noblesse désapprouvoit l'adresse du Tiers; qu'elle voyoit avec peine de ses membres dans la députation, & que la Noblesse n'y contribuoit en rien : il a ajouté que le Roi avoit répondu, qu'il étoit fort content de la conduite de la Noblesse, & de toutes les démarches qu'elle avoit faites jusqu'à ce jour.

Messieurs du bailliage d'Amont ont demandé, qu'outre l'acte de leurs protestations qui leur a été donné, on leur en donnât une expédition, ainsi que de l'arrêté pris à cet égard; ce qui leur a été accordé.

M. de Malartic a demandé la parole; il a dit que son bailliage ayant nommé deux députations, & l'ayant chargé de demander l'admission de la seconde, il avoit cru devoir attendre jusqu'ici; mais que n'ayant pas cru non plus devoir se rendre à la chambre commune, les députés du Tiers de son bailliage alloient la présenter au Tiers pour la faire admettre; que, suivant toute apparence, elle seroit admise, & qu'il prioit la chambre de prévenir cette démarche, en recevant le second député de la Noblesse dans la chambre. Cette motion mise en délibération, il a été décidé, à la majorité des voix, que la chambre n'ayant point admis la seconde députation d'Auxerre, on ne pouvoit recevoir ce second député; mais la chambre a arrêté que l'Ordre de la Noblesse donneroit acte au député de la Noblesse de la Rochelle, de la demande faite par lui d'admettre la seconde députation de ce bailliage, en remettant à un autre moment de prendre cette demande en considération.

M. le baron de Landenberg a lu un fort bon discours sur la position de l'Ordre de la Noblesse, il a conclu par proposer que chaque député se retirât dans son bailliage, & y fît faire une protestation motivée sur ce qui s'est passé depuis le commencement des États-Généraux, laquelle seroit déposée dans les cours souveraines dont ils ressortissent, ce qui deviendroit la démarche la plus conservatoire des droits du Roi, de la constitution & des priviléges de l'Ordre de la Noblesse, & donneroit un moyen sûr de revenir un jour contre tout ce que pourroit faire de contraire l'Assemblée *prétendue nationale*.

Messieurs le marquis de Causans, d'Eprémesnil, & le vicomte de Malartic, ont proposé des projets de protestations à peu-près pareils. Après la discussion de ces différens avis, l'Ordre de la Noblesse a résolu de nommer des commissaires pour former une protestation raisonnée, pour l'envoyer ou porter aux bailliages & l'y faire adopter, & a arrêté que la chambre s'ajourneroit à lundi six heures du soir, pour délibérer sur ce projet, & l'accepter ou le rejeter. M. le Président a nommé pour commissaires MM. le baron de Landenberg, le vicomte de Malartic, d'Eprémesnil, le marquis de Causans, de Cazalès, & le marquis de Cairon.

Signé, LE CARPENTIER DE CHAILLOUÉ, BOUTHILLIER, D'ORMESSON, DIGOINE, le comte DE SERENT, *Secrétaires*.

―――――

« Nous soussignés secrétaires de l'Ordre de la Noblesse, avant sa réunion à la chambre du Tiers-État, tant pour nous, encore présens à Paris, qu'au nom de MM. le marquis de Digoine & le Carpentier de Chailloué, absens, certifions que le procès-verbal ci-dessus, contenant celui des quatre dernières séances de l'Ordre, ne se trouvant pas dans le secrétariat de la Noblesse au moment où M. le Camus, archiviste, s'est permis d'en enlever les papiers, d'abord sous le prétexte de les conserver pendant les premiers troubles survenus au mois de juillet 1789, mais ensuite & réellement pour s'en emparer par le fait, est demeuré entre nos mains, & qu'attendu la réclamation faite par nous inutilement, à plusieurs reprises, de ces papiers souſtraits du ſecrétariat de la Nobleſſe, nous n'avons pas cru devoir, en dépoſant ces dernières pièces aux archives de l'Aſſemblée Nationale, reconnoître la légitimité de l'enlèvement des premières, contre lequel nous proteſtons au contraire & de nouveau, en tant que de beſoin. Nous certifions en outre que, quoique le préſent procès-verbal ne ſoit pas revêtu de la ſignature de M. le duc de Luxembourg, pour lors Préſident de l'Ordre de la Nobleſſe, il n'en eſt pas moins authentique, étant revêtu des nôtres, & que la ſienne n'y a manqué que par le fait de ſon départ de Verſailles, le 15 juillet 1789, qui ne nous a pas permis de le rejoindre depuis ce moment. En foi de quoi nous avons ſigné la préſente déclaration.

A Paris, ce 3 Octobre 1791. *Signé*, BOUTHILLIER, D'ORMESSON, le comte DE SERENT.

www.ingramcontent.com/pod-product-compliance
Lightning Source LLC
Chambersburg PA
CBHW050534170426
43201CB00011B/1428